häfelinger + wagner design

DESIGNSIGNALE AUS BAYERN

JH-50040

DESIGNSIGNALE AUS BAYERN

AFM Verlag GmbH

bayern design

INHALT

Vorwort Lisa Maria Franke, Geschäftsführerin Bayern Design GmbH Seite 7

Grußwort Dr. Otto Wiesheu, Bayerischer Staatsminister für Wirtschaft, Infrastruktur, Verkehr und Technologie Seite 9

Erfolgreich mit Design – Wie sieht die Zukunft aus/Peter Schreier, Volkswagen AG Seite 12

Ist Bayern ein guter Standort für Unternehmen?/Ottmar C. Küsel, Rosenthal AG Seite 15

Designklassiker – Eine Erfolgsgarantie?/Sabine Gotthardt, Vola GmbH Seite 18

Automobile sind für die meisten Deutschen ein wichtiger Ausdruck ihrer Persönlichkeit/Klemens Rossnagel, Konzept Design München Seite 22

Welche Perspektiven sind wichtig?/Christoph Böninger, Designafairs Seite 25

Viel Kritik gibt es immer an der Ausbildung der Designer/Prof. Erich Schöls, Fachhochschule Würzburg Seite 30

BMW scheint für viele ein Traumarbeitgeber zu sein/Richard Gaul, BMW AG Seite 35

Kommunikations- und Grafikdesign Seite 40
Produkt-, Industrie-, Interior und Modedesign Seite 88
Foto- und Messedesign Seite 118
Service, Aus- und Fortbildung Seite 134

Unternehmen Seite 150
AML Licht + Design GmbH Seite 152
Bulthaup GmbH & Co. KG Seite 154
Dauphin Human Design Group GmbH & Co. KG Seite 156
Kermi GmbH Seite 158
Ingo Maurer GmbH Seite 160
Münchner Rückversicherungs AG Seite 164
Rodenstock GmbH Seite 166
Rosenthal AG Seite 168
Designabteilung der Siemens-Electrogeräte GmbH Seite 170
Swiss RE Germany AG Seite 172
Vola GmbH Seite 174
Commercial Seite 177

Industrie- und Handelskammer zu Coburg Seite 178
Industrie- und Handelskammer Nürnberg für Mittelfranken Seite 179
Industrie- und Handelskammer für Niederbayern in Passau Seite 180
Industrie- und Handelskammer für Oberfranken Bayreuth Seite 181

Verzeichnisse Seite 182
Sachverzeichnis Seite 184
Namensregister Seite 190
Sachregister Seite 200
Impressum Seite 203

VORWORT

Bayern sendet Signale aus – nach 6 Monaten Tätigkeit für die Bayern Design GmbH freue ich mich, Ihnen dieses Erstlingswerk zu präsentieren. Wir haben Bayern Design mit einer Unterzeile versehen: Gesellschaft für Kommunikation und Gestaltung.

Mit verschiedenen Veranstaltungen wollen wir das Thema Design in den Blickpunkt der Öffentlichkeit rücken. Eine dieser Maßnahmen liegt nun vor Ihnen: das erste Printprodukt. Es soll Freude am Design vermitteln, vor allem aber eine Plattform für Designanbieter und Designnachfrager bieten: sich kennen zu lernen, sich darzustellen, ja Design-Maßstäbe zu setzen.

Diskutieren Sie mit uns! Führende Persönlichkeiten aus dem Designbereich kommen hier zu Wort. Sie bieten Anregungen zur Auseinandersetzung mit (Design-) Qualität, (Design-) Ausbildung – und nicht zuletzt mit dem Design-Standort Bayern.

Wir werden Ihre Beiträge aufnehmen, ihnen Plattformen bieten und weitere Designsignale aus Bayern senden.

Dass dies in Form der vorliegenden Veröffentlichung möglich war, ist dem Engagement des AFM-Verlags zu verdanken. Dafür an dieser Stelle meinen herzlichen Dank.

Lisa Maria Franke
Geschäftsführerin Bayern Design GmbH

GRUSSWORT

In Bayern stehen wir zu Beginn des 21. Jahrhunderts vor tiefgreifenden Herausforderungen durch die Europäisierung und Globalisierung der Wirtschaft sowie durch den Wandel zur wissensbasierten Industrie- und Dienstleistungsgesellschaft.

Die Folge dieser Entwicklung ist, dass der Konkurrenzdruck zwischen Unternehmen auf den nationalen und internationalen Güter- und Dienstleistungsmärkten weiter zunimmt.

Für Bayern als hochproduktiven Standort mit hohen Löhnen gibt es dabei nur eine Perspektive: In der Offensive bleiben und permanent Vorsprungsgewinne durch technische, wirtschaftliche und soziale Innovationen erwirtschaften.

Unsere Zukunft liegt in know-how-intensiven, anspruchsvollen Produktionen und Dienstleistungen.

Für sich genommen können jedoch technologische Neuerungen und Innovationen den wirtschaftlichen Erfolg auf dem internationalen Markt nicht mehr zwingend garantieren.

Design wird aufgrund zunehmender Vergleichbarkeit technischer und funktionaler Merkmale von Produkten zur wichtigen Kernkompetenz, ohne die langfristiger Erfolg am Markt nicht möglich ist. Design befriedigt emotionale Kundenwünsche und ermöglicht damit das Vordringen ins Hochpreissegment. Design macht die Unternehmensidentität sichtbar und prägt die Produktmarke. Design dient der Differenzierung auf dem Markt und steigert die Kundenbindung.

Durch dieses Leistungsspektrum wird Design zum strategischen Erfolgsfaktor. Erfolgreiches Marketing ist ohne konsequente Designstrategie nicht mehr denkbar.

Grundlage für den Erfolgsfaktor Design ist, dass er als fester Bestandteil der Unternehmenskultur im Bewusstsein sowohl der Unternehmensführung, als auch der Mitarbeiter, der Kunden und der breiten Öffentlichkeit verankert wird.

Es ist unser Ziel, Bayern zu einem europäischen Spitzenstandort für Design- und Gestaltungskompetenz weiter auszubauen. Dazu leistet das Designhandbuch Bayern einen wichtigen Beitrag. Das Handbuch dokumentiert den hohen Designanspruch bayerischer Unternehmen und Designer. Als Nachschlagewerk kann es Hilfestellung bei der Wahl des Geschäftspartners geben. Ich danke allen sehr herzlich, die sich mit großem Eifer an der Herausgabe des Buches „Designsignale aus Bayern" beteiligt haben.

Dr. Otto Wiesheu
Bayerischer Staatsminister für Wirtschaft,
Infrastruktur, Verkehr und Technologie

ERFOLGREICH MIT DESIGN – WIE SIEHT DIE ZUKUNFT AUS?
INTERVIEWS UND TEXTE VON UTE WEDHORN

WIE WIRD MAN EIN ERFOLGREICHER DESIGNER? DIESE FRAGE STELLEN SICH JEDES JAHR ZAHLREICHE MENSCHEN, WENN SIE DARÜBER NACHDENKEN, WAS SIE MIT IHREM LEBEN ANFANGEN WOLLEN. ODER VIELE, DIE SICH BEREITS FÜR EINEN BERUF ALS DESIGNER ODER EINE ZUSAMMENARBEIT MIT IHNEN ENTSCHIEDEN HABEN.

PETER SCHREYER WURDE IM JAHR 2003 DER DESIGNPREIS DER BUNDESREPUBLIK DEUTSCHLAND VERLIEHEN. MÖGLICHERWEISE HAT ER ES RICHTIG GEMACHT?
Biographie Peter Schreyer, Leiter Volkswagen Design

1953 geboren in Bad Reichenhall, Deutschland 1975 Beginn des Studiums Industrie Design – Fachhochschule München 1978 Werkstudent im Design Studio der Audi AG 1979 Abschluss Diplom Industrie Designer FH 1979 Stipendium von Audi für das Studium am Royal College of Art in London 1979 – 1980 Studium im Fachbereich Transportation Design am Royal College of Art in London 1980 Eintritt Audi design in den Studios: Exterieur, Interieur und Konzept 1991 – 1992 Design Studio Kalifornien, Simi Valley, USA, Initiator der Studie „Concept 1" 1992 – 1993 Audi design, Leitung Konzept-Studio 1993 Volkswagen AG, Leitung Design Exterieur 1994 Leitung Audi design 1995 Initiator und Jurymitglied „Internationaler Audi design Förderpreis" 1996 – 1997 Bundespreisträger für den Audi A4 Avant 1998 Bundespreisträger für den Audi A3 1999 Audi design: Design Team des Jahres 1999 2002 Volkswagen AG, Leitung Design Volkswagen 2003 Peter Schreyer mit dem „Designpreis der Bundesrepublik Deutschland" ausgezeichnet

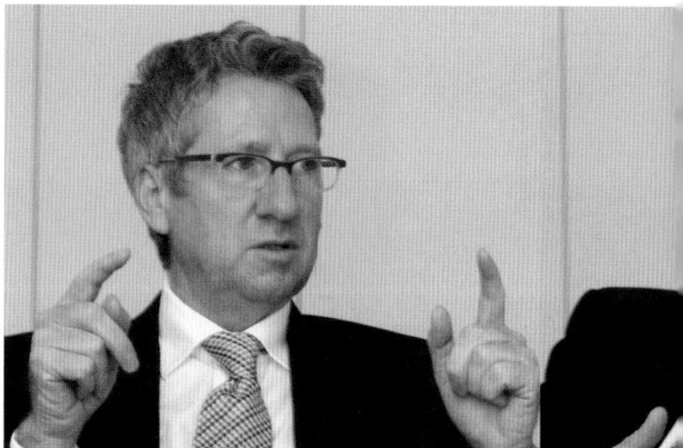

IST BAYERN EIN GUTER STANDORT FÜR UNTERNEHMEN?
WENN SIE DESIGNORIENTIERT SIND, WÄREN SIE ZUMINDEST ERSTREBENSWERTE AUFTRAGGEBER FÜR DESIGNER. ODER SPIELT DER STANDORT HEUTZUTAGE KEINE ROLLE MEHR? WIE VERMARKTET DAS UNTERNEHMEN ROSENTHAL SEINE PRODUKTE UND WIE WIRD DESIGN HIER EINGEBUNDEN?

Interview mit Ottmar C. Küsel, Vorsitzender des Vorstandes der Rosenthal AG

Was ist für Sie typisch für Bayern?

O. C. Küsel: Gegensätze sorgen für Spannungsfelder, daraus entsteht Kreativität. Das ist in Bayern deutlich zu spüren.

Nehmen Sie Ihr Unternehmen als bayerisches Unternehmen wahr?

O. C. Küsel: Rosenthal agiert international, unsere Designkompetenz ist international. Aber wir fühlen uns schon als bayerisches Unternehmen. Die handwerkliche Tradition ist besonders in Selb sehr verhaftet. Mit einem anderen Standort wäre Rosenthal nicht Rosenthal. Wir arbeiten sehr gut mit einem Mix aus externen Mitarbeitern und Mitarbeitern vor Ort. Unsere hiesigen Kräfte können mit der Materie umgehen, das spielt bei der Produktentwicklung eine große Rolle. Für uns ergeben die Kombination aus international tätigen Designern und der hier vorhandenen handwerklichen Fähigkeiten und dem Wissen um das Material ein einzigartiges Produkt.

Werden Sie als bayerisches Unternehmen wahrgenommen? Welche Rolle spielt der Standort?

O. C. Küsel: Das Wissen um Bayern ist international sehr begrenzt. Aber „made in Germany" ist tatsächlich immer noch ein Qualitätssiegel, auch wenn durch die Globalisierung die Möglichkeiten ansteigen, gleiche Produktqualität aus anderen Ländern zu liefern. Ich glaube, das „made" wird in Zukunft weniger wichtig, als dass die Design- und Planungskompetenz aus Deutschland kommt. Wir sehen es an vielen Beispielen, dass die Produkte, die in Deutschland entwickelt wurden, einen hohen Qualitätslevel haben, höher als in anderen Ländern. Das ist auch ein USP, der uns auszeichnet.

Was bedeutet Tradition für Ihr Unternehmen?

O. C. Küsel: Rosenthal hat eine ganz lange Tradition in der Porzellanherstellung, aber auch eine lange Designtradition. Schon in den 50er Jahren haben wir mit internationalen Designern zusammengearbeitet. Design gehört zur Unternehmenskultur, Tradition vermittelt Kompetenz und Glaubwürdigkeit.

Rosenthal ist ein traditionsreiches Familienunternehmen. Sie haben aber sehr unterschiedliche Linien im Sortiment. Markenfragmentierung als Erfolgsrezept?

O. C. Küsel: Neue Zielgruppen und Segmente zu erreichen, ist für uns ein ganz wichtiger Aspekt. Wir sind heute Marktführer in Deutschland. Das haben wir durch unsere Mehrmarkenstrategie erreicht, also die unterschiedliche Positionierung der Marken Rosenthal, Thomas und Hutschenreuther. Mit dieser Strategie decken wir verschiedene Marktsegmente und dadurch eine breitere Zielgruppe ab. Zusätzlich gibt uns das die Möglichkeit, auf Marktveränderungen zu reagieren. Wobei eines feststeht: Die Marke Rosenthal ist unsere Flagship-Marke, auf die die Mittel für die Above-the-line-Kommunikation, also Endverbraucher-Werbung, konzentriert sind.

Grundsätzlich gilt: Je demokratischer ein Produkt in der Designausrichtung, desto größer ist die Zielgruppe. Und dennoch entwickeln wir auch ganz bewusst sehr avantgardistische Kollektionen. Die Rosenthal Limitierten Kunstreihen beispielsweise unterstreichen unsere Kompetenz und Alleinstellung in den Bereichen Kunst & Design. Das zahlt positiv in die Marke Rosenthal ein und stärkt das Markenimage.

Design als Form der Kommunikation – wie gehen Sie damit um?

O. C. Küsel: Wir definieren Rosenthal als Verlag der Designer. Das ist die Klammer. In der Kommunikation spielt darüber hinaus unsere Corporate Identity eine entscheidende Rolle: Für Rosenthal haben wir ein durchgängiges Kommunikationskonzept, das weltweit wiedererkennbar ist. Das beginnt beim Produkt und geht über Verpackung, PoS-Präsentation, Werbe- und Schulungsmittel bis hin zu unseren Studio-Häusern. Rosenthal ist sicherlich schon seit Jahrzehnten über die Branchengrenzen hinaus ein ganz wichtiger Vorreiter für ein zeitgemäßes Markenbild und eine überzeugende Unternehmens-CI.

Wie wird der Designer in Ihrem Unternehmen in den Prozess eingebunden?

O. C. Küsel: Das ist unterschiedlich: Wir arbeiten mit sehr vielen international anerkannten Künstlern und Designern. Diese haben ihre eigenen klaren Vorstellungen von den Produkten, und wir verstehen es als unsere Aufgabe und Stärke, die virtuellen Ideen der Designer in erfolgreiche Produkte umzusetzen. Rosenthal hat ein einzigartiges Know-how und sehr viel Erfahrung in der Zusammenarbeit mit Designern. In der Regel ist es so, dass es zu Beginn eines Projekts eine ganzheitliche Konzeptbesprechung gibt, bei der neben dem Produkt und der Produktion selbst auch Verpackungen oder Verkaufsfördermaßnahmen angesprochen werden. Von Anfang an sind neben den Designern auch Techniker und Modelleure in die Gespräche eingebunden, die mit ihrem Fachwissen dafür sorgen, dass die Designs auch in unserem industriellen Produktionsprozess umgesetzt werden können.

Wo sehen Sie für Ihr Unternehmen weitere Chancen? Wo liegen für Sie die Märkte der Zukunft?

O. C. Küsel: Rosenthal ist eine globale Marke mit einem sehr hohen Bekanntheitsgrad. Dies sehen wir als Ansatzpunkt, über Brand Extension die Marke in andere Produktkategorien zu diversifizieren. Hier gibt es bereits erste Entwicklungen in Richtung Möbel, Textilien oder Kochgeschirr.

Unsere Marken stehen für hohe Qualität und zeitgemäßes Design. Über unsere Produkte tragen wir dieses Markenversprechen in die globalen Märkte hinein. Dabei steht Rosenthal für einen ganz besonderen Lebensstil, der durch unsere eigenen Studio-Häuser weltweit erlebbar ist. Dies wollen wir international noch weiter ausbauen. Ein wichtiger Wachstumsmarkt neben den USA ist Osteuropa, das wir seit der Wende intensiv erschließen. In Polen gibt es bereits rund 40 Rosenthal Shops, auch in Russland hat Rosenthal schon fünf oder sechs neue Verkaufspunkte. Viele Chancen sehen wir auch in Süd-Ost-Asien. Hier sind wir bereits in Shanghai, Peking, Hongkong und Taiwan vertreten.

DESIGNKLASSIKER – EINE ERFOLGSGARANTIE?
WAS MACHT EIN PRODUKT DAZU UND WIE VERMARKTET MAN DESIGN, DAS SCHON VOR ÜBER 30 JAHREN ENTSTANDEN IST, HEUTZUTAGE?

Interview mit Sabine Gotthardt, Vola GmbH

Auf Ihrer Internetseite steht: „Die Produktentwicklung vollzieht sich immer unter der Voraussetzung, dass das Vola-Design unverändert bleibt." – Sollte Design nicht auch immer Innovation sein? Ist es heutzutage möglich, das Design unverändert zu lassen?

Sabine Gotthardt: Mit der Armaturen- und Accessoireslinie Vola entwarf Arne Jacobsen Ende der sechziger Jahre ein zeitloses Design mit bislang einmaligem Innovationspotential.

Die Vola-Armatur leitete zur damaligen Zeit eine neue Ära im Bewusstsein der Bad- und Küchengestaltung ein. Während man sich bislang im Wesentlichen auf die Funktionalität konzentrierte, ohne auf die Optik Wert zu legen, hielt das Thema Design mit Vola Einzug in Bad und Küche. Vola ist heute ein Designklassiker mit Kultstatus. Das klassische Design ist per se eine Innovation im Funktionellen und Formalen, die mehr als eine modische Originalität darstellt. Die Reife der Gestaltung und der Formensprache hebt das klassische Design über das Mittelmaß der zeitgenössischen Produkte turmhoch hinaus. Zu den Kriterien eines Designklassikers gehört stets auch die Reduktion auf das Wesentliche. Sie zeigt sich in der Klarheit der Konstruktion und der Einfachheit der Form, so wie es für die Vola-Produkte kennzeichnend ist.

Während das Design kompromisslos Vola geblieben ist und bleiben wird, ist das Sortiment- und Materialangebot kontinuierlich gewachsen. Auch die Technik hat sich sukzessive weiter entwickelt, ist ausgereift und entspricht somit dem heutigen Stand der Zeit. Mit der Produktion von Edelstahlprodukten verdeutlichte das Unternehmen in 2000 erneut, welche Innovationskraft in ihm steckt: Vola war einer der ersten Anbieter von Edelstahlprodukten; Produkte aus massivem Edelstahl, deren Verarbeitung hohe Investitionen bedingt. Heute können Komplettbäder und -küchen mit Vola-Edelstahl ausgestattet werden. Anfang diesen Jahres werden Wand-Elektronik-Armaturen eingeführt. Zu Recht behaupten wir deshalb: „Vola bewegt sich in einer Balance aus Designtreue und technischem Fortschritt."

Nun sind Sie nicht das einzige Unternehmen, das sich heutzutage mit Design in diesem Bereich auseinandersetzt. Wie sichern Sie Ihre Marktposition, wenn Ihre Konkurrenten schon vorher wissen, was Sie an Erscheinungsformen hervorbringen?

Sabine Gotthardt: Die Philosophie unserer Konkurrenten ist eine andere. Vola hat eine unvergleichbare Formensprache, Vola ist das Original! Die Strategie unserer Wettbewerber ist, sich über „neu – neuer – am neuesten" zu definieren. Sie führen immer wieder neue Produkte ein, nehmen andere heraus – damit entsteht ein relativ kurzer Produktlebenszyklus. Sozusagen ein ständiges Kommen und Gehen. Das ist ein anderer Ansatz und hier hat Design recht wenig mit Innovation zu tun. Bislang haben sich unsere Wettbewerber fleißig an unserem Original angelehnt und haben es in allen Facetten kopiert. Die Kopie ist die beste Form der Anerkennung, sagt man. Es verdeutlicht, welche Innovationskraft in dem Design von Vola steckt. Der Status des Klassiker-Originals ist ein Mehrwert, den wir betonen müssen: Es geht um weit mehr als um die Funktion, das wäre zu banal. Es geht um Werte wie Kultur, Lebensqualität, Authentizität, Ehrlichkeit und Geschichte. Wir haben einfach ein unvergleichlich schönes Produkt, bei dem gerade die kleinen Feinheiten, die die Kopien vom Original unterscheiden, von wesentlicher Bedeutung sind. Das ist in den Köpfen verhaftet und in dieser Richtung arbeiten wir weiter.

Spiegelt dieser Ansatz die Sehnsucht der Kunden nach Altbewährtem wieder?

Sabine Gotthardt: Ja, es zeichnet sich derzeitig ein Trend hin zu bewährten, „sicheren" Produkten ab. Die Welt vor der Haustür ist so unübersichtlich geworden – da möchte man umso mehr innerhalb der eigenen Wände in Werte investieren, bei denen man sicher sein kann, dass sie einem in einigen Jahren immer noch gefallen. Werte, für die man Anerkennung bekommt und mit denen man ein gewisses kulturelles Niveau ausdrückt. Da bleibt dann eine Kopie immer eine Kopie. Wenn wir den Markt beobachten, dann stellen wir fest, dass er sich zunehmend in zwei Lager spaltet: Das eine ist das Niedrigpreis-Segment, bei dem der Preis das einzige Verkaufs- und Kaufargument ist, und das andere ist das Premium-Segment. Da geht es nicht um den Preis, sondern um Mehrwerte und um Lebenswelten.

Welche Lebenswelt bauen Sie auf?

Sabine Gotthardt: Die Lebenswelt ist immer so wie das Produkt selbst, vor allem muss sie authentisch sein, reduziert auf das Wesentliche, fast schon puristisch. Bescheidenheit – verbunden mit höchster Qualität. Das „schreiende Design" scheint an Bedeutung zu verlieren, während die Haltung des Understatements wächst. Die „Welt der Ästhetik" und die „Konzentration auf das Wesentliche" gewinnt an Beliebtheit – und das ist die Welt, in der auch wir uns bewegen.

Nun ist es ja auch denkbar, dass die Designer der heutigen Zeit wiederum Produkte entwickeln, die auf lange Sicht genauso zum Klassiker werden.

Sabine Gotthardt: Ja, natürlich, das wäre sogar wünschenswert. In punkto Sanitärarmaturen gibt es allerdings bislang kein Produkt, das einen vergleichbaren Weg wie Vola nachweisen kann. Es gibt immer wieder Designblüten, die für eine gewisse Zeit auf ein gewisses Interesse stoßen und dann doch wieder verschwinden.

Beschäftigen Sie dann überhaupt Designer in Ihrem Unternehmen? Die haben ja gar nichts mehr zu tun …

Sabine Gotthardt: Das Mutterunternehmen in Dänemark, Vola A/S, beschäftigt speziell einen Designer und das aus gutem Grund: Es handelt sich um Teit Weylandt, einen ehemaligen Mitarbeiter von Arne Jacobsen. Er ist Designer und Architekt und war maßgeblich bei der Entwicklung der Vola-Armatur eingebunden. Damit ist er ein lebender Zeitzeuge. Durch die Zusammenarbeit mit Teit Weylandt ist sichergestellt, dass auch neue Produkte, wie sie in diesem Jahr und weiter zukünftig eingeführt werden, die Formensprache des Vola-Designs bewahren. Und im Übrigen: Teit Weylandt hat durch unsere ständige Sortimentserweiterung sehr gut zu tun.

Sie haben sich aus dem Verbund mit den Unternehmen d-line und HighTech AG herausgelöst. Wie definieren Sie Ihre Position in Abgrenzung zu den beiden anderen Unternehmen? Beide scheinen sehr ähnliche Ziele in Bezug auf das Design zu verfolgen. Wo sehen Sie die zukünftige Positionierung und Ausrichtung der Vola GmbH?

Sabine Gotthardt: Wir müssen uns im Grunde gar nicht abgrenzen. Wir haben den Klassiker und die beiden anderen vermarkten Designprodukte. Unsere Positionierung lautet: Wir führen den unvergleichbaren Klassiker Vola, der Kultstatus innehatte. Es gibt kaum ein bedeutendes Designmuseum, in dem Vola nicht vertreten ist. Die Referenzliste der Vola zeigt den Stellenwert dieser Marke in unserer Gesellschaft. Aber selbst die stärkste Marke braucht eine Unterstützung in Form von Positionierung und Imagepflege. Wir sind jetzt sehr intensiv dabei, das aufzuarbeiten. Es gibt sehr viele Anbieter von Designprodukten: Viele, wie auch HighTech Design Products AG, haben ein völlig anderes Sortiment als wir. Natürlich kleiden sie sich alle gerne mit der Bezeichnung „Kultur", jedoch ist das nicht glaubwürdig. Kultur im Bad muss man vorleben. Unser Bestreben ist, Vola wieder die Position zu verschaffen, die ihr uneingeschränkt zusteht: Die Designführerschaft im Bereich der Sanitärarmaturen und -accessoires.

Wie sehen denn Ihre Vertriebsstrukturen aus?
Sabine Gotthardt: Wir haben verschiedene Zielgruppen: Den Fachhandel, das Handwerk, die Architekten/Innenarchitekten, Ingenieure bis hin zum Endverbraucher. Da herrschen ganz unterschiedliche Mentalitäten. Heute zielt das Miteinander im Wesentlichen auf eine „Win-to-Win"-Situation ab. Gearbeitet wird im Sinne einer Partnerschaft, von der beide Seiten profitieren. So ist in der Vola GmbH München der Servicegedanke tief verankert. Wir versetzen uns in die Sicht des Kunden hinein. Wir unterstützen das Handwerk und den Fachhandel mit Exklusivschulungen vor Ort, bieten unseren Kunden eine umfangreiche Ausstellung des Vola-Programms im Herzen von München, unterstützen sie mit neuen Montageanleitungen und technischen Katalogen, haben eine gut funktionierende Reklamationsbearbeitung und einen perfekt funktionierenden Lieferservice. Darüber hinaus unterstützen wir unsere Partner auch im Bereich Marketing. Und: Wir arbeiten zielgenau. Wir konzentrieren uns auf ganz bestimmte Premium-Partner, mit denen wir unsere Geschäfte abwickeln.

Was genau bieten Sie Ihren Kunden an?
Sabine Gotthardt: Neben den diversen Servicekomponenten leisten wir Unterstützung bei der Ausstellungsgestaltung – in Form von Platzierungsvorschlägen – und der Bereitstellung von Ausstellungsware. Zum Beispiel liefern wir sandgestrahlte Glaspaneele in verschiedensten Formen und Größen für Schaufenster oder Ähnliches. Dann leisten wir Unterstützung in den Bereichen Events, Public Relations, Direct Marketing-Maßnahmen und Media, von denen unsere Partner direkt oder indirekt profitieren. Abgesehen von der betriebswirtschaftlichen Attraktivität, die die Marke Vola unseren Partnern bietet, erkennen sie die Vorteile der Zusammenarbeit mit Vola immer mehr. Eine intensive Kundenbeziehung steht somit im Zentrum der Vertriebspolitik.

Sie schreiben aber nicht vor, in welcher Umgebung Vola positioniert werden muss?
Sabine Gotthardt: Unsere Partner würden sich das vermutlich gar nicht vorschreiben lassen – sie bewegen sich innerhalb der gleichen Philosophie – da ist das nicht nötig. Es ist viel interessanter und spannender, wenn man sieht, in welcher Vielfalt sich Vola präsentieren kann – immer in höchster Qualität.

Ihre Produkte sind im oberen Segment der Preispolitik angesiedelt. Wie begründen Sie Ihre Preise gegenüber den Kunden?

Sabine Gotthardt: Neben dem Mehrwert des Klassikers, den ich schon angesprochen habe, zeichnen sich die Vola-Produkte nicht nur durch höchste Materialqualität aus, sondern es wird ein großer Anteil in Handarbeit gefertigt und produziert wird alles ausschließlich in Dänemark. Viele Hersteller lassen Bauteile von Zulieferern produzieren – beispielsweise in Asien – und stellen dann nur die Einzelteile zusammen. Bei uns gibt es das nicht. Mit Vola erhält der Kunde ein Qualitätsprodukt höchsten Niveaus. Dazu kommt: Vielseitige technische Lösungen können durch das der Vola-Linie eigene Baukastensystem umgesetzt und damit kurzfristig verwirklicht werden. Das ist ein Vorteil – nicht nur bei geschmacklichen oder baulichen Veränderungen. Dazu kommt, dass wir Ersatzteile von allen Generationen unserer Armaturen anbieten, also auch von denen der ersten Generation. Auf lange Sicht kann man dann sogar sagen, dass sich durch solche Vorteile die höheren Preise der Anschaffung durch die Flexibilität und das durchdachte Konzept dieses Klassikers auch preislich rentieren. Bei uns gibt es keine modischen Utensilien, sondern langlebige Lebenskultur.

AUTOMOBILE SIND FÜR DIE MEISTEN DEUTSCHEN EIN WICHTIGER AUSDRUCK IHRER PERSÖNLICHKEIT. IM NOVEMBER 2003 GRÜNDETE AUDI EIN DESIGNSTUDIO IN MÜNCHEN, UM – FREI VOM UMFELD DES WERKS – „WEITER IN DIE ZUKUNFT" ZU BLICKEN. WELCHE BEDINGUNGEN BRAUCHEN DESIGNER FÜR DIE ENTWICKLUNG VON NEUEN PERSPEKTIVEN?

Interview mit Klemens Rossnagel, Leiter „Konzept Design München" der Markengruppe Audi

Die Markengruppe Audi hat das Studio „Konzept Design München" mit der Aufgabenstellung gegründet, zukunftsweisende Visionen zu entwickeln. Was genau verstehen Sie unter diesem Begriff?

Klemens Rossnagel: Design hat ja immer etwas mit Zukunft zu tun. Also sind wir schon vom Aufgabengebiet her dicht an Visionen dran. Aber der Unterschied zwischen einem normalen Designstudio und einem Konzept-Designstudio ist, dass wir weiter in die Zukunft schauen. Wir machen hier keine Serienentwicklung, sondern wir entwickeln Konzepte, die vielleicht einmal in Serie gehen. Wir sind freier als die Serienstudios in Ingolstadt, Sitges und Sant'Agata. Wir stellen Fragen, die sonst keiner stellt und verlassen absichtlich die bekannten Pfade, um neue Bereiche zu entdecken.

Bleiben Sie dabei im Bereich des Automobildesigns oder führen Sie die neuen Pfade auch in andere Bereiche?

Klemens Rossnagel: Wir machen hier ja nicht nur Automobildesign, sondern auch Produktdesign, entwickeln Accessoires rund um die Marken. Der dritte Bereich, mit dem wir uns beschäftigen, nennt sich Concept Innovation. An dieser Schnittstelle zwischen Design, Marketing und Technik verfolgen wir die Trends und Entwicklungen auf künstlerischer, gesellschaftlicher und technischer Ebene, um zukünftige Entwicklungen vorweg zu nehmen. Wenn man einen innovativen Anspruch hat, dann muss man den intensiven Blick in die Glaskugel wagen und versuchen, die richtigen Angebote zum richtigen Zeitpunkt zu bringen. Unser Unternehmenscharakter und unsere Philosophie sind von Begriffen wie „Vorsprung" oder „Fortschritt" oder „Qualität" geprägt. Um diese Philosophie herum bauen wir unsere Produkte. Zum Beispiel müssen wir ganz gezielt darauf achten, wie sich das Autofahren oder ganz allgemein der Gebrauch des Autos verändert: Jeder steht immer mehr im Stau, die Verweildauer im Auto ist länger, man fährt häufiger, dafür nicht mehr so lange Strecken, in den Ballungszentren sind die Menschen chronisch auf Parkplatzsuche, wir haben alle die gleichen Probleme, wenn es um Informationsaufnahme im Auto geht – es gibt ständig neue Veränderungen. Wir stellen uns die Frage: wie geht man damit um? Wir wissen auch, der Anteil der älteren Fahrer wird zunehmen. Auch das Lebensgefühl verändert sich, bei jungen Menschen vielleicht anders als bei älteren. Aber es scheint eine Konstante zu geben: das Streben nach dem Sportlichsein, nach dem Jungbleiben. Wir versuchen, diese Strömungen zu antizipieren und ihnen eine greifbare Form zu geben. So gestalten wir auch die Zukunft mit – und das ist das Interessante.

Bei Ihnen arbeiten Designer, Ingenieure und Trendexperten zusammen. Wo kommen diese her?

Klemens Rossnagel: Neben den Mitarbeitern der einzelnen Markenstudios, die ja schon aus drei unterschiedlichen Nationen kommen, spielen Studenten eine sehr wichtige Rolle bei uns. Im Rahmen von Diplomarbeiten oder Praktika sind immer mindestens drei Studenten aus unterschiedlichen Ländern hier. Wir bringen Trendexperten und Marketingexperten aus unseren verschiedenen Konzernstandorten zusammen, die sich austauschen. Jeder dieser Mitarbeiter bringt dann ja auch noch sein eigenes Netzwerk und Erfahrungen mit ein. Dazu haben wir Kooperationen mit Unternehmen, die nicht aus dem Automobilbereich kommen.

Sie betonen die Internationalität der Mitarbeiter, die bei „Konzept Design München" zusammenkommen. Wo liegen die größten Unterschiede der Nationalitäten? Ist Automobildesign global?

Klemens Rossnagel: Ein und dasselbe Produkt wird ja von den Menschen in Deutschland ganz anders wahrgenommen als zum Beispiel in China. Deshalb ist uns die Internationalität der Mitarbeiter so wichtig. Dazu kommt, dass die Fahrzeuge in unterschiedlichen Umgebungen tatsächlich auch verschieden wirken. Ein Modell, von dem man hier in München denkt, es sieht gut aus, kann in den USA ganz anders wirken. Solche Effekte muss man kalkulieren. Was zum Beispiel erheblich anders wahrgenommen wird, sind Stoffe und Farben. Sie sehen, ein „Weltauto" zu gestalten, ist fast unmöglich. Da sich die Designsprachen der Länder zurzeit aber immer mehr vermischen, ist es unsere Aufgabe, die charakteristischen Eigenschaften der drei Konzernmarken Audi, SEAT und Lamborghini umso deutlicher zu differenzieren.

Wenn Sie einerseits experimentieren, andererseits im Bereich Produktdesign aber als Dienstleister aktiv sind – steht das nicht im Widerspruch zueinander?

Klemens Rossnagel: Ja und nein. Ich würde eher sagen, es hilft dabei, den Kontakt zur Realität zu behalten oder wieder herzustellen. Wenn man sich ständig in einer Perspektive der fernen Zukunft bewegt und Visionen entwickelt, muss man irgendwann mal wieder mit Dingen zu tun haben, die auch produziert werden. Gerade die Accessoires sind ein gutes Training, um zu überprüfen, ob die Richtung, in die wir denken, stimmt.

Inwiefern ist es heute, in einer Zeit, in der sich Autos hauptsächlich über das Design verkaufen, noch möglich, echte Innovationen und Zukunftsperspektiven zu entwickeln? Welche Fragen stellen Sie sich?

Klemens Rossnagel: Ich halte die Aussage, dass beim Auto schon alles erfunden ist, für ziemlich abenteuerlich. Es gibt ständig etwas zu verbessern. Gerade der Blick zurück macht das deutlich – die Entwicklung der Fahrzeuge ist nie stehen geblieben. Wenn Sie heute ein Auto fahren, das relativ neu ist, dann setzen Sie sich mal in eines, das Sie selbst vor zehn bis fünfzehn Jahren als neu, bequem und modern empfunden haben. Es hat sich viel getan. Ich würde sogar behaupten, dass der Innovationsdruck steigt, und schon aus wirtschaftlichen und wettbewerblichen Gründen wird die Entwicklung weitergehen. Gerade wir im Konzept Design stellen uns die Frage, was wünscht der Kunde, was kann verbessert werden, welche neuen Eigenschaften und Funktionen brauchen wir und was kann es an zukünftigen Rahmenbedingungen geben? Schon allein, indem man sich mit den Problemen beschäftigt, die ich vorhin angesprochen habe, gibt es permanente Veränderungen.

Was bieten Sie Ihren Mitarbeitern an, damit diese in der Lage sind, visionär zu denken?
Klemens Rossnagel: Ganz wichtig ist hier schon das Arbeitsumfeld. Wir stehen hier in München mitten im Leben. Dazu kommt die Freiheit, die wir im Konzept Design München viel stärker leben können. Auch unser technisches Equipment unterscheidet sich. Wir versuchen hier nicht nur, neue Produkte zu entwickeln, sondern auch neue Prozesse, beispielsweise bei Präsentationstechniken. Heutzutage hat man bei Konzepten eine unglaubliche Datenfülle und sehr komplizierte Sachverhalte. Solche Inhalte zu übermitteln und zu emotionalisieren, ist ein wichtiger Punkt. Hier können wir gewohnte Grenzen ganz bewusst überschreiten. Eine unserer Hauptaufgaben ist, Barrieren, die sich aufgrund von gelernten, sehr speziellen Anforderungen im Kopf gebildet haben, niederzureißen.

Sehen Sie das Auto als Designträger Nr. 1? Haben Sie einen ästhetischen Erziehungsauftrag?
Klemens Rossnagel: Das sind zwei sehr verschiedene Fragen. Das Auto ist mit Sicherheit ein wichtiger Designträger, der auch dazu beitragen kann, dass sich Sehgewohnheiten verändern. Hier gilt es, frei nach Raymond Loewys Maxime „More advanced, yet acceptable" die Entwicklung mit aller Kraft voranzutreiben, ohne den Kunden hinter sich zu lassen. So gesehen, haben wir als Designer auch eine gewisse Verantwortung. Ich glaube aber nicht, dass nur durch das Aussehen eines Autos die Menschen grundlegend verändert werden. Das würde ja bedeuten, dass ich als Designer derjenige bin, der den unmündigen Bürgern zeigen könnte, was sie denken und fühlen sollen. Sicherlich nehmen wir aktuelle und, soweit wir sie spüren, zukünftige Strömungen nicht nur auf, sondern verstärken sie auch in einer gewissen Form – und das sehe ich auch als unsere Aufgabe. Wenn das zu weit in extreme Richtungen geht, müssen wir uns die Frage stellen, ob sich das mit unserer Haltung und unserer Philosophie verträgt. Aber Strömungen der Gesellschaft können wir durch die Gestaltung eines Autos nicht umkehren.

WELCHE PERSPEKTIVEN SIND WICHTIG? WELCHE FRAGEN SOLLTEN SICH DESIGNER STELLEN? DESIGNAFAIRS STELLT IM FUTURE-LAB THEMENÜBERGREIFENDE FRAGEN UND KOOPERIERT IM MATERIALLAB MIT EXTERNEN PARTNERN. HAT DER DESIGNER ALS EINZELKÄMPFER AUSGEDIENT?

Interview mit Christoph Böninger, designafairs

Bayern als Standort für visionäre Entwicklung – Entsprechung oder Gegensatz?

Christoph Böninger: Bayern – Region Süddeutschland – ist die stärkste und innovativste Region Deutschlands. Ich sehe Süddeutschland, auch in Verbindung mit der sogenannten Alpenregion, also Österreich und Norditalien, als den Schrittmacher für Innovation in Europa. Das zeigen schon die Bruttosozialprodukte von Bayern, Württemberg, Tirol, Friaul und der Lombardei – wenn Sie die zusammen addieren, haben Sie mit Abstand das größte Bruttosozialprodukt überhaupt. Hier wird deutlich, dass Bayern ein Standort für visionäre Entwicklung ist. Auch die Industriebranchen, die hier ansässig sind, zeigen das Potential: die Automobilindustrie, aber auch Mikroelektronik und Biotechnologie – das sind die Innovationstreiber.

Wo liegen die Ursachen dafür?

Christoph Böninger: Das ist eine Frage der Politik und des Standortvorteils, den wir definitiv haben. Menschen siedeln sich lieber in attraktiven Gegenden mit hoher Lebensqualität an, dazu zählt Bayern, aber zum Beispiel auch das Silicon Valley. Das wäre nie entstanden ohne San Francisco und die Stanford University in der Nähe und ohne das günstige Klima. Klar ist auch, dass Bayern nach dem zweiten Weltkrieg das ärmste Bundesland war und heute das reichste ist. Irgendwo muss das ja herkommen.

Bekannt ist designafairs vor allem für die Gestaltung von Handies. Auf Ihrer Website fällt auf, dass Sie einen extremen Schwerpunkt auf das Thema Kommunikation legen. Welche Aufgaben hat der Designer von heute?

Christoph Böninger: Der Designer von heute hat sicherlich die Aufgabe, Produkte zu gestalten, die marktfähig sind, die auch über ihr Design besser verkauft werden können, aber er sollte auch heute schon eine beinharte Marketing-Rolle spielen. Früher war der Designer eher verstärkt Partner der Entwicklung, der Ingenieure und Konstrukteure. Er ist heute in einem Zwiespalt zwischen den Anforderungen der Entwicklung und gleichzeitig den Anforderungen des Marketings. Diese beiden Ansätze widersprechen sich häufig schon in den einzelnen Abteilungen des Kunden. Beim Designer führt das zu einem erheblichen Interessenskonflikt. Wie kommt er da heraus? Klar ist, dass wir diesen Konflikt früh gespürt haben, weil wir auch durch die Handies schon in einem frühen Stadium gemerkt haben, dass es eine Kompetenzverschiebung gegeben hat: Ansprechpartner Nummer eins ist nicht mehr der Entwickler, sondern das Marketing. Unsere Designer mussten sich sehr schnell auf die Marketingsprache, das Marketingdenken, die Marketingstrategien und das strategische Denken einstellen.

Braucht der Designer von heute jemanden, der mit ihm zusammen solche Strategien entwickelt?

Christoph Böninger: Aus diesem Grund haben wir sukzessive eine Unit aufgebaut, die Designstrategien entwickelt und die mit fast zehn Leuten die zweitstärkste Unit bei uns ist. Sie kümmert sich nur um designstrategische Fragen in Abstimmung mit ihren Kunden aus dem Bereich der Marketingstrategien. Das ist eine reine Beratungstätigkeit. Hier sind Leute aus dem Design, aus dem Marketing, aus dem Bereich Prozessplanung und aus der Trendforschung tätig. Hier wird die Roadmap, die Planung der

Kunden begleitet, hier gibt es soziokulturellen Trendinput, Color-Material-Trendinput und Designtrends, die in die Planung der Kunden mit einfließen. Der Designer von heute ist letztlich immer noch der Kreative, der mit einem sehr allgemeingültigen Berufsbild versucht, die verschiedensten Anforderungen, die an ihn von der Kundenseite, aber auch von der Gesellschaft gestellt werden, zusammenzubringen. Da genau liegt der Konflikt, bei dem es nicht so richtig vorwärts geht.

Sie bieten einige Plattformen zur Information und Weiterbildung an, zum Beispiel die designafairs-Academy – ist der Grund, dass Designer in ihrer Ausbildung wesentliche Faktoren nicht lernen? Welche Aufgaben und Schwierigkeiten liegen im Prozess der Globalisierung? Erfahrungen mit dem Futurelab?

Christoph Böninger: Die designafairs-Academy ist eher ein internes Weiterbildungsprojekt, bei dem wir speziell unter dem Gesichtspunkt der Globalität versuchen, für uns Fragen zu beantworten wie zum Beispiel „What is Chinese about Chinese design?" oder „What is American about American Design", aber auch „What is European about European design?". Wir sind zwar inzwischen global aufgestellt, in Europa, den USA und in China, aber Globalität als solche ist ja kein Wert, das ist nur Quantität. Das heißt, wir müssen für uns sehr genau – im Gegensatz zu den großen amerikanischen Agenturen, die unsere Wettbewerber sind – definieren „Wer sind wir – im Gegensatz zu diesen amerikanischen Agenturen mit ihrem globalen Anspruch?". Wir haben für uns definiert, dass wir ein europäisches Designbüro sind, da wir der europäischen Kultur, den europäischen Werten und dem europäischen Design verpflichtet sind, und schöpfen in unserer täglichen Arbeit aus diesem kulturellen Fundus. Damit müssen wir aber auch die Frage beantworten „Wenn wir europäisch sind – was ist es denn eigentlich, was das Europäische ausmacht, im Gegensatz zu chinesisch/asiatischem und amerikanischem Design?". Das ist die Aufgabe der designafairs-Academy. Daneben gibt es aber auch unser Design-Lab, was wir jetzt in Futurelab umbenannt haben, weil jetzt nicht mehr nur Studenten ihre Utopien realisieren dürfen, sondern dort richtige Designforschung betrieben wird. Wir haben zur Zeit ein Thema, das sich über ein Jahr erstreckt: Es geht um den Bereich Interfaces. Es ist mittlerweile offensichtlich und auch wissenschaftlich bewiesen, dass Männer und Frauen eine andere Herangehensweise an technische Produkte haben, speziell unter Stress. In diesem Gebiet forschen wir zusammen mit der ETH in Zürich und wollen dann diese Ergebnisse in unsere Tagesarbeit einbringen.

Die Teilnehmer an diesem Programm sind Studenten von verschiedenen Hochschulen, es ist aber kein richtiges Bildungsprogramm in Sinne von „Post-Graduate", sondern eher ein designafairs-Programm mit Post-Graduate-Studenten. Hier sind Kommunikationswissenschaftler dabei, bildende Künstler, Musiker usw., aber zur Zeit sind es hauptsächlich Interface-Designer.

Kann man international übergreifend gestalten? Wo liegen die Grenzen?

Christoph Böninger: Es ist sehr wohl möglich, so zu gestalten, dass ein Produkt global verstanden und akzeptiert wird – das hängt aber nicht allein vom Designer ab. Je höher der Innovationsgrad eines Produktes ist, desto allgemeingültiger ist sein Anspruch und desto globaler kann auch die Designsprache sein. Je geringer der Innovationsgrad eines Produktes ist, desto mehr muss man auf lokale oder regionale Designpräferenzen Rücksicht nehmen. Ein Leadprodukt, das wirklich führend ist, kann sehr wohl mit einem einzigartigen Design global sehr erfolgreich sein. Ein „Me-Too-Produkt" wird es global wesentlich schwerer haben. Der Innovationsgrad hängt dann natürlich wesentlich vom Kunden ab. Wenn Sie insgesamt in den Consumer-Markt hineingehen, gibt es regional gewisse farbliche Präferenzen und Unterschiede in der Mensch-Maschine-Schnittstelle, auf die Sie Rücksicht nehmen müssen.

Wie weit trägt die Kenntnis über fremde Kulturen dazu bei, die Unterschiede nicht nur zu sehen, sondern die eigene Denkweise zu erweitern oder sich gar umzustellen?

Christoph Böninger: Das muss sehr konkret am einzelnen Produkt festgemacht werden. Deswegen haben wir bei uns zur Zeit mit der Regierung von Taiwan ein Austausch-Programm: Fünf Designer – keine Studenten – arbeiten bei uns ein halbes Jahr, damit wir von ihnen über kulturelle Unterschiede lernen und sie von uns. Wir müssen unser Bewusstsein ändern – und das ist sehr schwierig. Als westlich geprägter Mensch hinter das Beziehungsmanagement zwischen den einzelnen Menschen des östlichen Kulturkreises zu kommen, ist sehr schwer, denn es gibt dort viel mehr Dimensionen und Zwischentöne. Das ist eine Sache, auf die wir uns einlassen müssen – letztlich betrachten uns die Asiaten ja als Barbaren. Ihre Kultur ist so viel älter und soviel höher gewesen und es gab nur eine einzige Schwäche in ihrer Kulturgeschichte: Zu Beginn des 19. Jahrhunderts haben wir es geschafft, eine Dampfmaschine auf den Markt zu bringen – einmal in der gesamten Geschichte eine Schwächeperiode der Chinesen.

Brauchen Unternehmen Anstöße von Designern und Denkern? Wie überzeugen Sie ein Unternehmen von der Notwendigkeit des Designs?

Christoph Böninger: Aktiv auf Unternehmen zugehen mit Designvorschlägen halte ich immer für etwas gefährlich. Dazu muss man das Unternehmen schon sehr genau kennen, um die passenden Designkonzepte und -strategien anzubieten, das kann man nicht mit der Gießkanne machen. Ich halte es auch für verfehlt, Unternehmen, die mit Design überhaupt nichts zu tun haben, missionieren zu wollen. Entweder weiß das Unternehmen um den Stellenwert von Design oder nicht. Wenn es um den Stellenwert nicht weiß, ist es in der heutigen Situation, im 21. Jahrhundert, oft schon zu spät. Der missionarische Eifer ist in meinen Augen eine Verschleuderung von Energien und Ressourcen. In der Regel führt das zu nichts. Wenn Sie bedenken, dass zum Beispiel bei Handies die imagebildende Zielgruppe ganz klar von den 15- bis 17-Jährigen bestimmt wird, die auf die Frage, warum sie das Produkt gekauft haben, antworten: „Weil mir das Design gefallen hat", dann ist der Unternehmenserfolg ganz klar beim Design aufgehängt. Sinnvoll ist es sicherlich, Showcases zu veröffentlichen, wie Design helfen kann im Unternehmenserfolg, ihn zu steigern oder auch zu sichern, nur muss dazu die Sprache der Unternehmen gesprochen werden und nicht die der Designer. Das war bis jetzt immer das Problem: Dass die Designer ihre eigene Sprache gesprochen haben bei Unternehmensbesuchen und die Unternehmer gar nicht gewusst haben, was die wollten.

Müsste das nicht in der Designausbildung viel mehr gelehrt werden?

Christoph Böninger: Letztlich ist die Designausbildung in Deutschland nicht wesentlich über die Ulmer Schule hinausgekommen, sprich: über die Kunstgewerbeschulen. Natürlich haben sie sich mit ihren technischen Fächern verbessert, aber die Ausbildung hat sich nicht grundlegend geändert. Jede Schule hat immer noch ein Curriculum, das den Versuch macht, ganzheitlich alle Aspekte des Design abzudecken. Und das ist ein Dinosaurier. In der Filmbranche haben sie schon vor 20 Jahren erkannt, dass man viel mehr differenzieren muss. Dort gibt es vielleicht ein einheitliches Grundstudium und dann kann man sich spezialisieren auf Filmproduktion, Drehbuchschreiben, Regie und vieles andere. Und das sind dann eigene Berufsbilder. Nur beim Designstudium glaubt man, mit einer einzigen glückselig machenden Ausbildung alle Aspekte des Design abdecken zu können – ob das jetzt der Kreative ist, der „normale Designer", ob es ein eher utopisch denkender Visionär ist, ein Konzeptionist oder ein Produktionsmanager, der mit dem Kunden gemeinsam das Produkt implementiert und realisiert, ob es ein Designmanager ist, der mit den Kunden durch das Projekt begleitet oder ob es ein Designstratege ist.

Der Designer als Kommunikationsprofi, Soziologe, Stratege, Visionär und Gestalter – alles in Personalunion: wie ist das praktisch umsetzbar?

Christoph Böninger: Letztlich muss die Forderung sein: Wenn die Bedeutung des Designs hier in Europa in den letzten Jahren so stark gestiegen ist – und das ist sie – dann muss auch der Designer nicht nur die Sprache des Marketings sprechen, sondern auch die Sprache der Unternehmensleitung. Und das ist das Problem: Da hört es beim Designer in der Regel völlig auf. Er muss eine unabhängige Disziplin sein zwischen Entwicklung und Marketing, die deren Sprache, aber auch die der Leitung spricht. Das ist letztlich auch die Aufgabe der Ausbildung des 21. Jahrhunderts, die Designer dort hinzuführen. Das wird aber nicht gelingen mit einer einzigen Designausbildung, sondern nur mit sehr klar gegliederten Berufsbildern. Das heißt: Ein völlig neues Konzept für die Studiengänge und letztlich auch für die Fachhochschulen, die dann versuchen müssen, das Know-How aus Marketing, Entwicklung, Konzeption und Strategie mit einzubringen. Da gibt es bereits vielversprechende Ansätze in den USA, und auch die europäischen Business-Schools sind da wesentlich weiter als die Designausbildungsstätten. Sie haben Kooperationen mit anderen Hochschulen, tauschen Professoren aus und betreiben damit ein Wissensmanagement. Wenn ein Unternehmen allerdings neun Milliarden Umsatz mit Handies macht, kann man aber nicht nur sagen „naja, mir gefällt es halt", sondern da muss man schon sehr klar die Zielgruppen definieren, auf die kulturellen Gepflogenheiten Rücksicht nehmen, versuchen, den funktionellen Erwartungen gerecht zu werden ... das kann eine einzelne Person nicht abdecken. Da braucht man einen stark fragmentierten Designprozess mit ganz spezifischem Know-How, das immer wieder zum richtigem Zeitpunkt eingespielt werden muss. Man kann auch nicht einfach irgendwelche Spezialisten zusammenwürfeln – die verstehen sich dann ja wieder gegenseitig nicht. Der gruppendynamische Selbstfindungsprozess dauert lange – wahrscheinlich zu lange. Das Team muss sich schon gut kennen und auch über ein gewisses Hintergrundwissen verfügen.

Unternehmen – wie groß ist die zukünftige Bedeutung von Netzwerken und Kooperationen?

Christoph Böninger: Wenn Design auch Innovation sein soll, dann ist völlig klar, dass nur über Netzwerke auch Innovation vorwärts getrieben werden kann. Netzwerke sind in einer offenen Gesellschaft die stabilste Form der Beziehung. Wir haben in den letzten drei Jahren ganz gezielt unsere Netzwerke ausgebaut, über die Gründung unserer Studios in den USA und in Asien wie über die Kooperationen, z.B. mit der taiwanesischen Regierung und den Designzentren, und wir haben sehr stark den Kontakt gesucht zu innovativen Materialherstellern und Materialverarbeitern. Diese Zusammenarbeit mündete dann in unserem neuen Color-Material-Lab, das seit einem Vierteljahr existiert und einen sensationellen Erfolg hat: Wir haben fast täglich Delegationen aus der ganzen Welt hier – das ist nur ein Netzwerk. Im Sinne von „Win & Win" ist das natürlich ein sehr schönes Beispiel für Networking – wobei jeder Partner immer darauf achten muss, dass es eine „Win & Win-Situation" gibt.

Gab es da am Anfang Bedenken oder Konkurrenzsituationen?

Christoph Böninger: Nein, wenn sich die Partner vertrauen können und man eine Konkurrenzsituation von vornherein ausschließt. In unserem Color-Material-Lab zum Beispiel gibt es momentan fünf Firmen, demnächst noch mehr, die aber alle unterschiedliche Bereiche besetzen, sich gegenseitig ergänzen und auch für Besucher, Designer, Firmen, Marketingleute, Entwickler eine durchgehende Story erzählen können – wie hängen Pigmente mit Granulaten zusammen, welche Rolle spielt die Lichttechnologie usw. Wir nehmen nur die innovativsten Unternehmen. Und nachdem alle von dieser stabilen Partnerschaft profitieren, werden sie vermutlich auch die Innovativsten bleiben. Wenn wir in diesem Jahr mit Bayern Design zusammen eine Reihe von Veranstaltungen machen, ist das auch Networking. Ohne Networking geht heute gar nichts mehr.

Welche Berufe braucht die Zukunft? Welche Visionen haben Sie für den Designer der Zukunft?

Christoph Böninger: Der Designer der Zukunft muss grundsätzlich neben seiner Kernkompetenz, der gestalterischen Kreativität, ein sehr guter Kommunikator sein, um dann mit den vielen Berufsbildern, die sich um ihn herum ergeben, kommunizieren zu können. Dieses manchmal fast Autistische der Designer, das auch manchmal schon mit sadomasochistischem Selbstmitleid vorgetragene „Mich versteht ja keiner", ist letztlich die Unfähigkeit der Designer, mit den Partnern zu kommunizieren und sich auch in deren Probleme hineinzuversetzen.

Ist dies Designerverhalten nicht schon ein Widerspruch in sich – wenn man Design als Form der Kommunikation begreift?

Christoph Böninger: Eigentlich ja – aber es ist immer noch ein bisschen ein Elfenbeinturm. Es gibt von Giorgio Armani ein brutales Zitat: „Der Designer ist nichts anderes als ein Dienstleister, der seine guten Entwürfe zu machen hat – den Rest besorgen wir als Geschäftsleute." Das heißt, diese Überhöhung des Designers zum Guru, zum Künstler, wird auch oft getrieben von einer gewissen Hilflosigkeit, die eigenen Gedanken und Entwürfe richtig zu kommunizieren. Man muss hier aber klar unterscheiden zwischen dem Designautor, der seine einzelnen Produkte anpreist und einem größeren Designstudio, in dem nicht nur „Messer, Gabel, Scher' und Licht" gestaltet werden, sondern komplexe Produkte. Je komplexer das Produkt, umso mehr Fachkenntnis aus unterschiedlichen Bereichen wird benötigt. Komplexe Produkte sind ohne Netzwerke heutzutage nicht mehr möglich.

VIEL KRITIK GIBT ES IMMER AN DER AUSBILDUNG DER DESIGNER. IST SIE BERECHTIGT? WELCHE AUFGABEN STELLEN SICH DIE AUSBILDUNGSSTÄTTEN? WOHIN GEHT DIE ENTWICKLUNG UND WELCHE ZIELE WERDEN DABEI VERFOLGT?
Interview mit Prof. Erich Schöls, FH Würzburg

Ist es Ihrer Meinung nach sinnvoll, das Berufsbild des Designers so zu fragmentieren, dass man nicht nur Gestalter ausbildet, sondern auch Designstrategen oder Experten für das Designmarketing?

Prof. Erich Schöls: Grundsätzlich glaube ich, daß die sehr starke Differenzierung des Design-Studiums zu inzwischen mehr oder weniger isolierten Nischen geführt hat. Sicher ist der Ruf nach Spezialisten für einige Bereiche nachvollziehbar. Es lässt sich aber feststellen, dass Gestalter innerhalb dieser Nischen oft ein Gesamtkonzept aus den Augen verlieren und sich stattdessen mehr mit technischen Problemen beschäftigen. Im Blickpunkt steht dann die rasche Lösung und über mögliche Alternativen oder weitere Ansätze wird nicht mehr ausreichend nachgedacht. Ich halte es deshalb für wichtig, dass Gestaltungshochschulen sich verstärkt darum bemühen, den Entwerfer als kreativ denkenden Menschen auszubilden. Im Mittelpunkt des Designstudiums muss die Ideenfindung und eine dafür geeignete Umsetzung stehen. Ich halte es für richtiger, wenn Studierende bereits im Rahmen ihrer Ausbildung lernen, sich mit Experten anderer Disziplinen auszutauschen. Eine Fragmentierung des Berufsbildes ist dann nicht nötig, weil durch die Verknüpfung entsprechender Kernkompetenzen bessere und weitreichendere Lösungen zu erwarten sind. Entscheidend ist, dass dieser interdisziplinäre Dialog im Rahmen der Ausbildung noch mehr gefördert wird. Die frühe Verbindung unterschiedlicher Fachrichtungen führt meiner Meinung nach zu einem übergeordneten Verständnis, das möglicherweise auch zu völlig neuen Berufsbildern führen könnte.

Wie sehen Sie das Problem der Kommunikations-Unfähigkeit der Designer?

Prof. Erich Schöls: Es gibt ein Vermittlungsproblem. Nicht viele Gestalter sind in der Lage, mit nur wenigen Worten ihren Beruf zu erläutern. In der Öffentlichkeit wird der Designer als „Fachmann für das Schöne" berufen, wenn es um den letzten, verkaufsfördernden „Anstrich" von Produkten oder Informationen geht. Und so wurde über die Jahre aus der Berufsbezeichnung ein Modebegriff, der nahezu in allen Bereichen unseres täglichen Lebens eingesetzt wird. Nun ist diese Bezeichnung verbraucht und die Gestalter sind beinahe bestrebt, sich von diesem Begriff zu distanzieren. Eine eindeutige Kompetenzbeschreibung ist aber entscheidend, da sich sonst schon sehr bald Unternehmen nach dem Sinn einer Mitarbeit von Designern fragen werden und in Zeiten knapper Budgets wird es der Designer als „Make-Up-Spezialist" zusätzlich schwer haben. Wir müssen lernen, die ganze Breite unserer Kompetenz zu vermitteln und dazu müssen wir die Nähe zu Kollegen und Experten aus anderen Disziplinen suchen. Wie bereits erwähnt, muss darum auch die Ausbildung zum Gestalter in Zukunft viel integrativer werden. Bei uns in Würzburg arbeiten teilweise Studenten mit Kommilitonen aus anderen Fachbereichen zusammen, was für alle Beteiligte zu einer ausgesprochen fruchtbaren Auseinandersetzung führt.

Sind die Professoren denn heutzutage in der Lage, das qualifiziert zu beurteilen?

Prof. Erich Schöls: Eine übergeordnete Auseinandersetzung unterschiedlicher Fachbereiche muss die Professoren mit einbeziehen. Lehrende an Hochschulen stehen damit ebenfalls vor der großen Herausforderung, sich in interdisziplinäre Diskussionen einzubringen. Im Dialog mit Kollegen kann dann selbstverständlich auch eine kritische Bewertung von Ergebnissen stattfinden. Ferner sehe ich in diesem Prinzip eine Art Qualitätssicherung in der Ausbildung, weil in der gegenseitigen Analyse und in der Überzeugungs- und Vermittlungsarbeit alle Lösungen einer kritischen Bewertung unterliegen. Interessant werden die Schnittmengen sein, also die Bereiche, in denen sich Kompetenzen tatsächlich mischen. Ich denke dabei beispielsweise an die Entwicklung von Interface-Szenarien, wo sich das Thema „Usability" sowohl an Aspekten wie Übersichtlichkeit und Informationshierarchie festmacht, aber eben auch Softwareergonomische Kriterien zu berücksichtigen sind. Die Diskussion zwischen Informatikern und Gestaltern führt hier zu einem richtigeren Ergebnis, von dem hochschulseitig Studenten und Professoren gleichermaßen profitieren. Design wird zu einer fächerübergreifenden Tätigkeit und muss deshalb mehr denn je begründbar und diskursiv werden. Wir werden lernen, im Dialog um diese Schnittmengen Qualitätskriterien zu formulieren, die dann auch bewertbar sind.

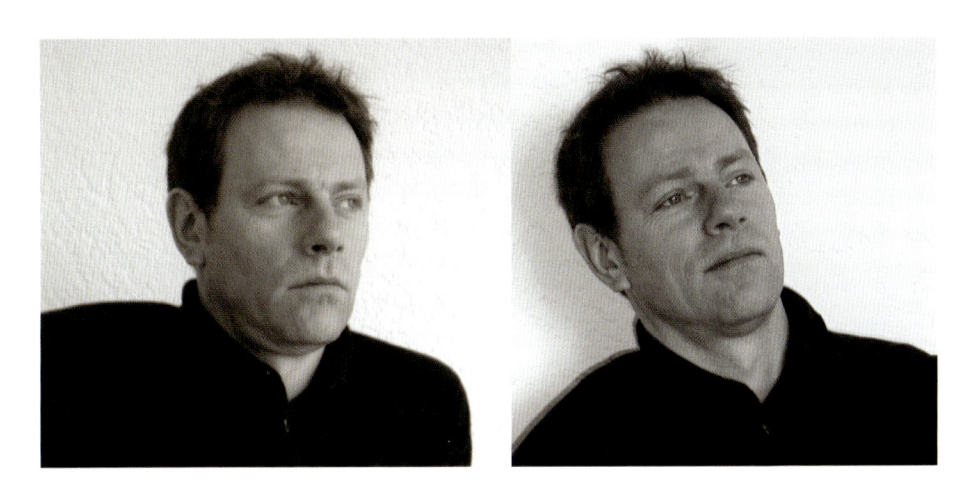

Wie beurteilen Sie die Bestrebungen von Unternehmen zur Weiterbildung der Designer?
Prof. Erich Schöls: Zunächst muss man die Art der Bestrebungen unterscheiden. Die in den USA durchaus verbreiteten „Corporate Universities" machen Studenten schon frühzeitig mit den Belangen des jeweiligen Unternehmens vertraut. Solche Modelle können Vor- und Nachteile haben. Große Konzerne und Unternehmen erlauben auf Grund einer oft üppigen finanziellen Unterstützung den Einrichtungen hervorragende technische und personelle Möglichkeiten. Staatliche Hochschulen dagegen müssen meist mit weitaus geringeren Mitteln wirtschaften. Solange sich die kooperierenden Firmen nicht zu sehr in die Art und die Qualität der Ausbildung einmischen, kann man grundsätzlich nichts gegen eine solche Allianz zwischen Hochschule und Industrie sagen. Fragwürdig wird es, wenn Studenten in ihren Projekt- oder Abschlussarbeiten nur noch Aufträge der Unternehmen ausführen. Das würde bereits kurzfristig dazu führen, dass das Niveau der Absolventen mehr oder weniger exakt dem aktuellen Standard der Industrie entspricht. Somit bliebe der wissenschaftliche Freiraum einer Hochschule ungenutzt und weitreichende Studien, richtungsweisende Experimente und Strategien würden als impulsgebende Signale ausbleiben. Für diesen Fall wäre meiner Meinung nach eine

klassische Lehre zum Mediengestalter effizienter. Nicht selten werden Designer nach ihrem Studium in Agenturen oder Unternehmen durch interne Schulungen oder Weiterbildungsmaßnahmen für die dort zu leistenden, speziellen Aufgaben trainiert. Solche Veranstaltungen sind wertvoll und ergänzen das Wissen von Mitarbeitern, häufig auch in ganz anderen Bereichen.

Wohin soll sich die Ausbildung entwickeln?

Prof. Erich Schöls: Es gibt einen Beschluss, wonach Fachhochschulen in allen Studiengängen und allen Bereichen bis zum Jahr 2009 als Abschluss den Bachelor anbieten müssen. Das bedeutet, dass das bestehende Diplom in Bälde verloren gehen wird. Inzwischen hat man sich darauf verständigt, die neuen Abschlüsse bereits 2005 einzuführen. Im Augenblick herrscht deshalb an allen Fachhochschulen Unruhe, weil niemand genau weiß, wie sich der Bachelor-Abschluss international behaupten wird. Sicher ist, dass sich die bisherige Ausbildungsqualität nicht unbedingt verbessern wird, denn das Bachelor-Studium wird insgesamt etwa ein Jahr kürzer sein. Deshalb streben viele Hochschulen einen darauf aufbauenden Masterstudiengang an, den es inzwischen an verschiedenen Standorten bereits gibt. Diese weiterführenden Studiengänge werden entweder berufsbegleitend oder direkt anschließend eingerichtet. Im einen Fall haben bereits Berufstätige die Möglichkeit, parallel einen Master-Abschluss nachzuholen, im anderen Fall qualifizieren sich die besten Studierenden mit ihrer Abschlussarbeit. Es stellt sich nun die Frage, was künftig im Rahmen eines Masterstudienganges vermittelt werden kann, um die Qualität in der Design-Ausbildung zu optimieren. Es kann und darf sicher nicht nur um eine Vertiefung der technischen Kenntnisse gehen. Sollte der Master die bisherige Ausbildung aufwerten, dann muss er dem veränderten Qualifikationsprofil im Bereich der Gestaltung Rechnung tragen. Hierzu zählt die internationale Ausrichtung ebenso, wie die Vermittlung eines interdisziplinären Orientierungswissens für aktuelle gesellschaftliche, kulturelle, technische und wissenschaftliche Entwicklungen. Alle Fachhochschulen werden jedoch das Problem der Finanzierung zu bewältigen haben, denn leider sind für die Einrichtung eines weiterqualifizierenden Studienganges keine zusätzlichen Mittel verfügbar. Um aber dem internationalen Wettbewerb unter den Design-Hochschulen standhalten zu können, wird man auf die Einrichtung eines interessanten und weiterführenden Studienprofils nicht verzichten können.

Wollen Sie das komplett innerhalb der Hochschule realisieren oder stellen Sie sich da Kooperationen vor – auch im Sinne von Wissensmanagement?

Prof. Erich Schöls: In Würzburg stellen wir den interkulturellen und interdisziplinären Austausch ins Zentrum unserer Planungen für einen Masterstudiengang. Dabei streben wir die enge Zusammenarbeit mit anderen Hochschulen, Instituten und Unternehmen an, um tatsächlich ausreichend viele Schnittstellen zu anderen Fachrichtungen zu erreichen. Der interdisziplinäre Austausch und der damit einhergehende Aspekt der Qualitätssicherung werden meiner Meinung nach zu einer grundsätzlichen Veränderung gegenüber der bisherigen Ausbildung führen. Durch den übergreifenden Dialog wird Wissen und Erfahrung über die Studierenden auch zurück in die Hochschule getragen. Wir werden uns in diesem Spannungsfeld künftig also sicher mit anderen Fragen beschäftigen und hoffentlich dabei den heutigen Designbegriff in seiner Bedeutung und seinem Umfang erweitern können.

Wie motivieren Sie denn Ihre „Kollegen"? Wie wollen Sie die Professoren, die jahrzehntelang in einem ihnen vertrauten System gearbeitet und gelehrt haben, dazu bringen, den Studenten solche Fragen zu stellen?

Prof. Erich Schöls: Zunächst kann ich mir kaum vorstellen, dass einen motivierten Dozenten der Austausch mit Kollegen anderer Fachbereiche nicht interessiert. Außerdem kann es nicht darum gehen, ein „vertrautes System" zu verteidigen, denn durch die künftige Aufteilung der bestehenden Studienstruktur in Bachelor und Master sind weiterführende Überlegungen unumgänglich. Ohnehin werden sicher viele Facetten der bewährten Design-Ausbildung übernommen, da sie früher wie heute richtig sind. Das beschriebene Studienmodell ist eine spannende Herausforderung, die helfen soll, weitere Tätigkeitsbereiche für Designer zu etablieren. Grundsätzlich ist es unsere Pflicht, darüber zu diskutieren, denn es geht letztlich um die Zukunft dieses Berufs.

Wird es eine Art von Zertifizierung geben – eine Institution, die die Qualität von angebotenen Masterstudiengängen bewertet?

Prof. Erich Schöls: Bachelor- und Masterstudiengänge werden im Rahmen ihrer Gründung von so genannten Akkreditierungsinstituten geprüft. Danach wird der Master jeweils für fünf Jahre genehmigt, bevor er wieder neu beantragt werden muss. Während dieser Zeit wird sich die Qualität des Studiengangs durch die Kompetenz seiner Studierenden und der nationalen und internationalen Anerkennung behaupten.

BMW SCHEINT FÜR VIELE EIN TRAUMARBEITGEBER ZU SEIN. WOHER KOMMT DIESE ANZIEHUNGSKRAFT? WIE SEHEN DAS DIE VERANTWORTLICHEN? UND WIE SOLLTE EINE OPTIMALE AUSBILDUNG AUSSEHEN, UM HIER ZU ARBEITEN ODER WOANDERS ERFOLGREICH ZU SEIN?

Interview mit Richard Gaul, Leiter Konzernkommunikation, BMW

Das Unternehmen BMW ist zwar ursprünglich ein bayerisches und führt Bayern ja auch im Namen. Mittlerweile ist es aber ein internationaler Konzern. Was ist von den bayerischen Wurzeln geblieben?

Richard Gaul: Zuerst einmal: Wir vermeiden das Wort „Global Player". Erstens spielen wir nicht und zweitens brauchen Sie in unserem Geschäft eine Verwurzelung. Wir sind ein völlig international ausgerichtetes Unternehmen mit nach wie vor bayerischen Wurzeln. Das heißt, dass wir mit der Region verflochten sind. Der Freistaat Bayern hat innerhalb Deutschlands eine sehr lange Tradition – soweit ich weiß, ist nur Sachsen älter, und zwar nur einige Tage – und diese Tradition stärkt das Identitätsgefühl. Bei BMW arbeiten natürlich nicht nur Bayern, aber die Attitüde ist: „Man hat eine Heimat." Für uns bedeutet es heute, dass wir in einer Hightech-Region ansässig sind, eine der besten technischen Universitäten direkt in der Nähe haben, der größte Elektronikkonzern Europas in dieser Stadt beheimatet ist, einer der größten Chiphersteller hier zu finden ist. Diese Stadt ist Heimat für Luft- und Raumfahrt – wir haben hier einen breiten Technologie-Standort. Das bedeutet wiederum, dass wir Anregungen aus allen Technologiefeldern in unserem direkten Umfeld bekommen.

Was ist typisch bayerisch?

Richard Gaul: Wir haben ein Werk in den USA, in South Carolina. Ich sage immer, dort ist es ähnlich wie in Bayern: Sie sprechen dort eine Sprache, die außerhalb der Region nur schwer zu verstehen ist, sie haben einen gewissen Stolz und sie werden unterschätzt. Das ist jetzt die Anekdote. Bayern hat aber zum Beispiel traditionell ein starke Umweltorientierung. München ist eine große Stadt mitten in der ländlichen, naturgeprägten Gegend. Die Leute, die hier arbeiten, leben mit einem natürlichen Respekt vor der Umwelt. Zum Beispiel gibt es hier in der direkten Nähe fünf große Seen in Trinkwasserqualität. Das fördert eine starke Verbindung mit der Natur. Wenn Sie inmitten eines großen Industrie-Konglomerats, zum Beispiel in Detroit, leben, dann ist die Haltung „Das Wasser ist sowieso nur Abwasser" leichter, als wenn Sie am Wochenende darin baden gehen.

Hat das einen Einfluss auf die Entwicklungen bei BMW?

Richard Gaul: Ich glaube schon. Wir sind dazu auch gezwungen – im positiven Sinne –, denn Autos oder Motorräder der Oberklasse lassen sich nicht verkaufen, wenn sie nicht das Notwendige an Umweltorientierung erfüllen. Wir sind aber zum Beispiel der einzige Hersteller der Welt, der in allen Motorrädern Katalysatoren einbaut. Eine gewisse Haltung spielt dabei eine Rolle, die uns aber auch irgendwann einen Wettbewerbsvorteil bringen wird. Das klingt jetzt vielleicht banal, aber: Dieses Automobilwerk ist eines der wenigen, das nicht an einem Fluss gebaut wurde, fast alle anderen sind an Flüssen. Das führt dazu, das wir in der Herstellung im Vergleich zu unseren Wettbewerbern ein Zehntel der Wassermenge pro Auto verbrauchen. Hier ist Wasser sehr teuer und so haben wir von Anfang an gespart – jetzt ist das ein Technologievorsprung in der Produktion. Viele dieser Dinge sind Zufälle, aber die Addition dieser Zufälle hat zu einer bestimmten Unternehmensidentität geführt, die Nachhaltigkeit heißt – auch wenn man mit diesem

Wort vorsichtig sein sollte, weil es zu oft missbraucht wird. Für mich bedeutet es, dass ein Unternehmen auch unabhängig von den aktuellen Quartalszahlen eine Zukunft haben sollte, also Erfolg auch noch in 20 oder 30 Jahren. Da kann die eine oder andere Investition über einen langen Zeitraum einen entscheidenden Vorteil bringen. Zum Beispiel wird sich die Entscheidung unserer „Vorväter" vor 15 oder 20 Jahren, in die Entwicklung des Wasserstoffautos zu investieren, vielleicht in 20 Jahren auszahlen. Aber wenn sie sich dann auszahlt, sind wir auf dem richtigen Weg mit einem Auto, das im Gebrauch überhaupt keine schädlichen Abgase mehr verursacht. Momentan kostet das Projekt nur Geld – mal abgesehen vielleicht vom Imagegewinn. Langfristig sichert es vielleicht den Unternehmenserhalt.

BMW vergibt regelmäßig Auftragsforschung an Hochschulen bzw. Projekte für Diplom- und Doktorarbeiten an den Forschungsnachwuchs. Wie viel Nähe zu Firmen ist für die Ausbildung sinnvoll?

Richard Gaul: Vom Grundsatz her sollte Forschung eine starke Nähe zur Realität in Form von Unternehmen haben. Die Forschung muss völlig frei sein, aber sie muss die Chance bekommen, das, was sie tut, auf ihre Nutzbarkeit hin zu überprüfen. Für die Ausbildung habe ich die dringende Empfehlung, möglichst viele Kontakte zu Unternehmen zu suchen, damit man weiß, wie es „im richtigen Leben" läuft.

Ist dann nicht die Gefahr groß, dass die Studenten oder Doktoranden sich zu stark eingeschränkt fühlen oder sich einschränken lassen von den Marktbedingungen des Unternehmens?

Richard Gaul: Dann würde das Unternehmen einen Fehler machen. Ganz banal gesagt: Wer diese Chance nicht nutzt, ständigen Kontakt zu den Jüngeren zu halten und zu erfahren, wie die kommenden Generationen denken, der liegt bei der Erforschung von Trends, die in der Zukunft liegen, möglicherweise weit daneben. Natürlich: Das größte Risiko einer Organisation, gerade wenn sie erfolgreich ist, ist die Erstarrung. Erfolgsrezepte können auch in der Zukunft noch richtig sein, müssen es aber noch lange nicht. Sie müssen immer wieder neu in Frage gestellt werden. Das aber kann derjenige, der sie fünfmal erfolgreich angewendet hat, psychologisch nicht. So ist es einfach. Man muss strukturell und organisatorisch permanent sicherstellen, dass man für alles Neue offen ist. Darum sind Unternehmen, die Praktikanten oder Auszubildende beschäftigen, sehr klug beraten, ihnen zuzuhören und gegebenenfalls von ihnen zu lernen.

Wie stellen Sie diese Offenheit strukturell sicher?

Richard Gaul: Natürlich kann man in einer so großen Organisation nicht bei jedem Einzelnen dessen Offenheit überprüfen. Am besten funktioniert das durch Vorleben. Indem sich zum Beispiel jemand aus der Unternehmensführung dem Gespräch mit anderen stellt, also nicht in dem Sinne: Vorstand redet nur mit Bereichsleiter, Bereichsleiter redet nur mit Vorstand und Hauptabteilungsleiter – also eben nicht orientiert ausschließlich an der Hierarchie. Wir haben da einige Strukturen eingebaut: Jeder, der sich zur Führungskraft entwickelt, nimmt an bestimmten Aus- und Weiterbildungen teil. Darin enthalten sind sogenannte Kamingespräche, bei denen sich verschiedene Führungspersönlichkeiten dem Gespräch und den Diskussionen stellen. Ich zum Beispiel diskutiere dann einen Abend lang mit Mitarbeitern, die vielleicht ein oder zwei Jahre dabei sind. Wenn ich dort hingehe mit der Attitüde „Ich weiß alles", dann gehe ich weg und weiß eben nicht mehr. Wenn ich mich also nicht wirklich der Debatte stelle, weil vielleicht Fragen kommen könnten, mit denen ich nicht gerechnet habe, die mir unangenehm sind, dann ist das vertane Zeit. In meiner Truppe, der Kommunikationsabteilung, möchte ich gerne immer eine Mischung von Leuten haben, von denen ein Drittel unter 35, ein Drittel zwischen 35 und 50 und ein Drittel älter als 50 ist. Das bedeutet einen permanenten, gesteuerten Personalwechsel, bei dem ich sicherstellen muss, dass jemand nach drei oder vier Jahren innerhalb der Truppe etwas anderes macht und dass er nach fünf oder sechs Jahren wieder weg geht und andere Aufgaben im Unternehmen übernimmt. So findet eine ständige Erneuerung statt. Außerdem haben wir eine jährliche Beurteilung der Führungskräfte: Die jeweils übergeordneten Vorgesetzten setzen sich zusammen und führen strukturierte Beurteilungsgespräche. Das Ergebnis dieses Gesprächs wird dem Mitarbeiter von seinem direkten Vorgesetzten 1:1 erzählt und wenn einer drei oder vier Jahre den gleichen Job gemacht hat, dann ist Bestandteil des Gesprächs, ihn im folgenden Jahr auf andere Aufgaben vorzubereiten. Auf der anderen Seite haben wir strukturierte Mitarbeiterbefragungen zur Aufwärtsbeurteilung.

Was halten Sie von Corporate Universities, wie es sie in den USA gibt, bei denen ein Unternehmen eine komplette Universität und deren Forschung finanziert?

Richard Gaul: Nichts. Genauso wenig halte ich von Elite-Universitäten. Frau Bulmahn soll Herrn Schröder das Geld zurückgeben, damit der damit was anderes machen kann. Wir brauchen Elite an den Universitäten, aber keine Elite-Universitäten. Corporate Universities haben das hohe Risiko – was auch fast strukturell nicht zu verhindern ist – dass man im eigenen Saft schmort. Da würden dann BMWler nur noch mit BMWlern reden; BMW-Universitäten werden noch früher „geBMWt", als es so schon der Fall sein kann. Wir wollen ja, dass Leute mit beispielsweise 25 Jahren zu uns kommen als gefestigte Persönlichkeiten, die das Unternehmen mögen. Und nicht jemanden, der es nur mit Hilfe von BMW und nur wegen BMW überhaupt zu etwas gebracht hat. Wir halten Corporate Universities für falsch und für genauso falsch halten wir es, sich mit nur einer Universität zu verbandeln. Um es plakativ zu sagen: Wir reden einer möglichst breiten Wettbewerbsorientierung der Universitäten das Wort. Universitäten brauchen Budgetfreiheit, müssen „entfesselt" werden und sollten konkurrieren können um die besten Professoren und die besten Studenten. Dann passiert es eben, dass die Fakultät Maschinenbau München irgendwann die beste in Deutschland ist, und das wird Aachen nicht ruhen lassen. Oder dass die Elektrotechnik Aachen die beste ist und dass die betriebswirtschaftliche Fakultät Bochum die beste ist. Dann werden die besten und fleißigsten Studenten nach Bochum gehen, dann wird München sich anstrengen müssen, dass sie in Betriebswirtschaft besser werden. Am Ende des Tages ist so etwas nur möglich mit Studiengebühren. Aber das darf man ja öffentlich fast nicht sagen. In Deutschland gibt es eine völlige Perversion von Förderung. Wenn Sie heutzutage ein kleines Kind haben, sind Sie meist jung und haben wenig Geld. Da müssen Sie aber Gebühren zahlen für den Kindergarten. Zwanzig Jahre später, wenn dieses Kind zur Universität geht, ist das gebührenfrei. Es sollte genau umgekehrt sein – natürlich mit einer sozialen Absicherung. Aber warum sollte nicht jemand, der auf eine Universität geht, das Geld nach zehn Jahren zurückzahlen? Die Umsetzung ist allerdings schwierig und ein Tabuthema in Deutschland. Und sie funktioniert nur in der Konsequenz: Es macht keinen Sinn, Gebühren einzuführen, damit der Staat weniger für Universitäten zahlen muss.

Wie früh sollte Ausbildung überhaupt beginnen? Auch die Ausbildung im Designbereich?
Richard Gaul: Ich will da mal anders anfangen. Wir vergeuden sechs Jahre im Leben eines Menschen, weil wir glauben, er würde spielen wollen. Man weiß ja jetzt aus der Forschung, dass ganz kleine Kinder die besten Lernerfahrungen machen. Zum Beispiel sollte ein Kind ganz schnell eine zweite Sprache lernen. Aber sobald sich eine Neigung oder ein Talent abzeichnet, sollte dieser Mensch die Chance haben, dieses Talent zu fördern. Das hätte natürlich auch eine völlige Umstrukturierung des Schulsystems zur Folge. Unsere Schule ist eine völlig absurde Struktur aus einer Zeit, in der einer vorne stand und redete und unten saßen 30 und hörten zu. So etwas funktionierte, als es noch kein Fernsehen gab. Als ich noch Schüler war, war ein Lichtbildvortrag ein willkommenes, außerordentlich ereignisreiches Entertainment. Aber: Der Lichtbildvortrag

mit Dinosaurierknochen ist für jemanden, der „Jurassic Parc" gesehen hat, einfach Quatsch. Wir müssen in der Schule Kreativität fördern. Wir machen das auch, wir haben ein Projekt, das heißt „Schule im gesellschaftlichen Verbund" und läuft an zehn Schulen in Bayern und einer in Berlin mit wissenschaftlicher Begleitung der Freien Universität Berlin. Das Ziel ist nicht kleiner oder größer als: Wir wollen die Lehrpläne völlig verändern. Zum Beispiel gibt es dort eine Unterrichtseinheit, in der in Berlin der Meister von unserem Werk mit den Schülern einen Tag lang einen Motor zusammenbaut. Praxisnah und interaktiv. Zielsetzung ist, Praxisnähe herzustellen, um herauszubekommen, wo vielleicht praktische Talente liegen, Stärken kennen zu lernen und zu fördern.

Besteht da nicht die Gefahr, dass Kinder zu früh durch Talentsuche in eine Richtung gedrängt werden?
Richard Gaul: Es muss natürlich eine völlige Freiheit der Durchdringung in alle Richtungen sein. Man darf das nicht wiederverschulen. Heute wollen wir alle Superstar werden. Ungewollt programmieren wir so für Hunderttausende den Frust. Jeder geht zu irgendwelchen Talentwettbewerben, meist mehr schlecht als recht, scheitert dann und betrachtet alles andere als zweitbeste Lösung, weil er vielleicht „nur Ingenieur" wird. Der Traumberuf wurde nicht erreicht, weil der falsche Traum geträumt wird. Wir möchten, dass Kinder und junge Menschen die Möglichkeit bekommen, herauszufinden, was es sonst noch gibt.

Wie sind Ihre Visionen für eine optimale Designausbildung im Premiumbereich?

Richard Gaul: Die Frage der optimalen Designausbildung kann man nicht beantworten, da spielen viele Zufälle zusammen. Jemand, der Design macht, muss im Grunde genommen immer offen sein für Neues, für Entwicklungen. Aber Formempfinden sollte sehr, sehr früh ermöglicht werden. Es braucht Gelegenheiten, sich mit den Dingen wirklich zu beschäftigen und das nicht erst bei der Designausbildung. Auch um zu üben und zu trainieren – vielleicht auch, um herauszufinden, dass man es lieber lässt. „Trial and Error" mit bestrafungsfreiem „Error". Die Freiheit des Wechsels ist ganz wichtig. Bevor man endgültige Entscheidungen trifft, muss man sich möglichst viele Dinge ansehen, sie anfassen und etwas machen. Ein guter Automobildesigner hat ganz viele andere Sachen gemacht, um einen gewissen Horizont zu entwickeln. So etwas sollte sehr früh angefangen und möglichst spät spezialisiert werden. Am Rande: In diesem Zusammenhang ist der Numerus Clausus ein Desaster, weil er nur an Noten, nicht aber an entsprechenden Fächern festgemacht wird. Ich denke, dass persönliche Neigungen und deren Förderung am ehesten zum Erfolg führen. Das kann natürlich dazu führen, dass man hinterher auch mal drei Euro weniger verdient. Ich kann das zwar leicht sagen: Ich setze mich heute Abend in meinen 7er Dienstwagen. Aber drei oder vier Mal habe ich auch extrem gute – im ökonomischen Sinn – Angebote abgelehnt, weil der Blick auf den Kontoauszug einmal im Monat einen niemals für 30 Tage Frust entschädigt. Wenn ich morgens nicht mehr fröhlich zur Arbeit fahre und mich freue, wenn ich hier hereinkomme, dann muss ich etwas anderes machen. Und das gilt überall. Wenn einer Design macht in einer Struktur, die seiner Art von Design nicht entspricht, dann muss er etwas ändern.

KOMMUNIKATIONSDESIGNUNDGRAFIKDESIGNSIGNALEAUSBAYERNKOMMUNIKATIONSDESIGNUNDGRAFIKDESIGNDESIGNSIGNALEAUSBAYERNKOMMUNIKATIONSDESIGNUNDGRAFIKDESIGNDESIGNSIGNALEAUSBAYERNKOMMUNIKATIONSDESIGNUNDGRAFIKDESIGNDESIGNSIGNALEAUSBAYERNKOMMUNIKATIONSDESIGNUNDGRAFIKDESIGNDESIGNSIGNALEAUSBAYERNKOMMUNIKATIONSDESIGNUNDGRAFIKDESIGNDESIGNSIGNALEAUSBAYERNKOMMUNIKATIONSDESIGNUNDGRAFIKDESIGNDESIGNSIGNALEAUSBAYERNKOMMUNIKATIONSDESIGNUNDGRAFIKDESIGNDESIGNSIGNALEAUSBAYERNKOMMUNIKATIONSDESIGNUNDGRAFIKDESIGNDESIGNSIGNALEAUSBAYERNKOMMUNIKATIONSDESIGNUNDGRAFIKDESIGNDESIGNSIGNALEAUSBAYERNKOMMUNIKATIONSDESIGNUNDGRAFIKDESIGNDESIGNSIGNALEAUSBAYERNKOMMUNIKATIONSDESIGNUNDGRAFIKDESIGNDESIGNSIGNALEAUSBAYERNKOMMUNIKATIONSDESIGNUNDGRAFIKDESIGNDESIGNSIGNALEAUSBAYERNKOMMUNIKATIONSDESIGNUNDGRAFIKDESIGNDESIGNSIGNALEAUSBAYERNKOMMUNIKATIONSDESIGNUNDGRAFIKDESIGNDESIGNSIGNALEAUSBAYERNKOMMUNIKATIONSDESIGNUNDGRAFIKDESIGNDESIGNSIGNALEAUSBAYERNKOMMUNIKATIONSDESIGNUNDGRAFIKDESIGNDESIGNSIGNALEAUSBAYERNKOMMUNIKATIONSDESIGNUNDGRAFIKDESIGNDESIGNSIGNALEAUSBAYERNKOMMUNIKATIONSDESIGNUNDGRAFIKDESIGNDESIGNSIGNALEAUSBAYERNKOMMUNIKATIONSDESIGNUNDGRAFIKDESIGNDESIGNSIGNALEAUSBAYERN

Kommunikations- und Grafikdesign

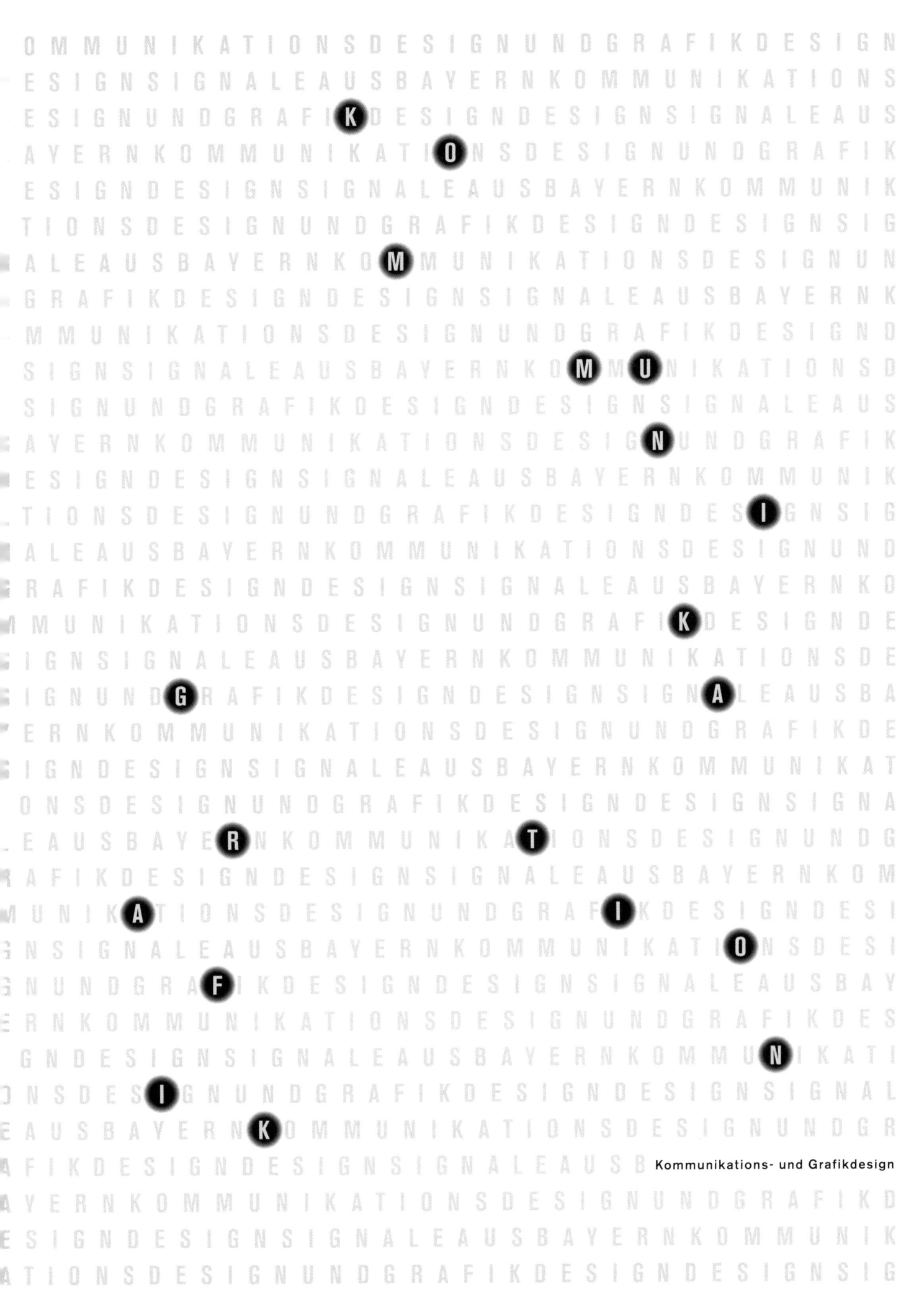

42 84 GHZ – RAUM FÜR GESTALTUNG

84 GHz
Raum für Gestaltung

Corporate Design
Geschäftspapiere

Kataloge
Broschüren

Illustration
Fotografie

Animation
Video

Webdesign
Datenbank

DVD
CD-ROM

84 GHZ – RAUM FÜR GESTALTUNG Georgenstraße 84, 80799 München
Tel.: +49/89/30 63 79 11, Fax: +49/89/30 63 79 12, ISDN: +49/89/30 63 79 13, mail@84GHz.de, www.84GHz.de
JOUR FIX BEI 84 GHZ Kultur im Keller der Georgenstraße 84 am 2. Freitag jeden Monat, www.84GHz.de/jourfix

ATELIER & FRIENDS GMBH DESIGNENTWICKLUNG/MARKENENTWICKLUNG/PROJEKTENTWICKLUNG

Spitalstr. 2, D-94481 Grafenau
Telefon +49/8552/96 53-0
Fax +49/8552/96 53-24
grafenau@atelier-friends.de
www.atelier-friends.de

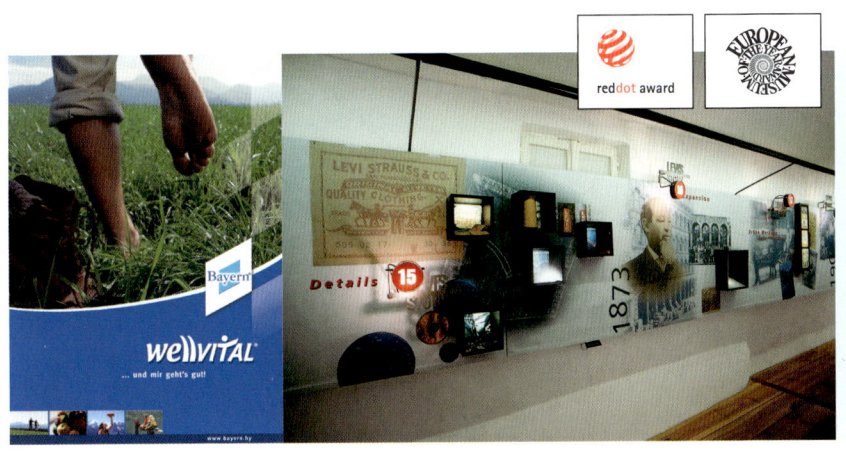

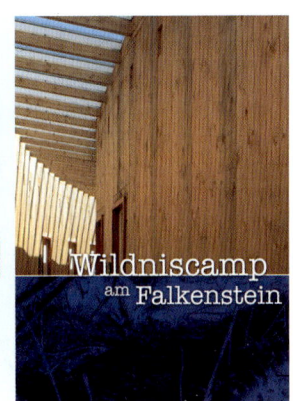

Bayern Tourismus Marketing ABGEBILDETE PROJEKTE
Corporate Design

Levi Strauss/Museum Jeans & Kult
Konzept und Planung

Nationalpark Bayerischer Wald
Projektentwicklung
Wildniscamp am Falkenstein

München/Passau/Linz WEITERE STANDORTE

ATELIER & FRIENDS
DENKEN IN BEWEGUNG

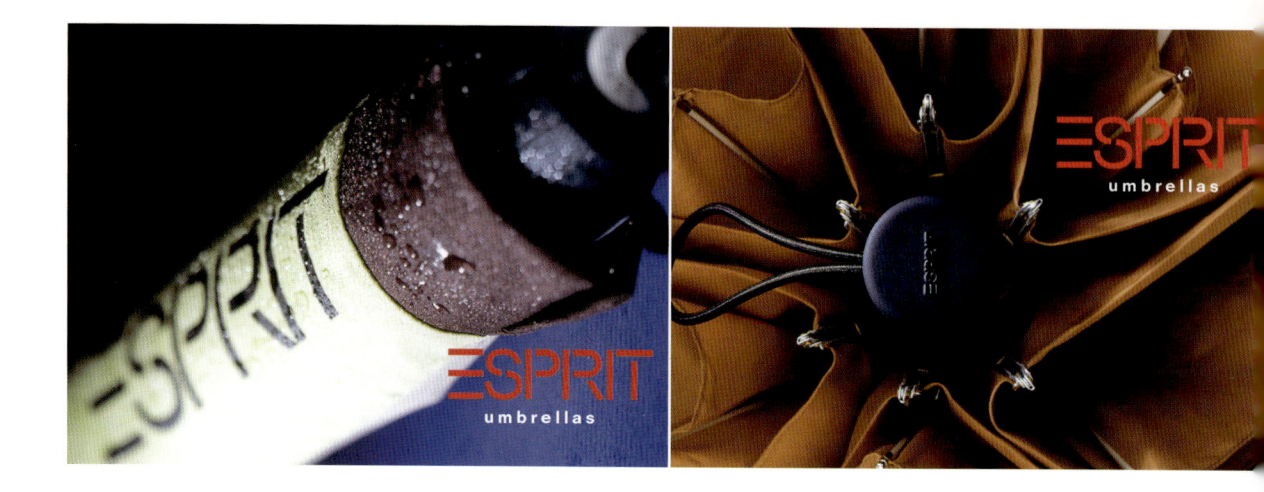

44/45 DESIGN BALLENDAT

ESPRIT umbrellas

"HURRA ES REGNET"
happy rain
2001

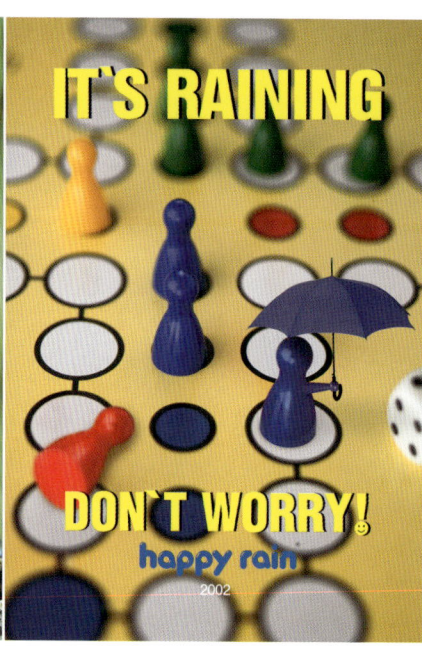

IT'S RAINING
DON'T WORRY!
happy rain
2002

DIE ZEIT IST REIF
FÜR
happy rain
2003

pierre cardin

modul space
MODULE FÜR DEN RAUM

„the mobile office"

Für kreative Köpfe in kreativen Büros.
For creative minds in creative offices.

Veränderung und Mobilität – Eine Tendenz und Forderung moderner Organisationsstrukturen. Die Umsetzung aus dem System: mit variablen, mobilen Modulen; rollbar und verkettbar. Intelligente mobile Paravents und schlaue EDV-Möbel mit Raum für Rechner, Drucker und professionelle Verkabelung, auch diese wieder konsequent im Baukastencharakter), modular anwendbar als Vierfuß, Dreifuß oder Zweifuß.

Versatility and mobility – a tendency and requirement of modern organizational structures. Implementation on the basis of the system: by means of variable, mobile modules; rollable and linkable. Intelligent mobile screens and clever computer furniture with space for computer, printer and professional cabling. Height adjustable desks (again with coherent modular system character), with modular application as four, three or two leg.

Bosse
Dauphin HumanDesign® Company

FLEXIBILITY

DESIGN BALLENDAT Maximilianstraße 15, D-84359 Simbach am Inn, Tel.: +49/8571/605 66-0, Fax: +49/8571/605 66-6 homepage: www.ballendat.de, E-Mail: office@ballendat.de **SCHWERPUNKTE:** Corporate Design, klassische Werbung, Produktkataloge inklusive Grafik, Texte und Photographie. **BIOGRAPHIE:** seit 20 Jahren erfolgreiches Design. Dipl.-Des. Martin Ballendat ist gleichzeitig Dozent für Designmethodik an der FH Graz Joanneum. **REFERENZEN:** Namhafte Markenartikler. **PREISE UND AUSZEICHNUNGEN:** Über 30 Designauszeichnungen, darunter Preise in Japan, USA, Holland, Italien und Österreich. Wir sind ein 10köpfiges Team und arbeiten in einer alten Jugendstilvilla mit 300 qm Bürofläche. Ansprechpartner für den Bereich Grafikdesign ist Lothar Walter, Tel.: +49/8571/605 66-20.

46 BALLWEG & BALLWEG GESTALTUNG

1 Erscheinungsbild für gotoBavaria, Agentur des Freistaates Bayern für Medien, Informations- und Kommunikationstechnik   **2** Geschäftsbericht für Gardena   **3** Programmheft für die Ulmer Volkshochschule   **4** Plakat für das Museum Villa Rot   **5** Plakat für Kolibri, Mode und Schmuck   **6** Foto: »New York City Team«, Rumänien   **7** Foto: Zwei Türme, Kairo   **8** Foto: Zwei Amerikanische Soldaten, Schwäbische Alb   **9** Foto: Zwei Raucher, Kairo   **10** www.werner-wesslau.de   **11** www.katrin-hupe.de   **12** www.ballwegdesign.de   **13** www.kolibri-ulm.de   **14** Wanderausstellung »wir wollten das andere« für den Verband der Deutschen Volkshochschulen/Ulmer Volkshochschule/Weiße Rose Stiftung München   **15** bedruckte Pappmöbel für gotoBavaria, BayernOnline International Kongress   **16** Wanderausstellung »Chance Design im Handwerk« für das Design Zentrum München   **17** Ausstellung des gotoBavaria-Erscheinungsbildes während des Design Parcours München 2002

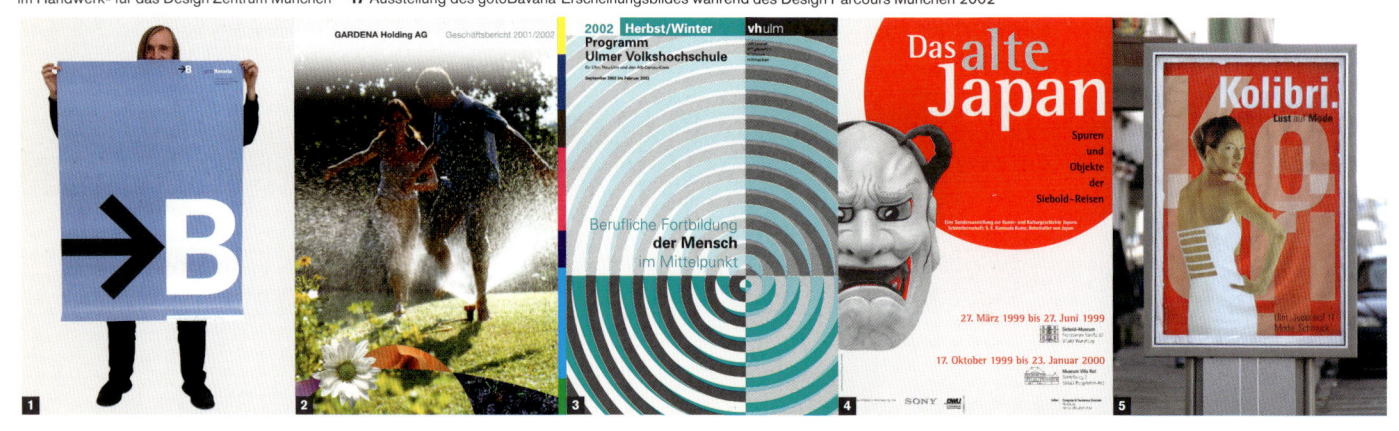

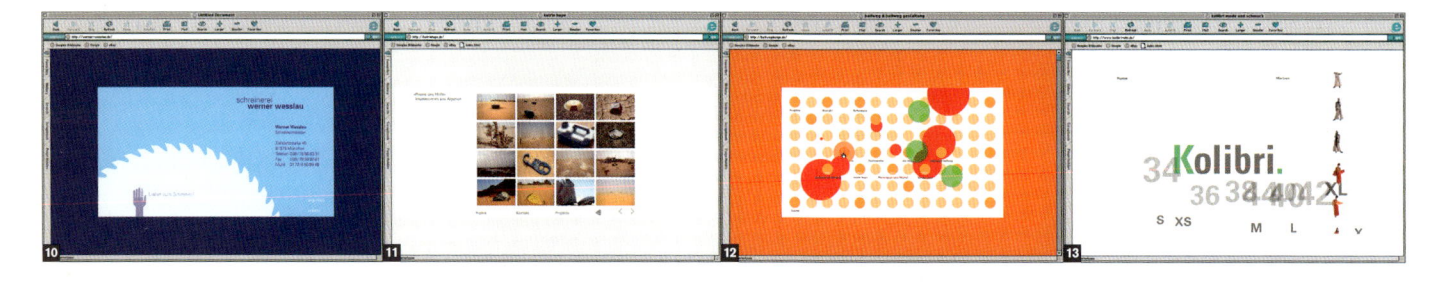

BALLWEG & BALLWEG GESTALTUNG Am Harras 12 Rgb, 81373 München, Tel.: +49/89/76 75 30 00, mail@ballwegdesign.de, Haßlerstraße 15, 89077 Ulm, Tel.: +49/731/931 73 48 **GESCHÄFTSFÜHRER:** Pancho Ballweg, Andy Ballweg. **GRÜNDUNG:** 1993 **SCHWERPUNKTE:** Corporate Design, Geschäftsberichte, Internet, Anzeigen, Plakate, Messen, Ausstellungen. **REFERENZEN:** Design Zentrum München, Dornier GmbH, EADS, gotoBavaria, Gardena, Gartner – Fassadenbau, MTU – Aero Engines, Museum Villa Rot, Tagesklinik Söflingen, Ulmer Zelt – Veranstaltungen, Uzin Utz AG, Weiße Rose Stiftung München, Ulmer Volkshochschule, Verband der Deutschen Volkshochschulen, Zeiss Optronik GmbH und viele andere. www.ballwegdesign.de

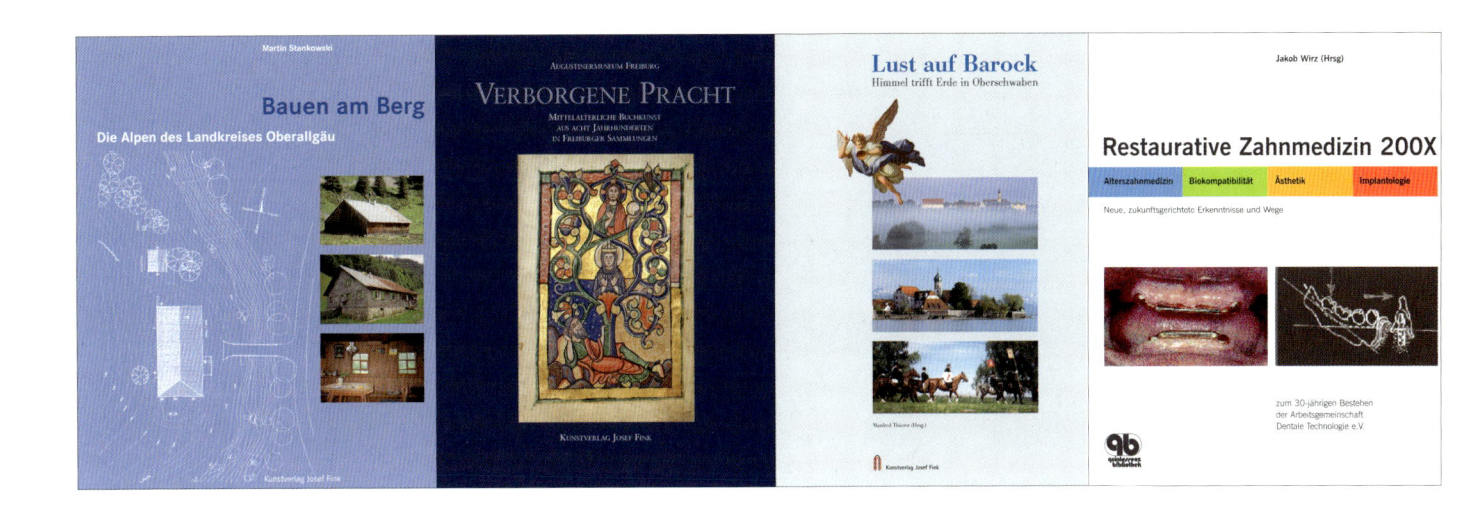

WERBEATELIER BRANDNER – BÜRO FÜR VISUELLE KOMMUNIKATION Brandenburger Straße 6, 88299 Leutkirch im Allgäu, Telefon: +49/7561/91 48 26, Fax: +49/7561/90 60 87, info@werbeatelier-brandner.de, www.werbeatelier-brandner.de **SCHWERPUNKTE:** Corporate Design, Broschüren, Buchgestaltung. **GRÜNDUNGSJAHR:** 1999. **PROJEKTE:** Gramm GmbH + Co KG (CI), Freuding GmbH Labor- & Praxiseinrichtungen (CI), moedel Leit- und Orientierungssysteme (CI), Dubach Dental AG (CI), Landkreis Oberallgäu (Buchgestaltung), Zeppelin Museum Friedrichshafen (Buchgestaltung), Augustiner Museum Freiburg (Buchgestaltung), Kunstverlag Josef Fink, Beuroner Kunstverlag, Quintessenz Verlags GmbH. **AUSZEICHNUNGEN:** Thüringer Preis für Produktdesign 1999, iF Award 2000.

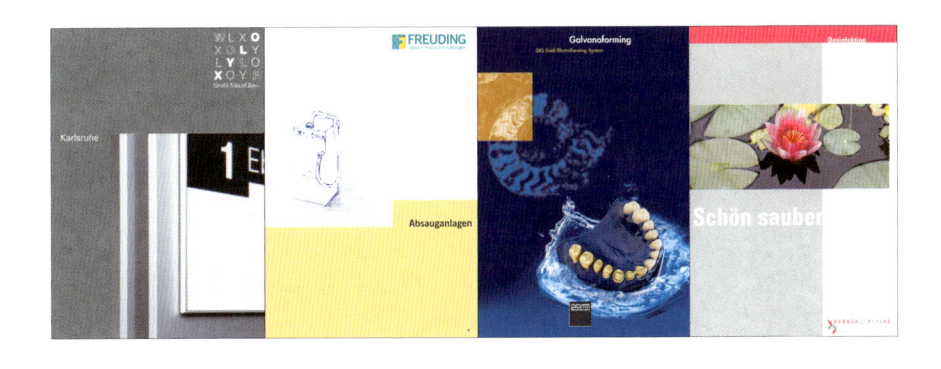

48 BUERO FRAEULIN

BUERO FRAEULIN Konrad-Adenauer-Str. 13, 85221 Dachau, Tel.: +49/8131/866 25, Fax: +49/8131/551 26, info@buerofraeulin.de, www.buerofraeulin.de **GESCHÄFTSFÜHRER:** Martin Fräulin. **GRÜNDUNGSJAHR:** 1993. **BASISLEISTUNG:** Design für Druck und digitale Medien. Werbestrategien, Beratung und Produktionsüberwachung. **LEISTUNGEN:** Corporate Design, Editorialdesign, Plakate, Anzeigen, Broschüren, Werbemittel, Leit- und Orientierungssysteme, Messestände, Showrooms, Ausstellungen, Websites. **REFERENZEN:** Amper Kliniken AG, eta Energieberatung, Industriebau Callwey Verlag, Kobi Schönbrunn, Kusser Aicha Granitwerke, MD Lang, MD Papier, Sejari Kraftfahrzeuge, Stadtwerke Dachau, SVResearch Gesellschaft für Bildverarbeitung, …

CAROLA M. LANGANKI – CML.ARTDESIGN 49

gelebte gestaltung
lebendiges unternehmen

corporate design

lebensgestaltung
corporate identity

CAROLA M. LANGANKI – CML.ARTDESIGN Weilheimer Str. 15, 82402 Seeshaupt, Tel.: +49/8801/950 86, Fax: +49/8801/950 89
PROFIL: Corporate Identity, Corporate Design, Unternehmerberatung, Sales Promotion. GRÜNDUNGSJAHR: 1990
KUNDEN/REFERENZEN: unter WWW.CML-ARTDESIGN.DE

50/51 MANFRED DECKERT BÜRO FÜR VISUELLE KOMMUNIKATION

CORPORATE DESIGN

Kundenmagazin

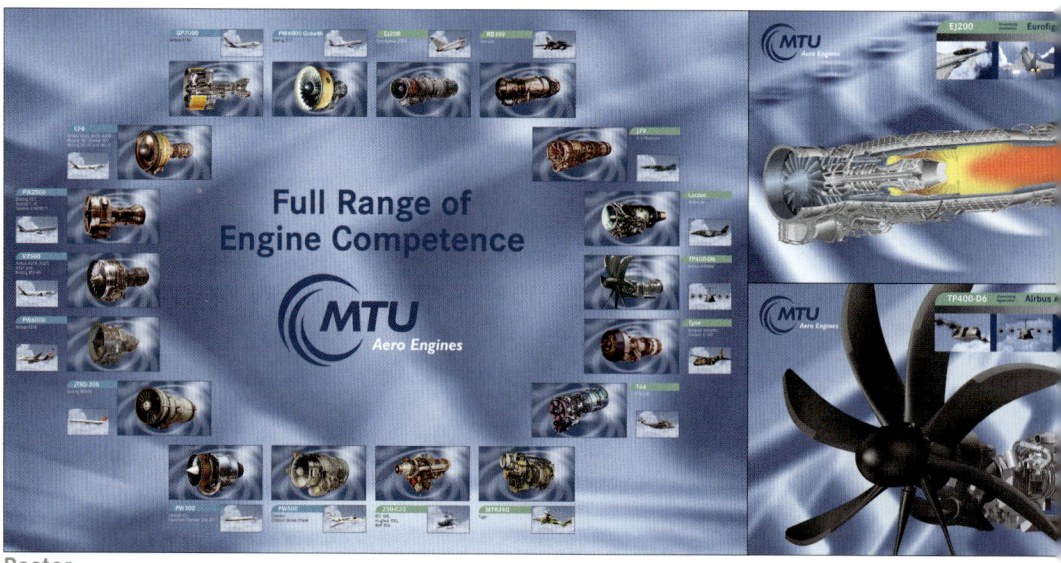

Poster

MANFRED DECKERT BÜRO FÜR VISUELLE KOMMUNIKATION Sollnerstraße 73, 81479 München, Tel.: +49/89/30 72 82 87/88, Fax: +49/89/51 00 95 03, deckert-visuell@t-online.de SCHWERPUNKTE: Corporate Design, Technische Investitionsgüter/Dienstleistungen, Technische Gebrauchsgüter, Verbände, Versicherungen. GRÜNDUNGSJAHR: 1995. BIOGRAFIE: Geb. 1953 in Aalen. Schriftsetzer, Studium der Visuellen-Kommunikation an der HfG Schwäbisch Gmünd. Seit 1995 eigenes Büro für visuelle Kommunikation. PROJEKTE/REFERENZEN: BMW AG, Siemens AG, MTU Aero Engines, Generali/Lloyd, CCR AG, Danzer, SkiData AG, VDE.

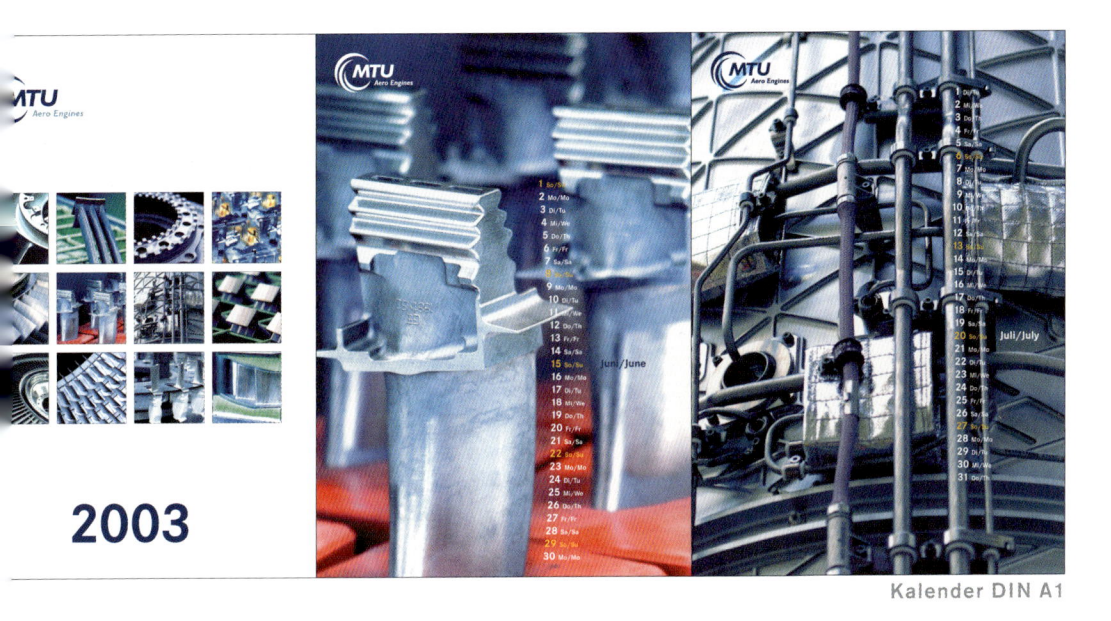

Kalender DIN A1

Broschüren

52 BÜRO ROMAN LORENZ – DESIGN ALLIANCE

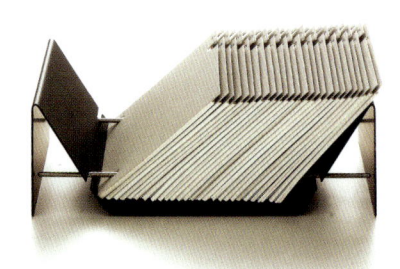

BÜRO ROMAN LORENZ Kolosseumstraße 1, 80469 München, Tel.: +49/89/260 51 68, Fax: +49/89/260 56 06, info@designalliance.de, www.designalliance.de **SCHWERPUNKT:** Das Büro Roman Lorenz hat sich auf die Entwicklung und Umsetzung von Corporate-Design-Konzepten für Unternehmen, Verbände und kulturelle Einrichtungen spezialisiert. Dies beinhaltet die Ausarbeitung von visuellen Erscheinungsbildern, Geschäfts- und Organisationspapieren, Printmedien, Internet-Präsentationen, Kongress-Auftritten, Anzeigen-Kampagnen, Ausstellungen und Informationsssystemen. **GRÜNDUNGSJAHR:** 1990. **ZUSATZLEISTUNGEN:** Konzeption und Realisierung von Multi-Media-Projekten (Videos, CD-ROM und DVD). **PROJEKTE:** Verbände der Wohnungswirtschaft, Siebendächer Baugenossenschaft, GWG München, logos Unternehmenskommunikation, Pränatal-Medizin München, Allgäuer Volksbank, Deutsche Ophthalmologische Gesellschaft, Kuratorium Jüdisches Zentrum Jakobsplatz, sowie Arzt-Praxen, Wohnungs- und Dienstleistungsunternehmen. **PARTNER/REFERENZEN:** Das Büro Roman Lorenz ist Mitglied der design alliance, ein Zusammenschluss von Büros aus München, Stuttgart und London, Lehrauftrag für visuelle Kommunikationssysteme an der FH Schwäbisch Gmünd, Hochschule für Gestaltung.

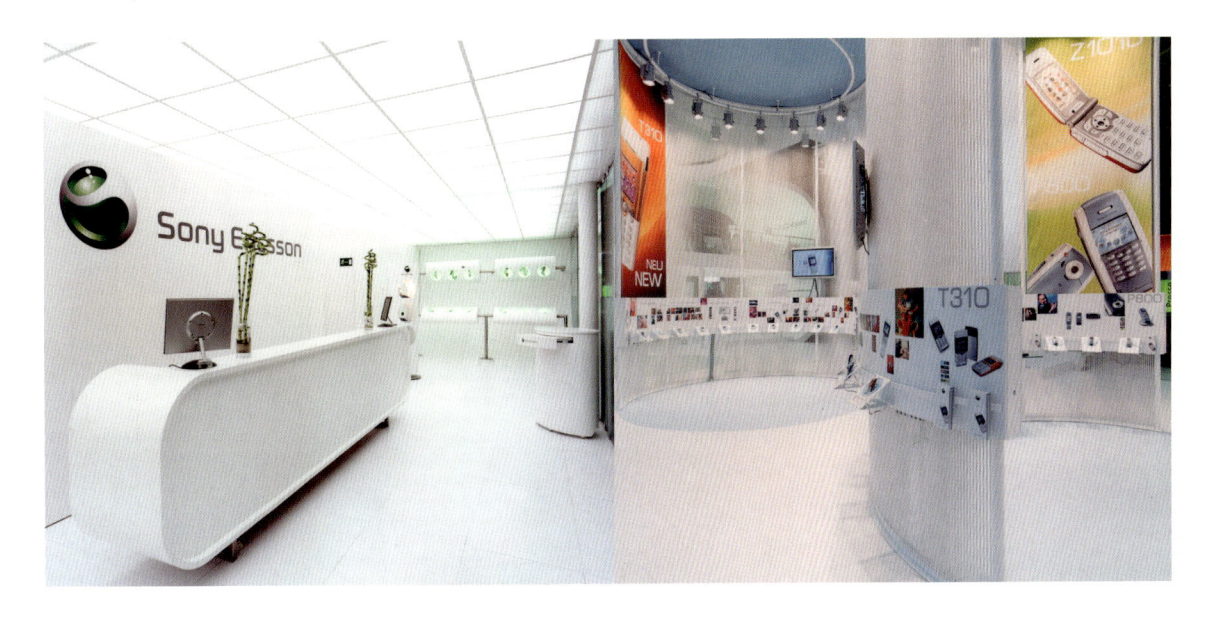

Markenführung im Raum: Sony Ericsson auf der CeBIT 2003

DESIGN COMPANY Nymphenburger Straße 58 – 60, 80335 München, Tel.: +49/89/125 16-0, Fax: +49/89/125 16-500, E-Mail: info@designcompany.de **INTERNET:** www.designcompany.de **GESCHÄFTSFÜHRER:** Hubert Grothaus, Uwe Ansorge, Jörg Stöter. **SCHWERPUNKTE:** Die DESIGN COMPANY entwickelt Markenräume, um Brand-Image zu bilden und zu fördern: Vom Messestand bis zum Shop-Konzept wird dabei ein einheitliches Kommunikationsdesign geschaffen. Im Zentrum steht die systematische Konzeption und der konsequente Aufbau von Marken. Zum Kundenstamm zählen internationale Markenführer wie Sony Ericsson. **UNSERE LEISTUNGEN:** Gestalten von CI-Prozessen, Umsetzung von CORPORATE DESIGN als Element erfolgreicher Unternehmenspolitik, Dreidimensionales Brandmarketing. **ZUSÄTZLICHE LEISTUNGEN:** Fullserviceagentur, Messebau, Shopdesign, Eventmanagement, Roadshows.

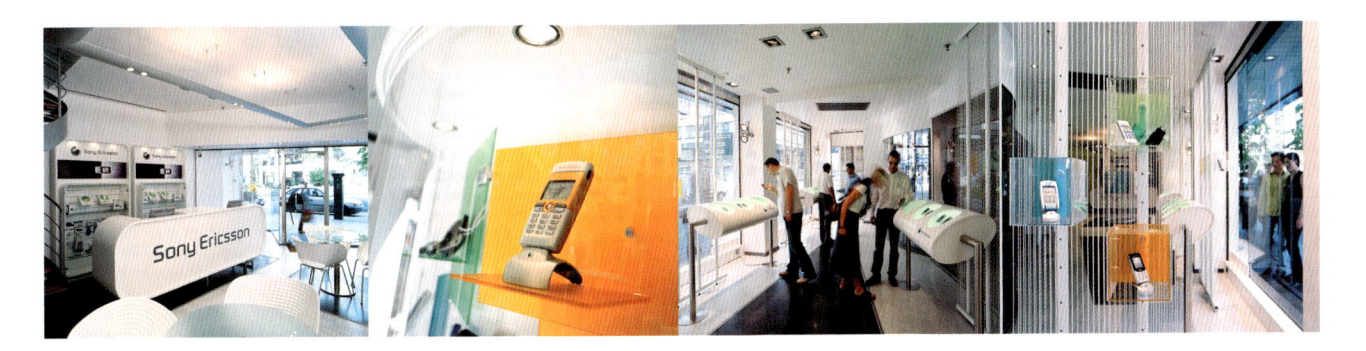

DESIGN COMPANY
kommunikation · messe · shop · event

Vom Messeauftritt zum Shopkonzept: Beim neuen Sony Ericsson Shop in Brüssel wurde das entwickelte Corporate Design für den neuen Aussenauftritt übernommen.

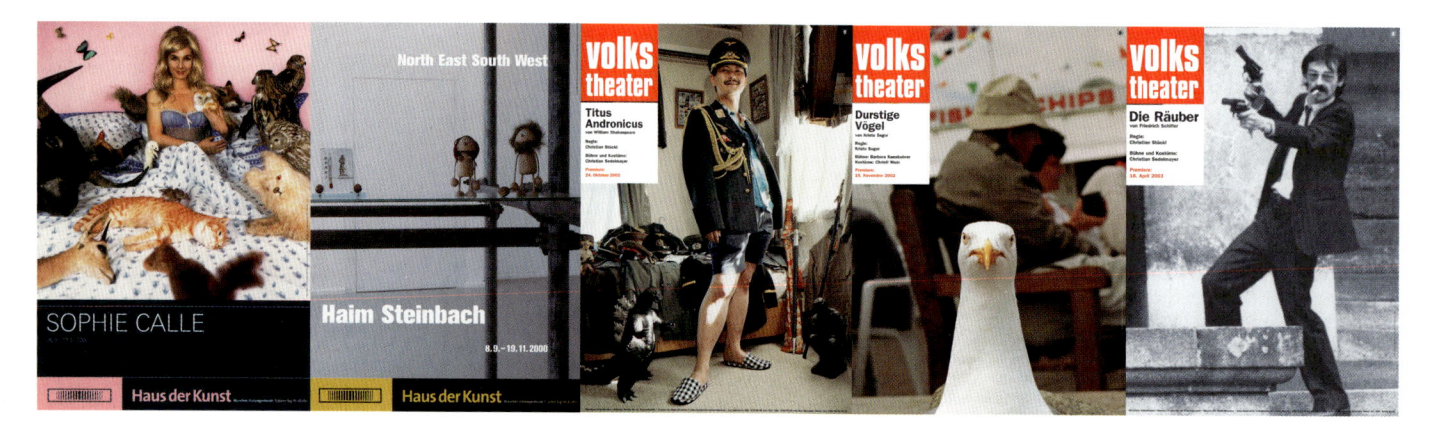

OTTO DZEMLA GRAPHIC Schanzenbachstr. 8, 81371 München, Mobil 0177/646 82 06, otto.dzemla@t-online.de, www.dzemla.de
IM SENDLINGER LOFT: Danklstraße 9 RGB, 81371 München, Tel.: +49/89/76 73 67 84, Fax: +49/89/725 72 21, ISDN: +49/89/747 82 64
SCHWERPUNKTE: Editorialdesign, Plakate, Anzeigen, Broschüren, Buch- und Corporatedesign. **GRÜNDUNGSJAHR:** 2000
PROJEKTE: Volkstheater München CI, BurdaYukom (Mitsubishi Kundenmagazin SPRINT), Monascensia Literaturarchiv, Haus der Kunst bis 2003, Stadt München: Plantreff, Kulturreferat. **PARTNER / REFERENZEN:** Teil der Ateliergemeinschaft Sendlinger Loft (Fotografie, Illustration, Text, Webdesign).

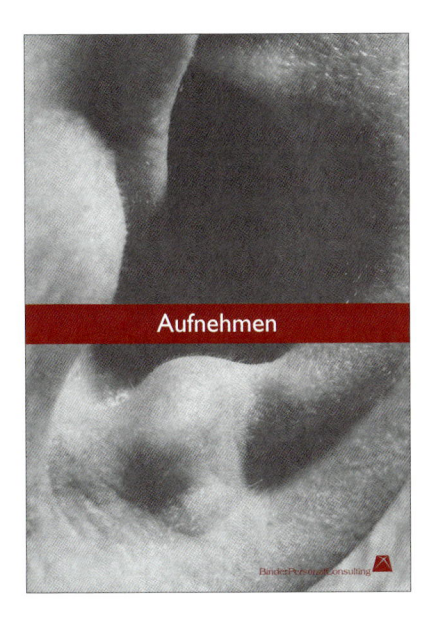

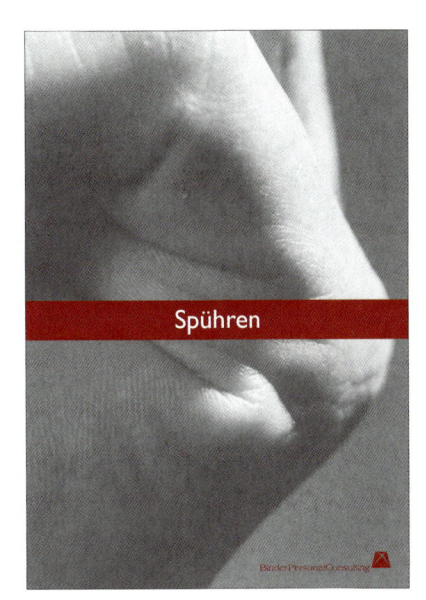

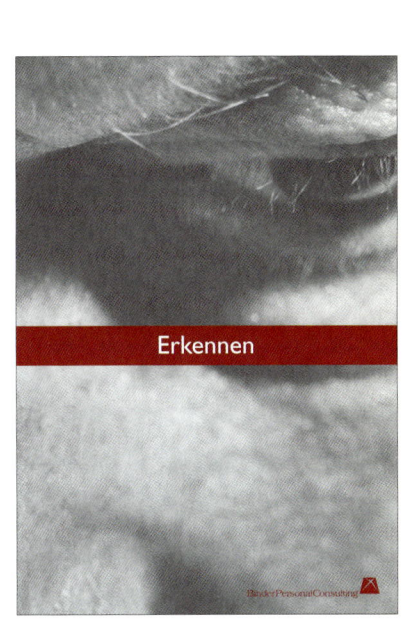

EBNERDESIGN Max-Joseph-Straße 5, D-80333 München, Tel.: +49/89/55 02 77 14, Fax: +49/89/55 02 77 15, info@ebnerdesign.de, www.ebnerdesign.de **GESCHÄFTSFÜHRER:** Sabine Wingarde-Ebner, Thomas Wingarde. **SCHWERPUNKTE:** Corporate Design und Markenentwicklung, Visuelle Strategien, Werbekonzepte, CI-Beratung. **ZUSATZLEISTUNGEN:** Freier Art Director, Beratung, Full Service. **GRÜNDUNGSJAHR:** 1995. **PROJEKTE:** Anzeigen, Corporate Design, Imagebroschüren, Messeauftritte, Logos und Geschäftsausstattungen. **KUNDEN/REFERENZEN:** Gammel Group, PSIPENTA, IZB Innovations- und Gründerzentrum Biotechnologie Martinsried, SBM GmbH, Conti Gastronomie, macros Gruppe, BPC BinderPersonalConsulting, Verband der Bayerischen Wirtschaft, it akademie bayern, Hansgrohe, u.a. **PARTNER:** Consultatio Venture Consulting AG, Offsetdruck J. Jüngling, ColorOffset, EPS GmbH, u.a.

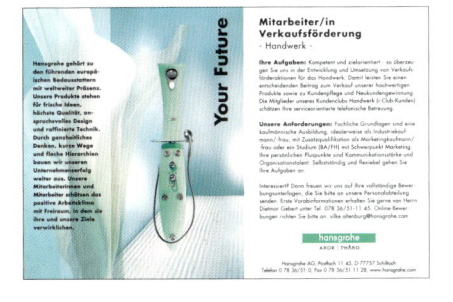

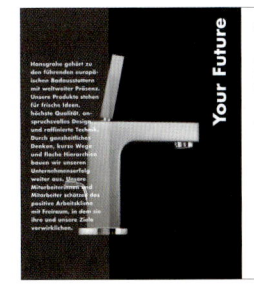

56/57 EGERER/DESIGNTEAM

EGERER/DESIGNTEAM Nymphenburger Straße 119 b, 80636 München, Telefon: +49/89/12 15 80-24, Fax: +49/89/12 15 80-25, Leonardo: +49/89/12 15 80-50, info@egerer-designteam.de, www.egerer-designteam.de **TEAM:** Helmut Egerer, Philipp Schreier, Kerstin Thonigs. **PROFIL:** Corporate-, Print- und Web-Design, Artwork und Kalligrafie. Eine gewisse Grundlage ist die „arts and crafts" Philosophie, mit zeitgemäß funktionaler Ausrichtung. **GRÜNDUNGSJAHR:** 1987. **REFERENZEN:** AWM München, btc-info.de, bernhardlang.de, Deubl Alpha Systeme, Ecolectra AG, Fedrigoni Deutschland, Landesverband des Bayerischen Einzelhandels, Outward Bound, Peschke Druck, Rowohlt Verlag, Schweitzer Buchhandelsgruppe, Stadtjugendamt München, Südbayerische Zahntechnikerinnung, Typographische Gesellschaft München. **PREISE UND AUSZEICHNUNGEN:** Goldmedaille European Press Awards und Auszeichnungen beim Deutschen Preis für Kommunikationsdesign, Silbermedaille Berliner Type, Auszeichnung der Stiftung Buchkunst.

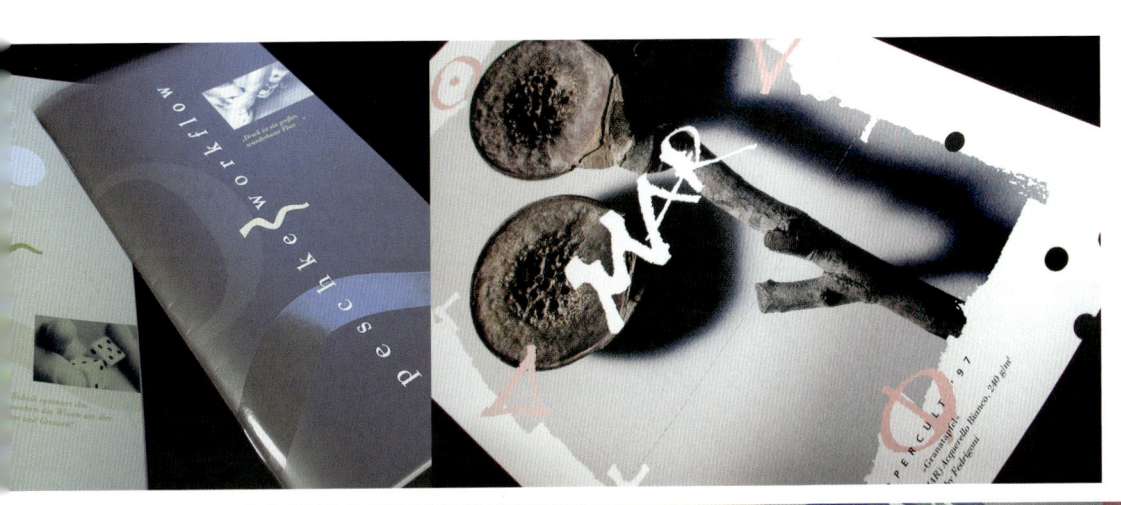

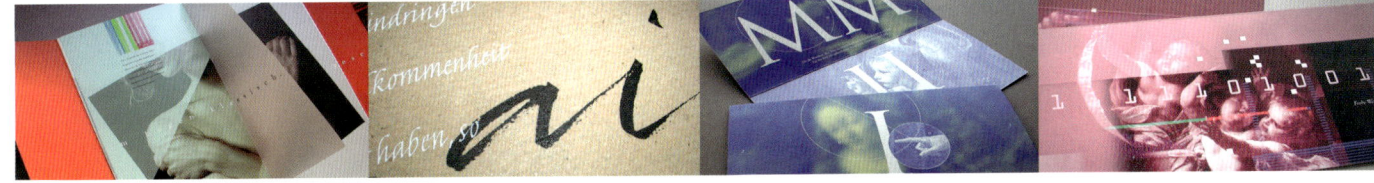

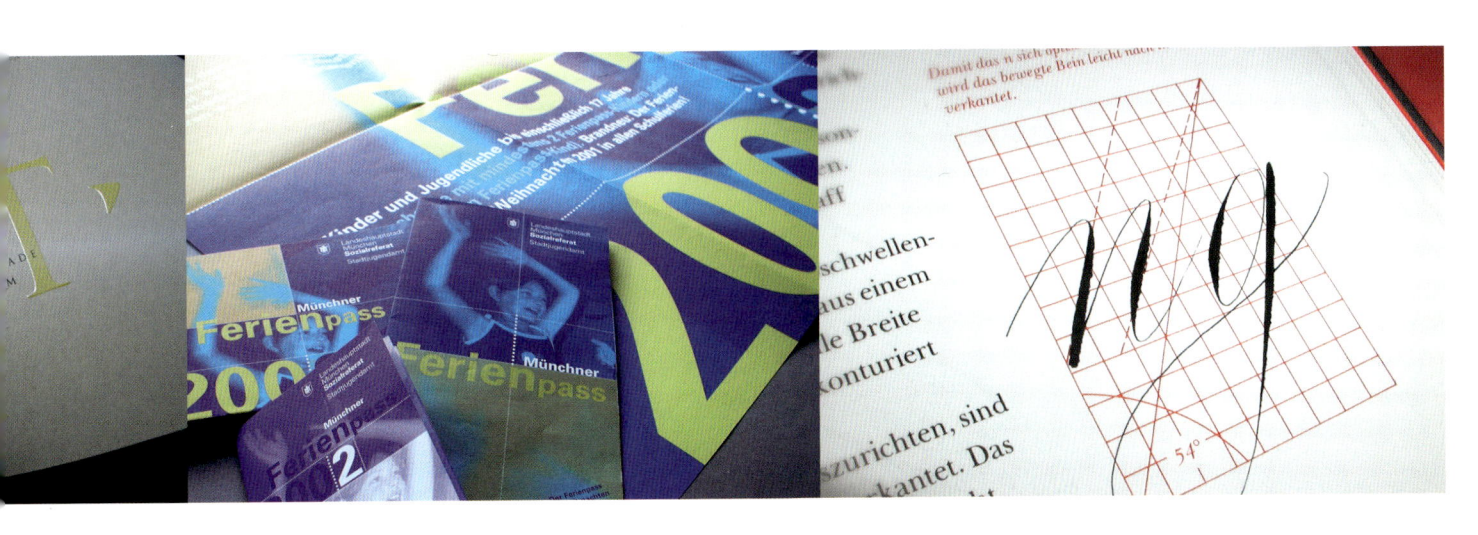

ENGELHARDT.ATELIER FÜR TYPOGRAFISCHE GESTALTUNG stadtplatz 47, 84453 mühldorf am inn, tel.: +49/8631/16 24-77, fax: +49/8631/16 24-78, isdn-leonardo: +49/8631/16 24-79, info@engelhardt-atelier.de, www.engelhardt-atelier.de **KONTAKT:** stefan engelhardt. **GRÜNDUNGSJAHR:** 1996. **TEAM:** drei mitarbeiter und weitere projektbezogen. **PARTNER:** janesch grafik, klagenfurt. **REFERENZEN:** allianz versicherungs-ag münchen, bayerische landeszahnärztekammer münchen, stadt waldkraiburg, intec gewerbebau gmbh traunstein, verband freier berufe münchen, stadtmuseum neuötting. **TÄTIGKEITSFELDER:** corporate design, produktkommunikation, unternehmenskommunikation, kultur, institutionen, verlagswesen.

Historien-Booklet zur Eröffnung / Mercedes-Benz-Center München   Directmail / Horst Kirchberger

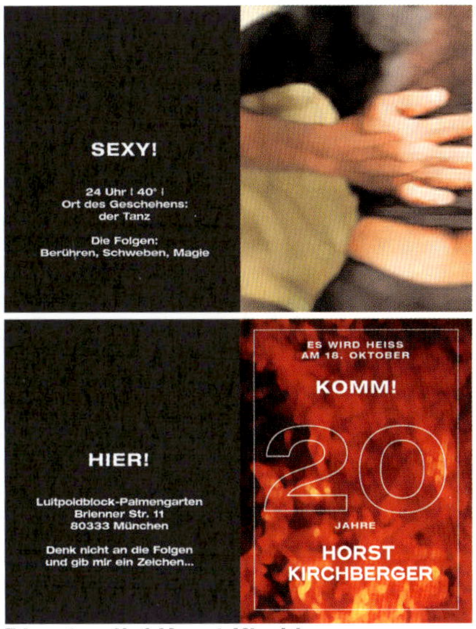

FEINE REKLAME GMBH Artur-Kutscher-Pl. 5, 80802 München, Tel.: +49/89/38 99 81-0, www.feine-Reklame.com
SCHWERPUNKTE: Corporate Design, Editorial Design, Corporate Communikation. **METHODE:** Sensible Differenzierung: Design als Instrument der strategischen Unternehmenskommunikation. **GRÜNDUNGSJAHR:** 1999
GESCHÄFTSFÜHRER: Charo Chillagano und Oskar Küfner.

Messefahnen / Bayern International 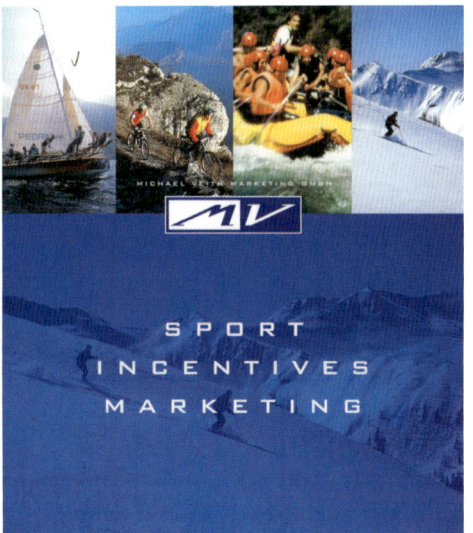   Imagefolder / MV-Marketing

Imagefolder / Gaplast

DESIGNGRUPPE FLATH & FRANK

Gebäudekennzeichnung und Leitsysteme Sony Center Berlin, Flughafen Köln/Bonn, Uniklinikum Dresden u.a.

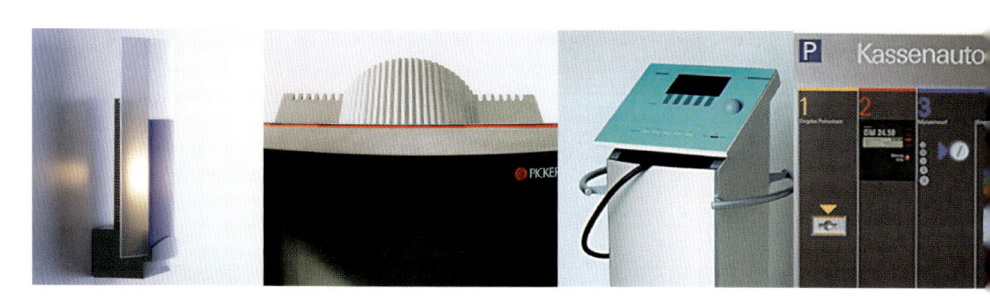

Produktdesign Bosch, ZumtobelStaff, Schwarzer, Scheidt&Bachmann u.a.

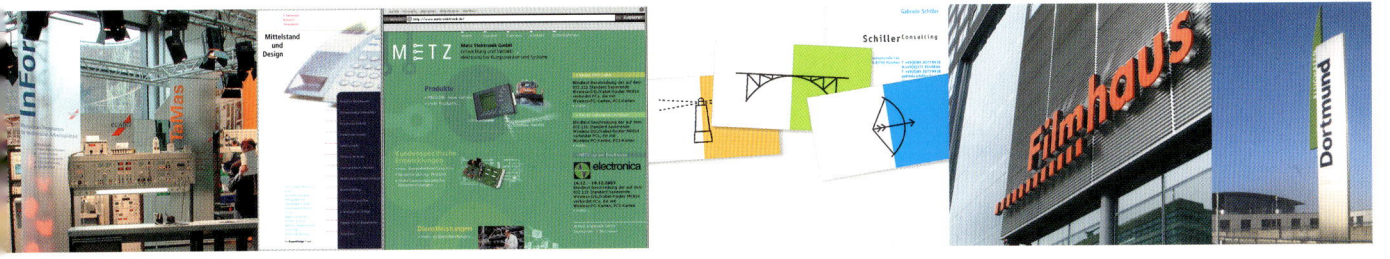

Corporate Design Entwicklung Spreng Treppen, Elabo GmbH, Flughafen Dortmund, Europäisches Patentamt u.a.

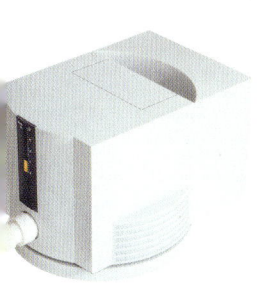

DESIGNGRUPPE FLATH & FRANK Haimhauserstraße 4, D-80802 München, Tel.: +49/89/33 05 67-0, Fax: +49/89/33 05 67-28, ISDN: +49/89/33 05 67-29, office@designgruppe.de, www.designgruppe.de **INHABER:** Wolfgang Flath, Herbert Frank. **SCHWERPUNKTE:** Corporate Design, Grafikdesign, Produktdesign, Informationsdesign, Webdesign. **GRÜNDUNGSJAHR** 1977 **MITARBEITER:** 6. **PROJEKTE:** Von A wie Arbeitsämter bis Z wie ZumtobelStaff. Weitreichende Konzepte und punktgenaue Detaillösungen. Für große Unternehmen und kleine Unter-Nehmer. Für Freunde und für internationale Organisationen. Aus Begeisterung am Gestalten und in der Verantwortung für gestellte Aufgaben. Mit visuellem Gespür, Ideenreichtum, Engagement, und dem Talent guter Mitarbeiter.

62/63 GDC-DESIGN STUDIO FÜR GRAFIK DESIGN UND CONCEPTION

GDC-DESIGN STUDIO FÜR GRAFIK DESIGN UND CONCEPTION Fraunhoferstr. 3, 90409 Nürnberg, Tel./Fax: +49/911/28763 87/88, uli@gdc-knauer.de, www.gdc-knauer.de **SCHWERPUNKTE:** Corporate Design, Buch- und Plakatgestaltung, Verpackungs-Design, Kataloge, Geschäftsberichte, Screen-Design und Web-Design. **GRÜNDUNGSJAHR:** 1997. **BIOGRAFIE:** Geb. 1966 in Nürnberg. Studium zum Kommunikationsdesigner an der Georg-Simon-Ohm (FH) in Nürnberg. 1992 bis 1997 tätig in verschiedenen Agenturen als Layouter und Illustrator, sowie als freischaffender Designer, Atelierleiter im Studio Wiech in Altdorf bei Nürnberg, Mitglied im Designhouse 22 in Nürnberg. 1997 Kauf des Studio Wiech und Umzug mit der Firma DIE3 in die Fraunhoferstraße 3. **PROJEKTE/ REFERENZEN:** ABZ Aufbereitungszentrum, Admiral-Filmpalast, AKEMI, BKR Software GmbH, Tessloff-Verlag, Buchner und RENZ, Deutsche MediCare, Ernst Meck GmbH, Georg-Simon-Ohm (GSO-MI), Günther GmbH, Hettl Consulting, Junge Welt Verlag Berlin, Jurisprudentia, Kindler Gebäudeautomation, KENNAMETAL HERTEL AG, LGB/E.P.LEHMANN, REHAU AG, REMIC GmbH, RENZ-Medizintechnik, PENAC Writing Instruments GmbH, Saia-Burgess Controls AG, SIEMENS AG, usw. **AUSSTELLUNGEN/ VERÖFFENTLICHUNGEN:** Div. Ausstellungen mit eigenen Werken und ansässigen Künstler, Veröff. in 3 Büchern „Der Einblick f. Bayern", in 3 Büchern „Designer Profile-Verlag Form", in 2 Büchern „Who is Who in German Design – reddot edition" usw.

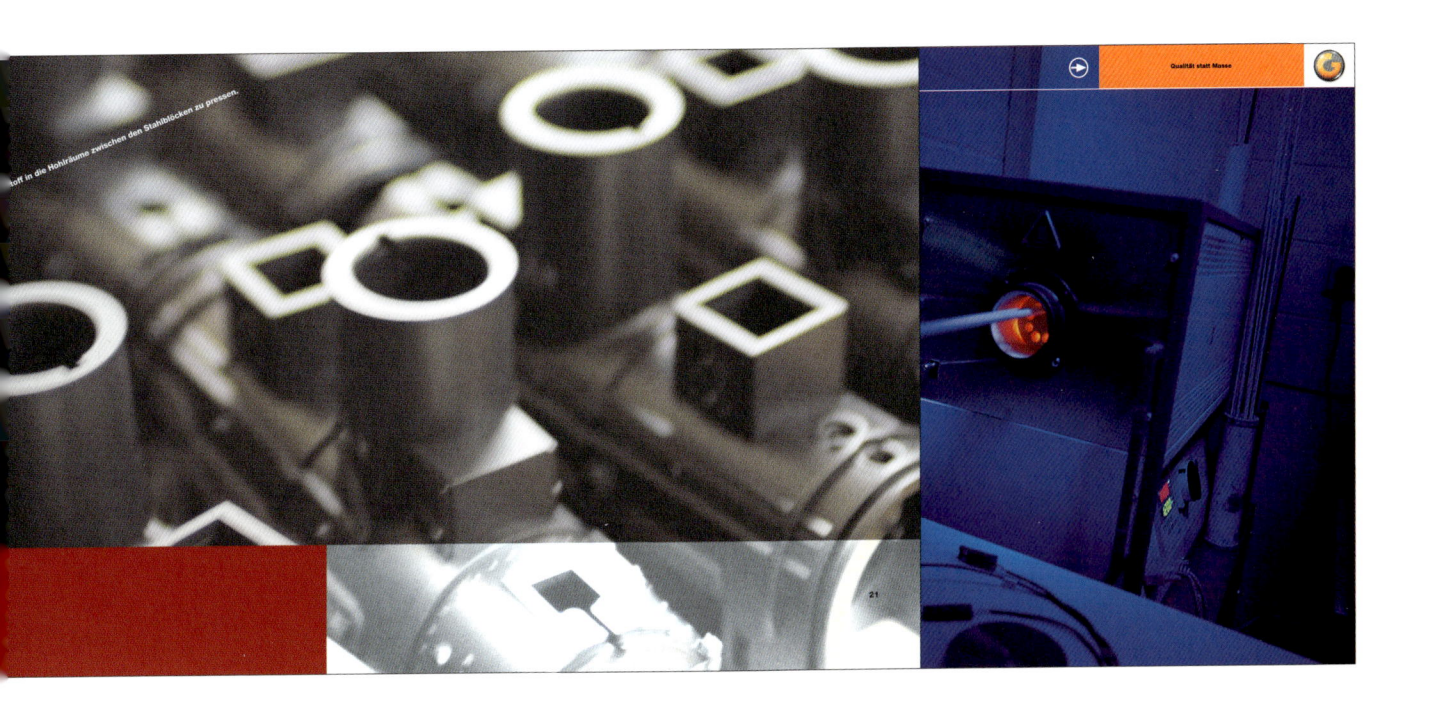

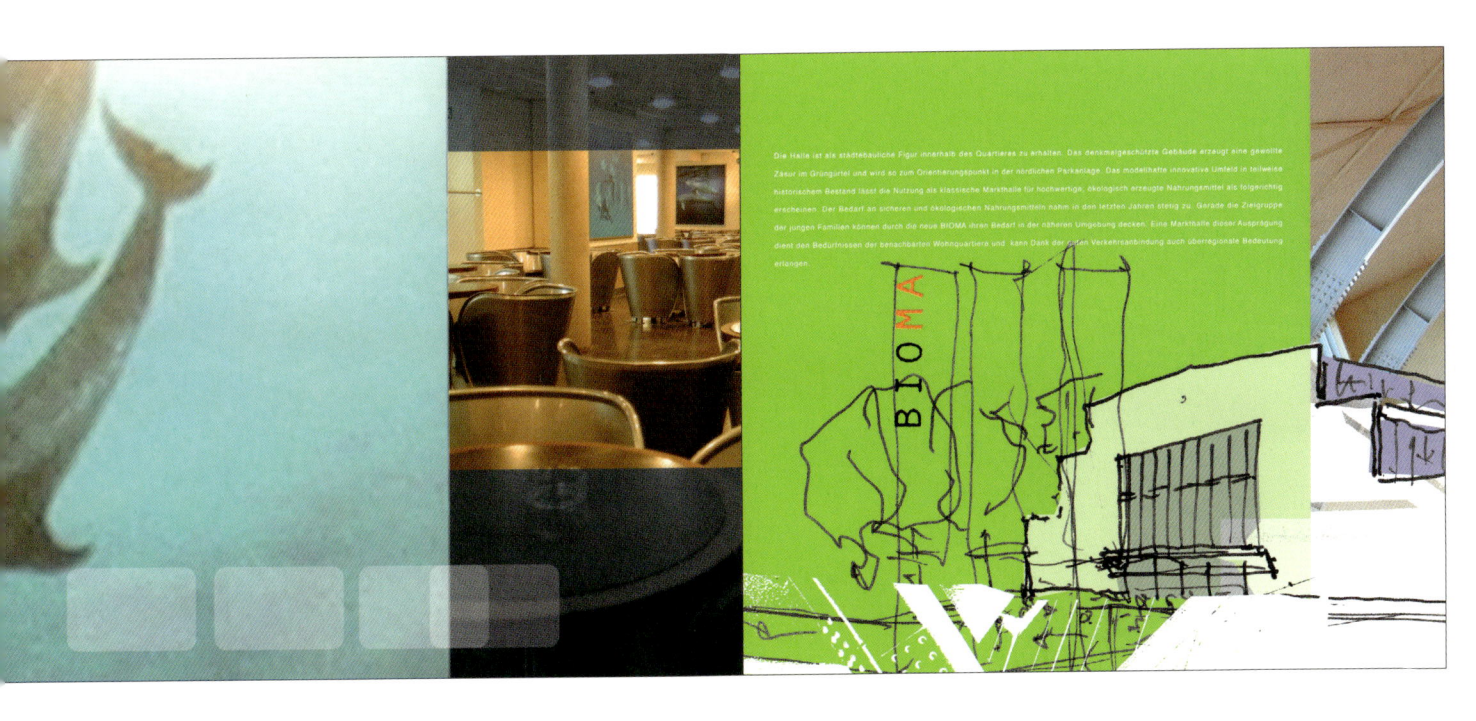

GEFÜHLSSACHE? Marken sind in der Empfindungswelt beheimatet. Die Kunst der Markenbildung besteht darin, Empfindungen mit Tragweite zu berühren und bloße Exaltiertheiten dem Wettbewerb zu überlassen. Man muss begreifen, was die Menschen, die man erreichen will, wirklich bewegt. Darauf aufbauend gilt es, systematisch Umsetzungen zu entwickeln: in der Produktkonzeption, der medialen Kommunikation und der persönlichen Präsentation. Dann ist eine Marke zu machen mehr als eine reine Gefühlssache. Sondern eine Frage zielstrebiger Methodik.
HABICH CI Kathi-Kobus-Straße 15, D-80797 München, r.habich@habich-ci.de, Telefon: +49/89/167 88 66. **SCHWERPUNKTE:** A. Training und Beratung zur Entwicklung der Marke, B. Integrales Projektmanagement: Unterstützung in der Koordination von Marken-Kommunikation, Design- und Produktentwicklung, C. Stärken-/Schwächen-Analyse der Marken des Wettbewerbs. **VERÖFFENTLICHUNGEN:** Die Marke Deutschland (Hatje Cantz); Marke, Mythos, Menschliches (Hatje Cantz); Marke: Chance für den Mittelstand (VDID Designmanagement).

Habich CI

66/67 HÄFELINGER + WAGNER DESIGN

BMW Group

bayern design

HÄFELINGER + WAGNER DESIGN Erhardtstraße 8, 80469 München, Tel.: +49/89/20 25 75-0, Fax: +49/89/20 23 96-96, frontdesk@hwdesign.de, www.hwdesign.de **SCHWERPUNKTE:** Corporate Design, Corporate Communication, Financial Communication, Interactive Design, Messe- und Ausstellungskonzeption. **GRÜNDUNG:** 09/1995. **PROJEKTE/REFERENZEN:** adidas-Salomon, Bayern Design, BMW Group, EM.TV, Hypo Real Estate, MAN, Smurfit Munksjö Paper, Rohi Stoffe, ThyssenKrupp, Uhde, Varta, Wellington Partners. **PREISE UND AUSZEICHNUNGEN:** Red Dot best of the best (2003), Red Dot Award (2003, 2002, 2001, 1999, 1998), TDC New York (2003, 2002), iF Award/Silver (2002), iF Award (2003, 2002), BDG Award/Gold (2003), BDG Award (2001), ADC New York (2002), Berliner Type best of the best (2003), Berliner Type (2003, 2002), DDC Award/Silber (2003), DDC (2002), Manager Magazin Wettbewerb der besten Geschäftsberichte (Auswahl): Geschäftsberichte ThyssenKrupp: Gesamtsieger 2003, 2002, Platz 1 Optik/Dax 30 (2002), Geschäftsbericht BMW Group: Platz 1/Optik Dax 30 (2001).

adidas-Salomon

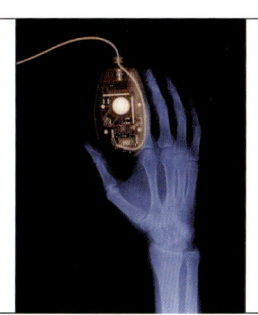

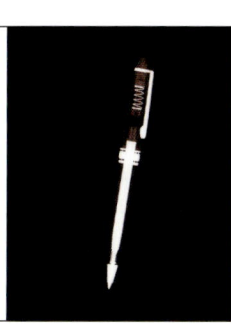

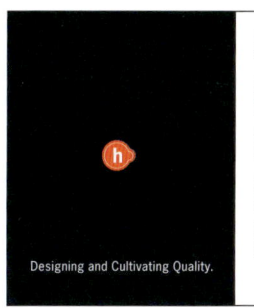

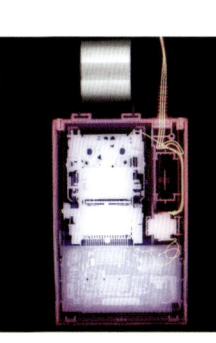

HARTMANN BRAND CONSULTING Fasaneriestraße 10, D-80636 München, Tel.: +49/89/12 71 79 79, info@h-bc.de, www.h-bc.de
GESCHÄFTSFÜHRER: Peter W. Hartmann. **LEISTUNGEN:** Markenstrategie, Corporate Identity, Corporate Design, Marken- und Imagekommunikation, Digital Brand Management, Brand Coaching. **ERFAHRUNGEN:** Über 20 Jahre Erfahrung auf Agentur- und Industrieseite für internationale Marken wie Microsoft, Siemens, DaimlerChrysler, HVBGroup, HypoVereinsbank, WMF u.v.m.
MISSION: Wir gestalten und kultivieren Marken zu einer herausragenden Qualität. Der Weg zum erfolgreichen Markenauftritt führt nie über die Form allein, sondern über Werte, Inhalte und Nutzen.

70/71 RON IMELAUER – KONZEPTE – GESTALTUNGEN

Corporate Design Design/Markenanker

Wirtschaftskonzept Schmalkataloge 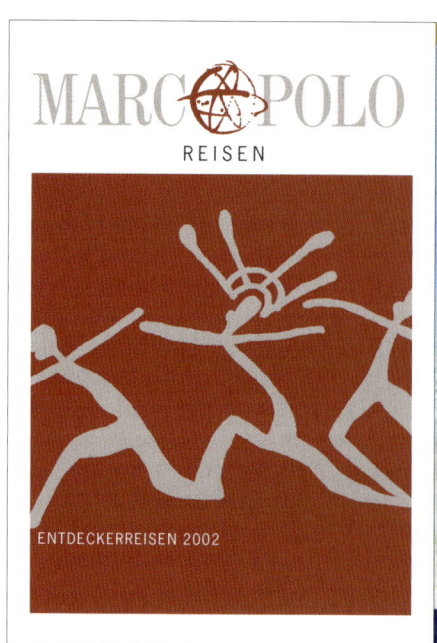 Corporate Design  Corporate De

RON IMELAUER Sohnckestraße 12, D-81479 München, Tel.: +49/89/21 88 95-10, Fax: -50, www.ron.imelauer.de „Gestaltung ist sichtbare Haltung" Nach dieser Präambel entstehen seit mehr als 30 Jahren z.T. ganzheitliche Unternehmensbilder und Corporate Designs von organischer Substanz und Haltbarkeit. Spezialisierung auf Touristik. Doch auch in anderen Branchen ist vieles entstanden: Allianz AG Dekosysteme, Audi AG Fotodesign, MAN Events, Bayerisches Staatsministerium für Finanzen Event-Design, Bayerisches Landesvermessungamt CD, Bayerische Schlösserverwaltung CD, Bayerisches Umweltministerium CD, Bio-Ethikkommission der Bayerischen Staatsregierung CD, Stadt Rosenheim, Burda Akademie für das Dritte Jahrtausend CD, Wahl! Großküchentechnik CD, Jazzwoche Burghausen CD, Kommunikationsverband Bayern CD, VÖB Verband Öffentlicher Banken CD, ROBINSON CLUB Gesamtkonzept und CD, Seetours CD, A'ROSA Gesamtkonzept und CD, STUDIOSUS REISEN Markenanker und visueller Auftritt, MARCO POLO REISEN CD, IBEROSTAR Markenanker und CD, ARKONA AG CD und Entwicklungen u.a.m.

Corporate Design

Wettbewerbssieger Corporate Design    Corporate Design

72 KAUFMANN GRAFIKDESIGN

KAUFMANN GRAFIKDESIGN Bayrischzeller Straße 11, 83714 Miesbach, Telefon: +49/8025/20 96, Fax: +49/8025/34 56, Mobil: 0179/696 09 85, ISDN: +49/8025/993680-82, info@kaufmanngrafik.de, www.kaufmanngrafik.com – Projektbezogenes Arbeiten im Team mit namhaften und jungen Spezialisten aus verschiedenen Bereichen wie Fotografie, Illustration, Text, Webdesign, Bildbearbeitung, Programmierung, Animation. **SCHWERPUNKTE:** Konzepte, Ausstellungen, Events, Bücher, CD's, Plakate, Corporate Design, Kalender, Kunstkataloge, Anzeigen, Imagebroschüren, Produktdesign, Verpackungen, u.a.

KUNST ODER REKLAME 73

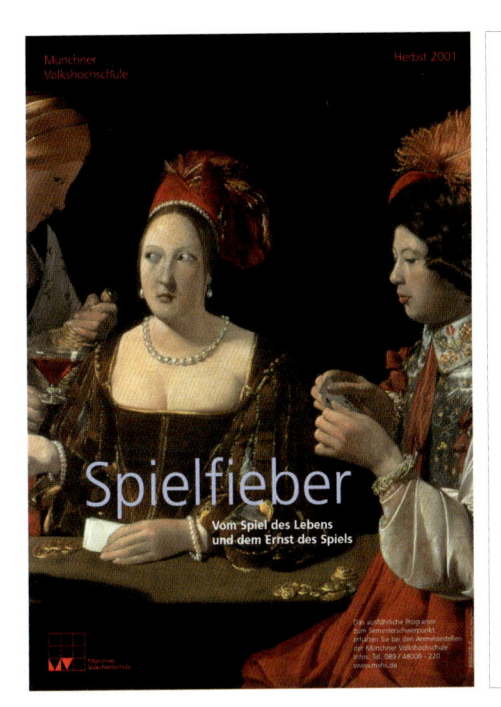

Corporate Design: Münchner Volkshochschule, CEDON Museumshops

KUNST ODER REKLAME Werbeagentur und Kunstgalerie, Bergmannstr. 52, D-80339 München, Tel.: +49/89/50 25 222, Fax: +49/89/50 24 522, mail: info@kunst-oder-reklame.de, web: www.kunst-oder-reklame.de **KUNST ODER REKLAME** arbeitet für die verschiedensten Branchen und engagiert sich für Kunst und Kultur. Am individuellen Bedarf der Kunden orientieren sich Beratung, Ideenfindung, Konzeption, Gestaltung und Umsetzung.

Corporate Design: Kulturzentrum Pasinger Fabrik

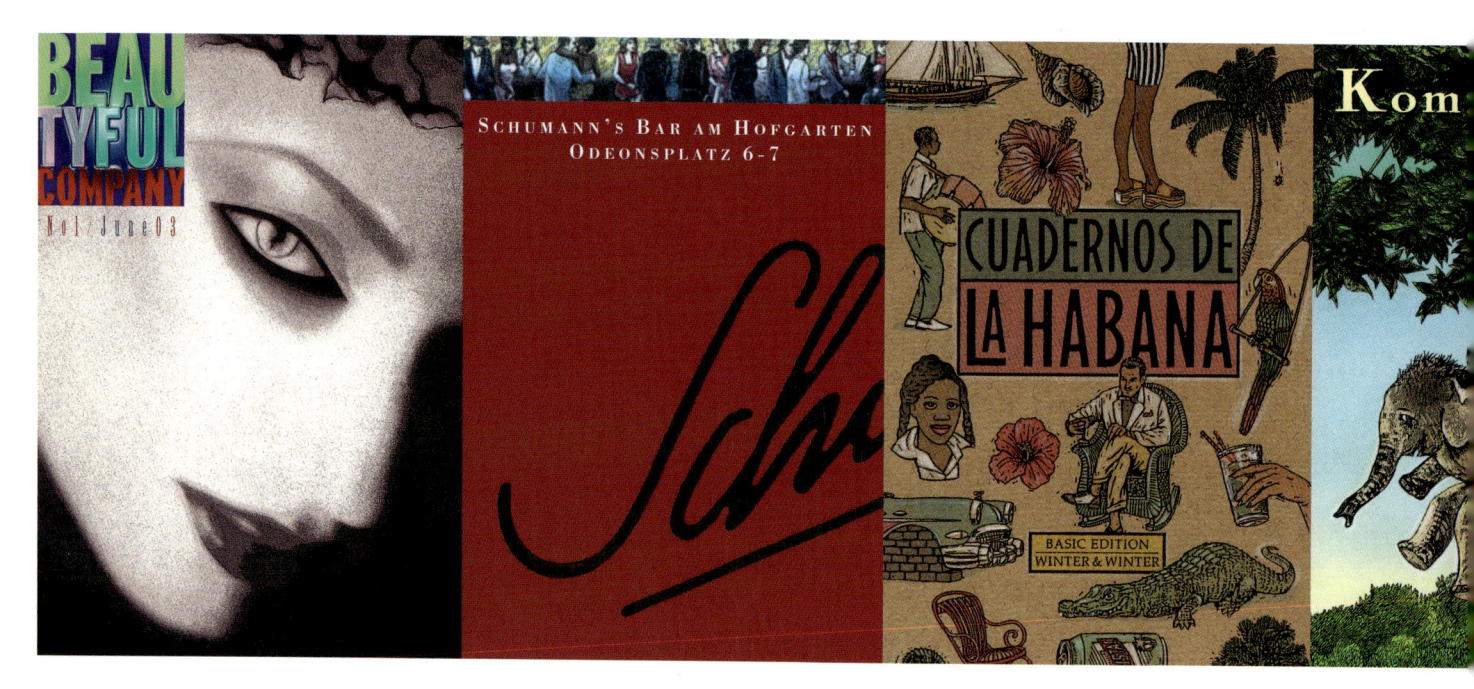

74/75 GÜNTER MATTEI – GRAPHICDESIGN UND ILLUSTRATION

GÜNTER MATTEI c/o Network!, Sandstrasse 33, 80335 München, Tel.: +49/89/52 01 19-50, Fax: +49/89/52 01 19-51, ISDN: +49/89/52 01 19-52, guenter.mattei@network-werbeagentur.de **SCHWERPUNKTE:** Gestaltungskonzepte, Grafik und Illustration für Verlage, öffentliche und private Kultureinrichtungen (Theater, Musik etc). Auch Illustrationen für Agenturen. **GRÜNDUNGSJAHR:** 1975. **PROJEKTE/REFERENZEN:** Die hier gezeigten Arbeiten sind Beispiele (hauptsächlich Plakate) von aktuellen Produktionen dieses Jahres. Für Schumann's Bar, Beautyful Company, Schauburg-Theater der Jugend, Winter&Winter-Musicproduction, Münchner Tierpark, Schloss-FestSpiele Ettlingen und KulturUfer Friedrichshafen.

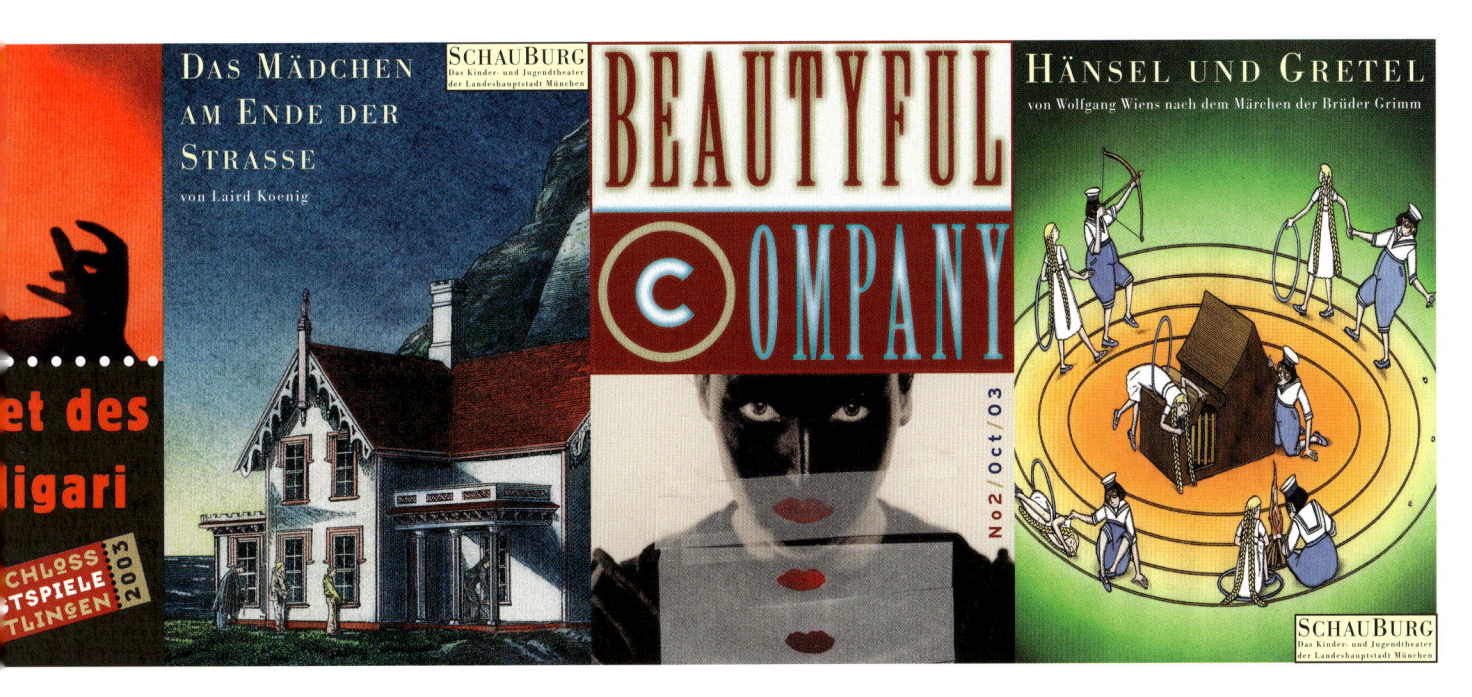

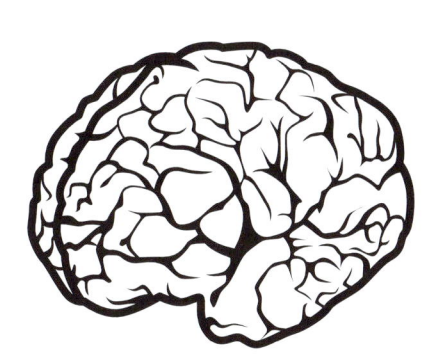

MWIMMER – DESIGN FÜR KOMMUNIKATION UND MEDIEN Hainbuchenweg 13, 82194 Gröbenzell, Tel.: +49/8142/50 19 23, wimmer@mwimmerdesign.de, www.mwimmerdesign.de **SCHWERPUNKTE:** Corporate Design, Konzeption, Bewegtbild. **GRÜNDUNGSJAHR:** 2002. **LEISTUNGEN:** Zielgenaue Konzepte und hochwertiges Design für die Kommunikation in klassischen und neuen Medien. Print: Logo, Geschäftsbericht, Briefpapier, Visitenkarte Internet: Website, HTML, Flashanimation Video: Image- und Messefilm, On Air Design, Präsentationsfilme. **REFERENZEN:** Das Typografische Quartett – Verlag Hermann Schmidt, Videopräsentation von Rolling With The Stones – By Bill Wymann, erschienen im Dorling Kindersley Verlag, Monatstrailer Deutsches Sport Fernsehen (DSF).

78/79 O₂ – BÜRO FÜR GANZHEITLICHE KOMMUNIKATION

MARKENENTWICKLUNG UND CORPORATE IDENTITY: LOGO/SLOGAN

CLASS FIRMENGRUPPE

TRUST YOUR VISIONS

FOTOGRAFIE

Kalender für Siemens Sipla…

MARKENKOMMUNIKATION

O2 – BÜRO FÜR GANZHEITLICHE KOMMUNIKATION Schwere-Reiter-Str. 35/Haus 11, 80797 München, Tel.: +49/89/30 72 74-30 Fax: -38, info@o2-team.de, www.o2-team.de INHABER: Vanessa Klemz und Moritz Nauschütz. GRÜNDUNGSJAHR: 1997. PHILOSOPHIE: Kommunikation ist alles, was wir mit unseren Sinnen wahrnehmen, bewusst oder unbewusst. Entscheidend aber ist, wie was wirkt. Deshalb analysieren und definieren wir zuerst inhaltliche Qualitäten und einen Charakter und geben dieser Persönlichkeit dann das passende Gesicht – authentische und unverwechselbare Kommunikation, die im Ganzen fasziniert und überzeugt. Denn Faszination ist die Quelle allen Begehrens und Überzeugung ist die Faszination, die bleibt. LEISTUNGEN: Inhaltlich-ganzheitliche Kommunikationsstrategien, Corporate Identity und Corporate Design, Kreativkonzepte, Marketing, Markenentwicklung und -kommunikation, Produkt- und Industriedesign, Messe-Inszenierungen, Ausstellungsdesign, Interior Design, Lichtdesign, Grafikdesign, Fotografie, Sprache und Text, Marken- und Produktnamen, Neue Medien. REFERENZEN: Audi, Basic Biosupermarkt, BSH Bosch und Siemens Hausgeräte GmbH, Class Firmengruppe, Intel, Kushi Bar, Kreissparkasse München, ÖQ Herrmannsdorfer, Osram, Porsche Design, SAP, Siemens Mobile, Siemens Siplace ...

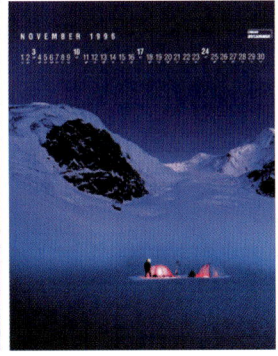

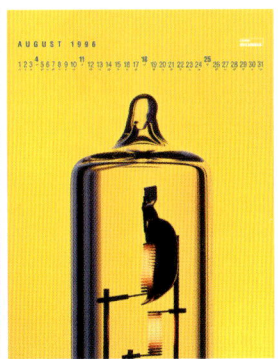

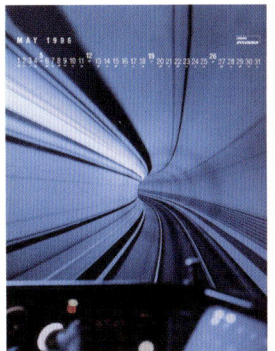

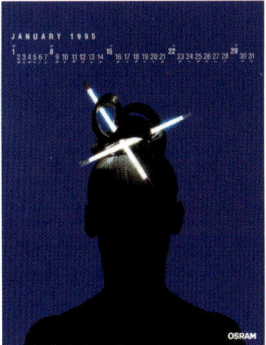

Kalender für Osram

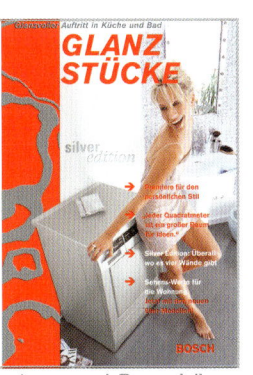

Corporate Design, Plakate, Anzeigen und Broschüren

80/81 PHAM PHU DESIGN

DIE WELT WIRD OFFENER, DIE MENSCHEN

EINMAL DIE GRENZEN IN IHNEN SELBST. ES SIND

DIE DIE GANZE MENSCHHEIT VERBINDEN. AUCH DAS

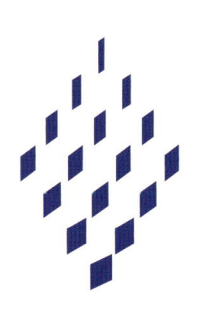

KULTUR. DIESES ZU ERHALTEN IST UNSER

PHAM PHU DESIGN Hohenzollernstraße 97, 80796 München, Germany, Tel.: +49/089/271 90 56, Fax: +49/89/273 00 16
E-Mail: Oanh@Phamphu.com, www.Phamphu.com, Produkt Design Seite 104/105

KÖNNEN SICH NÄHERKOMMEN. VIELLEICHT FALLEN

NICHT DIE SCHÖNEN KÜNSTE ALLEIN,

SCHÖPFERISCHE HANDWERK IST EIN TEIL UNSERER

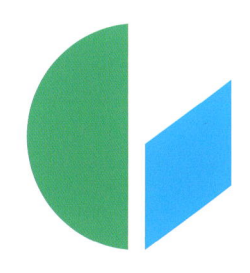

LEBENSINHALT GEWORDEN UND UNSERE FREUDE.

Xoai Internet Publishing (Xoaimedia), The Charming Library, benchmarking-trockenbau, Bayerische Landeszentrale für Neue Medien, VogelBurda Communications, Dieter Bakic Cosmetic Design, The Bodi Tree Resort & Spa, Gründerzentrum Biotechnologie, Bayerischer Kunstgewerbeverein, Hanoi, Klaus Kerndl Personal Trainer

BÜRO SCHELS FÜR GESTALTUNG 83

Projekt: mentor Verlag, Auftraggeber: Langenscheidt KG
Inhalte: Logoredesign, Lernhilfen Cover-Konzept, Webauftritt, Design Manual

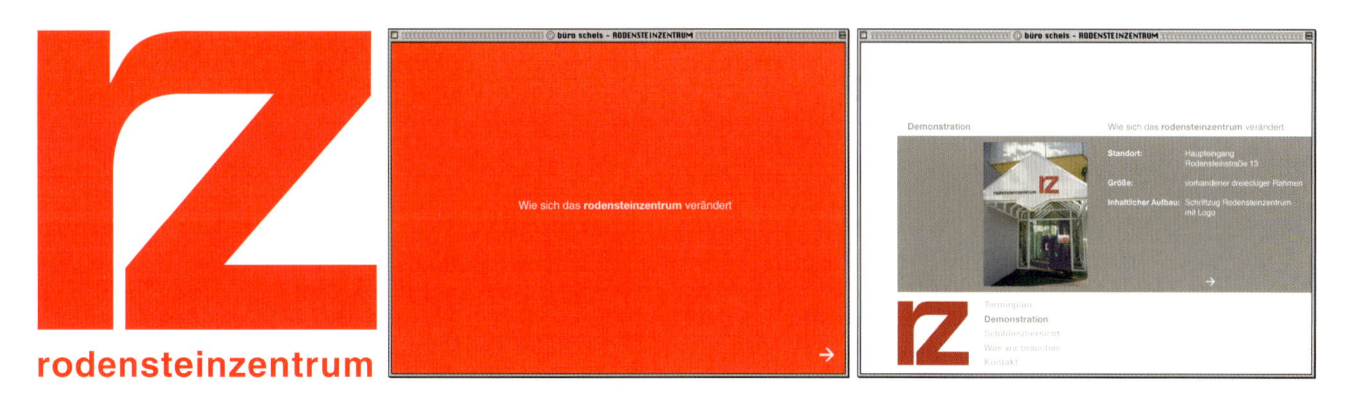

Projekt: Rodensteinzentrum Bensheim, Auftraggeber: HypoVereinsbank
Inhalte: Logodesign, Infowegweiser, Website, Printmedien

BÜRO SCHELS FÜR GESTALTUNG Thalkirchner Str. 210, 81371 München, Tel.: +49/89/74 79 12 21, info@bueroschels.de, www.bueroschels.de **SCHWERPUNKT:** Corporate Design: Konzepte, Gestaltung, Umsetzung. Vernetzung von Print, Multimedia, Informations-Systemen. **BIOGRAFIE:** Christina Schels, Studium der visuellen Gestaltung an der HfG Schwäbisch Gmünd, 1991 – 1992 Pentagram Design London + atelier works London, 1993 – 1998 Büro Rolf Müller für visuelle Kommunikation, 1997 – 1999 Lehrauftrag Typografie an der Hochschule für Gestaltung Dessau, seit 1997 büro schels für gestaltung. **REFERENZEN:** Allianz Versicherungs-AG, ESPE Dental AG, Herder Verlag, HypoVereinsbank, Langenscheidt KG, mentor Verlag, Polyglott Verlag, Siemens Forum, Stadt Kufstein

84/85　GERWIN SCHMIDT BÜRO FÜR VISUELLE GESTALTUNG

PLAKATE

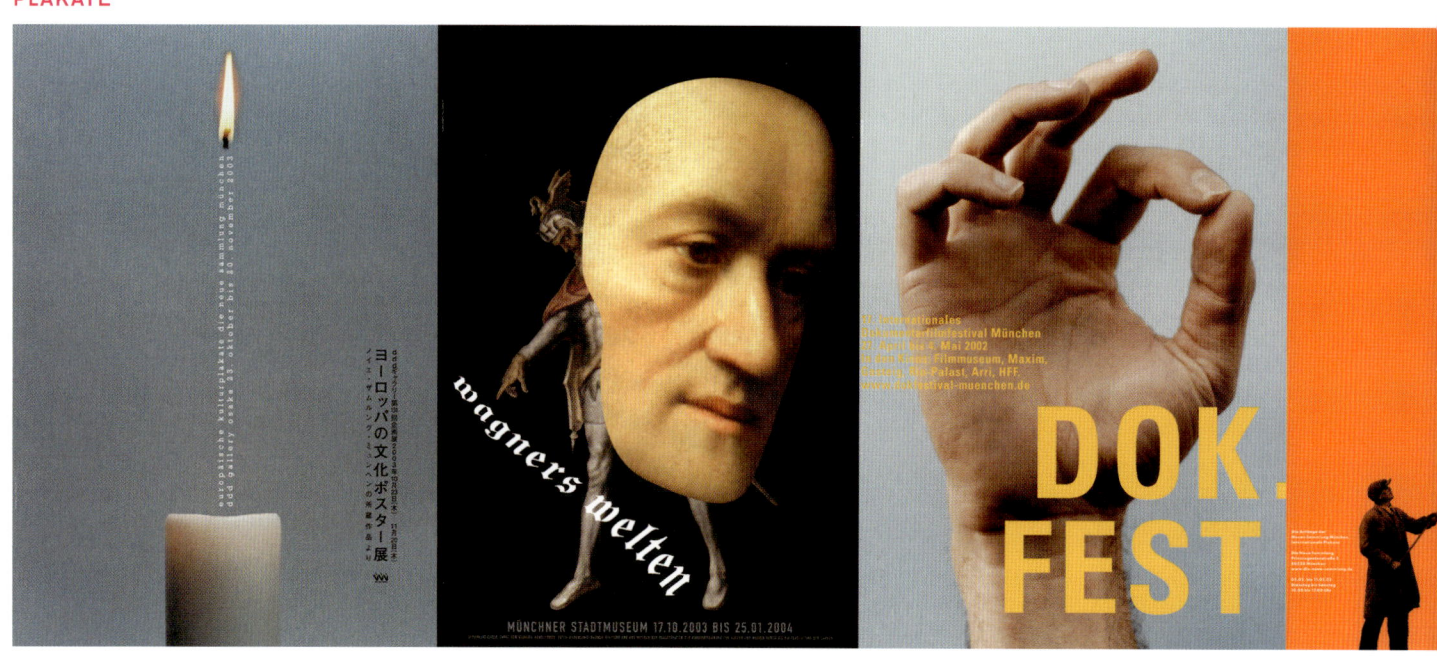

Blickpunkt 1926

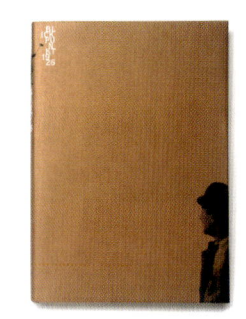

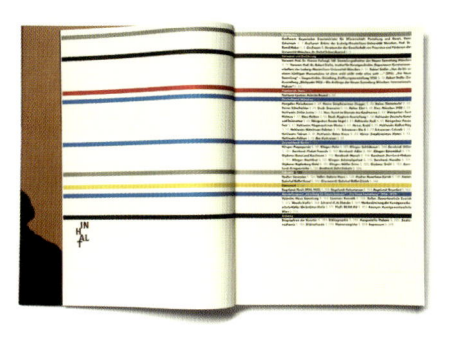

GERWIN SCHMIDT BÜRO FÜR VISUELLE GESTALTUNG Corneliusstraße 27 RGB, 80469 München, Tel./Fax: +49/89/74 68 94 94/95, mail@gerwin-schmidt.de, www.gerwin-schmidt.de **SCHWERPUNKTE:** Corporate Design, Buch- und Plakatgestaltung. **GRÜNDUNGSJAHR:** 1997. **BIOGRAFIE:** Geb. 1966 in München. Studium der Visuellen-Kommunikation an der GH Kassel und der HfG Karlsruhe. Seit 1997 eigenes Büro für visuelle Gestaltung. Bis 2003 externer Dozent im Fachbereich Intermedia an der Fh Vorarlberg. Seit Mai 2003 Professur an der Staatlichen Akademie der Bildenden Künste Stuttgart. Seit 2003 Mitglied der AGI (Alliance Graphique Internationale). **PROJEKTE/REFERENZEN:** Gaggenau Hausgeräte GmbH, Bayern Design, Sanacorp Pharmahandel AG, Haus der Kunst München, Münchner Stadtmuseum, Revolver – Zeitschrift für Film, Die Neue Sammlung München, Danner Stiftung, Kunsthaus Zürich, Museum für Konkrete Kunst Ingolstadt, Wilhelm-Hack-Museum Ludwigshafen, Landesstelle für die nichtstaatlichen Museen, Verlag der Autoren Frankfurt, etc. **PREISE UND AUSZEICHNUNGEN:** (Auswahl): Die 100 besten Plakate, Berlin (Mehrfach). Die schönsten Bücher aus aller Welt (Mehrfach). Förderpreis für „Angewandte Kunst" der Stadt München. Red Dot Award Wettbewerb Kommunikationsdesign (Mehrfach). Auszeichnungen bei internationalen Plakatwettbewerben (Mehrfach).

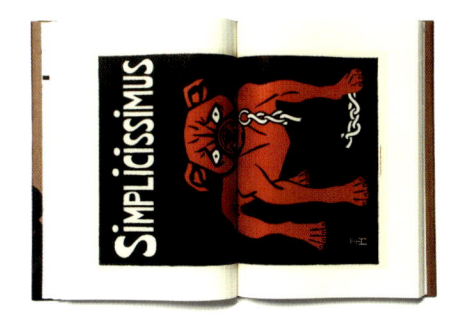

Der Unterschied heißt Gaggenau

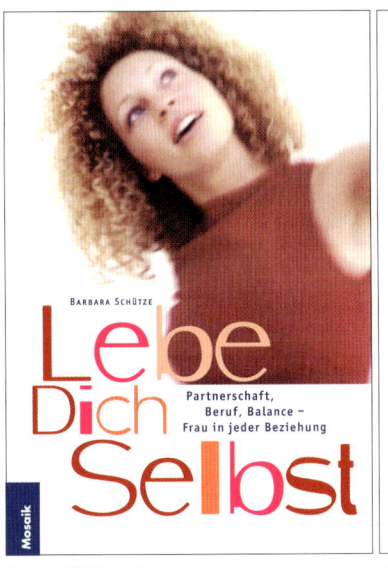

WOLFRAM SÖLL – VISUELLE KOMMUNIKATION 87

BUCHCOVER   BUCHINNENSEITEN

WOLFRAM SÖLL – VISUELLE KOMMUNIKATION Ringseisstraße 11a, D-80337 München, Tel.: +49/89/543 95 72, Fax: +49/89/53 86 87 27, ISDN: +49/89/53 86 89 54, w.soell@t-online.de, www.grafikdesign-web.de GRÜNDUNGSJAHR: Februar 2002 SCHWERPUNKTE: Corporate Design, Buchcover- und Buchinnenseitengestaltung, Magazin- und Plakat-Design mit Schwerpunkt Kultur. PORTFOLIO: Beratung, Konzept, Reihenkonzept, Scans, Bildbearbeitung Artwork, Artbying, Satz. LEISTUNGEN: Der Kunde hat Zugriff auf ein Netzwerk von Spezialisten, die kostenschlank und effektiv kreative Ideen umsetzen.

PLAKATE   KALENDER

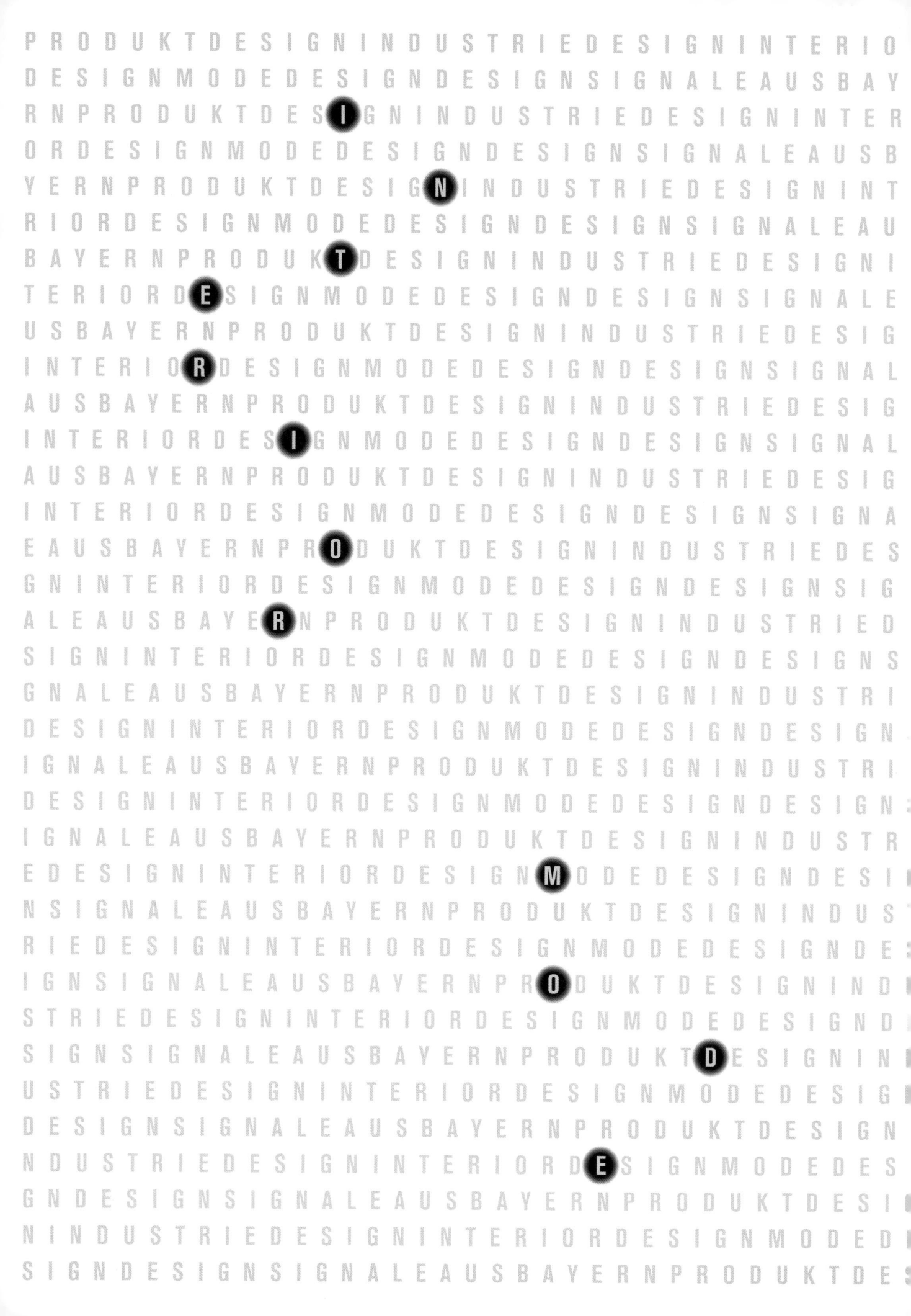

PRODUKTDESIGNINDUSTRIEDESIGNINTERIO
DESIGNMODEDESIGNDESIGNSIGNALEAUSBAY
RNPRODUKTDES**I**GNINDUSTRIEDESIGNINTER
IORDESIGNMODEDESIG**N**DESIGNSIGNALEAUSB
AYERNPRODUK**T**DESIGNINDUSTRIEDESIGNI
TERIORD**E**SIGNMODEDESIGNDESIGNSIGNALE
USBAYERNPRODUKTDESIGNINDUSTRIEDESIG
INTERIO**R**DESIGNMODEDESIGNDESIGNSIGNAL
AUSBAYERNPRODUKTDESIGNINDUSTRIEDESIG
INTERIORDES**I**GNMODEDESIGNDESIGNSIGNAL
AUSBAYERNPRODUKTDESIGNINDUSTRIEDESIG
INTERIORDESIGNMODEDESIGNDESIGNSIGNA
EAUSBAYERNPR**O**DUKTDESIGNINDUSTRIEDES
GNINTERIORDESIGNMODEDESIGNDESIGNSIG
ALEAUSBAYE**R**NPRODUKTDESIGNINDUSTRIED
SIGNINTERIORDESIGNMODEDESIGNDESIGNS
GNALEAUSBAYERNPRODUKTDESIGNINDUSTRI
DESIGNINTERIORDESIGNMODEDESIGNDESIGN
IGNALEAUSBAYERNPRODUKTDESIGNINDUSTR
EDESIGNINTERIORDESIGN**M**ODEDESIGNDESI
NSIGNALEAUSBAYERNPRODUKTDESIGNINDUS
RIEDESIGNINTERIORDESIGNMODEDESIGNDE
IGNSIGNALEAUSBAYERNPR**O**DUKTDESIGNIND
STRIEDESIGNINTERIORDESIGNMODEDESIGND
SIGNSIGNALEAUSBAYERNPRODUKT**D**ESIGNIN
USTRIEDESIGNINTERIORDESIGNMODEDESIG
DESIGNSIGNALEAUSBAYERNPRODUKTDESIGN
NDUSTRIEDESIGNINTERIORDESIGN**M**ODEDES
GNDESIGNSIGNALEAUSBAYERNPRODUKTDESI
NINDUSTRIEDESIGNINTERIORDESIGNMODED
SIGNDESIGNSIGNALEAUSBAYERNPRODUKTDE

Produkt-, Industrie-, Interior- und Modedesign

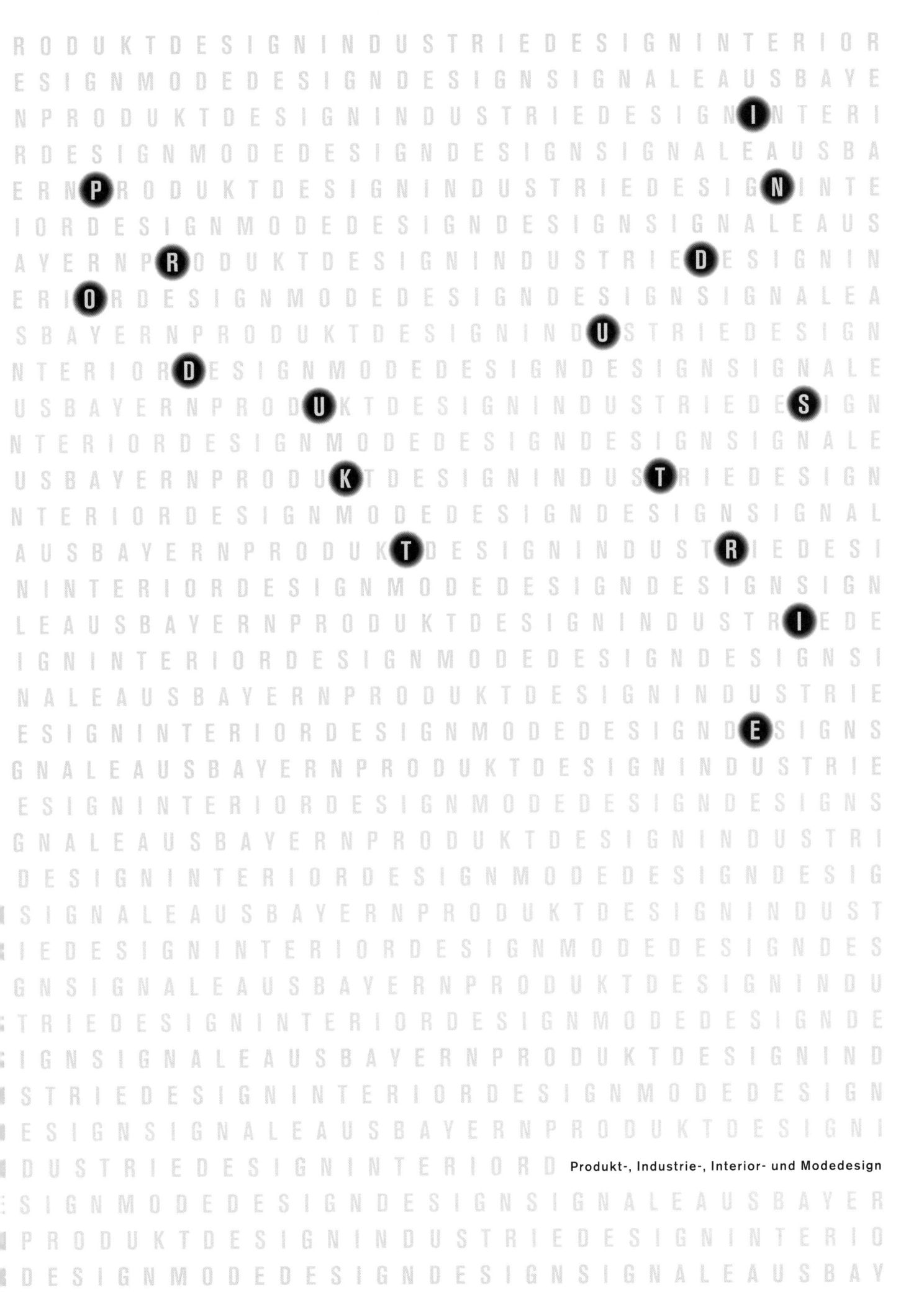

90/91 B/F INDUSTRIAL DESIGN

SENNHEISER KOPFHÖRER HD 470 / ESCHENBACH FERNGLASSERIE VEKTOR / SIEMENS XELIBRI MOBILFUNKTELEFON-SERIE

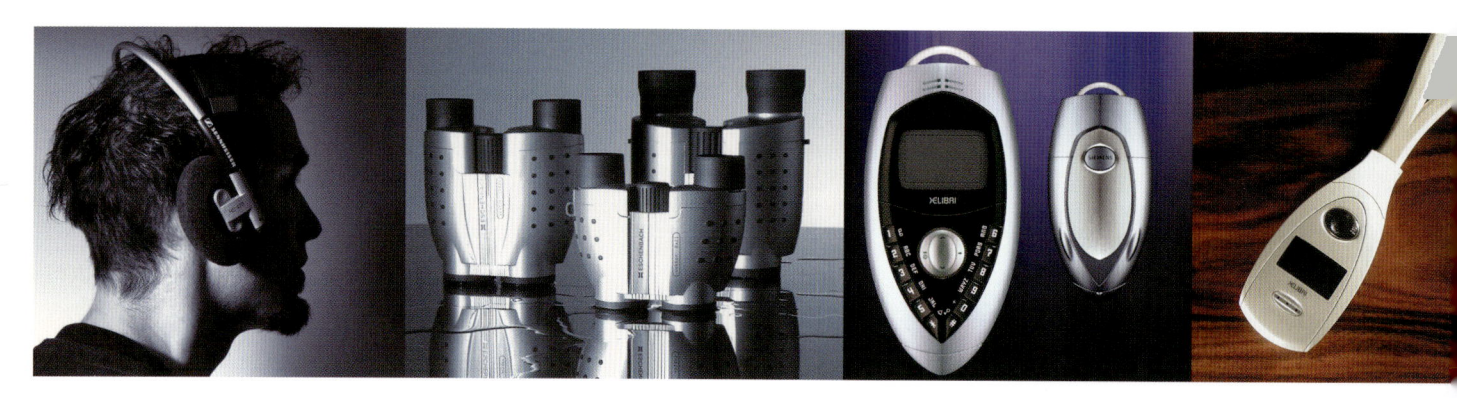

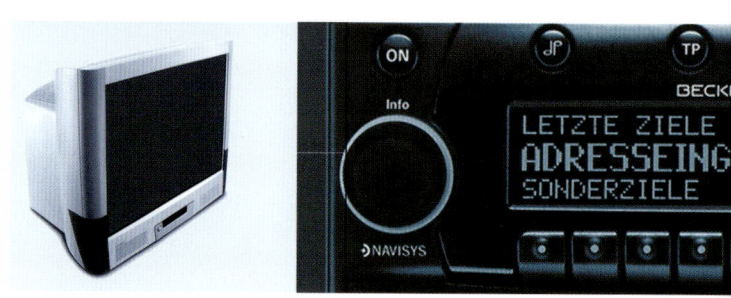

METZ TV-GERÄT SPECTRAL / BECKER AUTORADIO

B/F INDUSTRIAL DESIGN Johannisstraße 3, 90419 Nürnberg, Tel.: +49/911/93 36 97-0, Fax: -50, E-Mail: bf@bf-design.de, Web: www.bf-design.de **TÄTIGKEITSFELDER:** Produktdesign, Grafikdesign, Interfacedesign und -Konzeption, Designkonzeption und Produktkonzeption. **GRÜNDUNGSJAHR:** 1995. **GESCHÄFTSFÜHRUNG:** Dipl.-Des. Christoph Böhler, Dipl.-Des. Michael Brandis, Dipl.-Des. Tom Farenski. **PROJEKTE/REFERENZEN:** (Auswahl) Siemens, Sennheiser, Metz, JVC, LG, Kärcher, Eschenbach Optik, Becker Automotive Systems, Burmester Audiosysteme, Baumüller Motoren, Hoffmann-Garant-Werkzeuge, Hercules, Ortlieb Sportartikel, Emsa, Vileda. **PREISE UND AUSZEICHNUNGEN:** (Auswahl): Nationale und internationale Designauszeichnungen (if, red dot u.a.). **AUSSTATTUNG:** Durchgängige prozeßbegleitende Peripherie.

GARANT WERKZEUGE / KÄRCHER ELEKTROBESEN / BAUMÜLLER GERÄTEGEHÄUSE / CASCO HELMDEKORE

EISELE KUBERG DESIGN 93

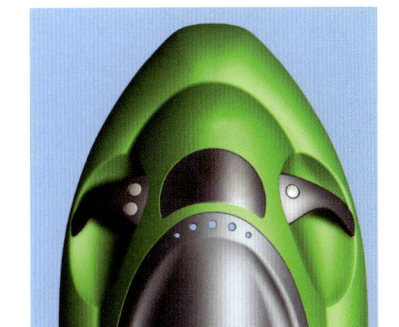

INDUSTRIAL DESIGN

EISELE KUBERG DESIGN Büro für Produktentwicklung und Gestaltung, Oderstraße 1, D-89231 Neu-Ulm, Tel.: +49/731/980 75 55, Fax: +49/731/980 75 56, ISDN: +49/731/980 75 66, info@eiselekubergdesign.de, www.eiselekubergdesign.de **GESCHÄFTSFÜHRER:** Frank Eisele. **SCHWERPUNKTE:** Industrial Design, Corporate Design, Design Research, Produkt- und Unternehmenskommunikation. **UNSERE LEISTUNGEN:** Vom Entwurf über 3D bis zur Serienreife – von der Skizze bis zur Druckreife – mit Unterstützung von Unigraphics, Solidworks, Cinema 4D, Freehand, Photoshop u.a. – schnell, unbürokratisch, effizient. **GRÜNDUNGSJAHR:** 1985 **REFERENZEN:** Beck Packmaschinen GmbH, Bibus GmbH, Bosch Siemens Hausgeräte GmbH, euro engineering AG, Habit U. Lodholz GmbH, twin diver AG, Uhlmann Pacsysteme GmbH, Wilkhahn u.a. **AUSZEICHNUNGEN:** Yamaha Audio System International Design Competition, Japan 1989; Mia Seeger Stiftung 1990; Deutsche Auswahl Design Center Stuttgart 1992; Roter Punkt Höchste Designqualität, Essen 1996; Roter Punkt Hohe Designqualität, Essen 1998; Roter Punkt Hohe Designqualität, Essen 1999; 6x iF Product Design Award, Hannover 2000; 2x Red Dot Award Hohe Designqualität, Essen 2001; Ranking:Design 2001/2002, die 100 Besten – Rang 6 Produktgruppe Haushalt, Küche, Bad; iF Product Design Award, Hannover 2002; 2x Red Dot Award Hohe Designqualität, Essen 2002; iF Product Design Award, Hannover 2003; 2x Red Dot Award Hohe Designqualität, Essen 2003.

VISUELLE KOMMUNIKATION

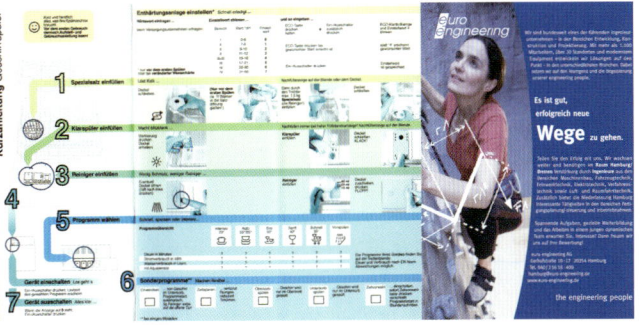

GEISSLER DESIGN MÜNCHEN

ANSCHRIFT/ADDRESS:
Henrik-Ibsen-Straße 5, 80638 München
Fon: +49/89/157 22 57, Fax: +49/89/15 43 83
E-Mail: geisslerdesign@arcor.de

GESCHÄFTSFÜHRUNG/MANAGEMENT:
Prof. Udo M. Geißler, Manfred Kapp

GRÜNDUNGSDATUM/FOUNDATION: 1975

REFERENZEN/REFERENCES:
Kath. Pfarrei Herz Jesu München, Evangelische Landeskirche Bayern, Schneider, Endrizzi, Krinner, Balzer, Oberland, BEKA, Eagle, Sachtler, Birmann, Knorr, VEGLA, OSRAM, Sassaki Glas, SIEMENS, Werkstatt Wagenfeld

AUSSTATTUNG/EQUIPMENT:
Ernstnahme von Ethik, Gesellschaft, Verbraucher und Auftraggeber

TÄTIGKEITSFELDER/FIELDS OF ACTIVITY:
Ästhetisch-orientiertes Design
(Kult- und Sinnobjekte, Geschmacks- und Gebrauchsgegenstände) 70%
Unternehmensberatung
(Strategien, Erscheinungsbilder und Konzeptionen) 20%
Technisch-orientiertes Design
(Werkzeuge, Investitionsgüter) 10%

FIRMENPHILOSOPHIE/CORPORATE PHILOSOPHY:
Fortschritt ohne Höherentwicklung? Die Einseitigkeit der westlichen Kultur – 500 Jahre wissenschaftliche Aufklärung, 150 Jahre technische Entwicklung und 50 Jahre gestalterische Modifikation der Industrieproduktion – hat zu einem sehr guten Standard von Design geführt. Die gesellschaftliche Entwicklung verlangt in Zukunft aber – neben dem Allerweltsdesign in Richtung Konsum, Fun und Experimente – immer notwendiger eine neue Stufe der Humanisierung der Technik in Richtung Werte und Ethik. Die dringendste Aufgabe in der westlichen Gesellschaft ist heute und morgen Langzeit-Orientierung und objektive Sinnvermittlung: Überfluss wozu? (Reichtum / Armut, Macht / Ohnmacht, Sex / keine Kinder …)

Glasstudie in Japan, Obstschale SSG, Taschenleuchte Osram, Wasserkessel WMF, Gartenmöbel Birmann, Christbaumständer Krinner

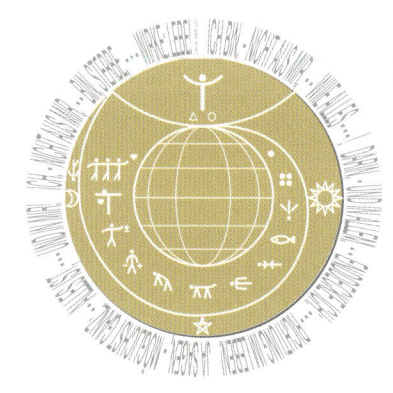

Sinnobjekte: Piktogramm Richtung im Leben, zielgruppen-orientierte moderne Kruzifixe

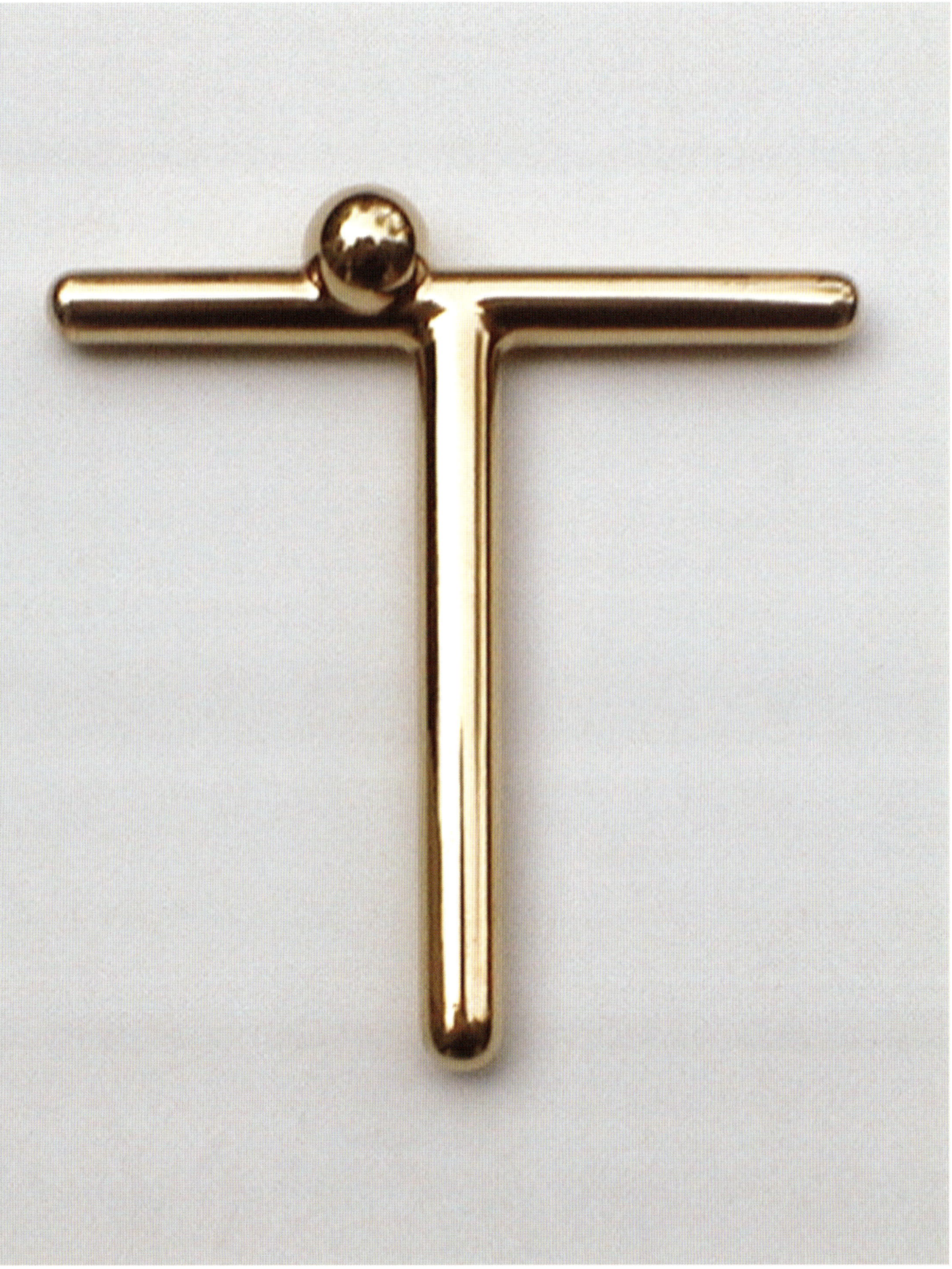

96 KONSTANTIN GRCIC INDUSTRIAL DESIGN

Schillerstraße 40, 80336 München, Tel.: +49/89/55 07 99 95, mail@konstantin-grcic.com, www.konstantin-grcic.com

DESIGN ist immer eine Reise. Nicht die Art von Reise, die man pauschal buchen kann. Keine Reise mit Vollpension und weissen Sandstränden. Die Reise, von der ich spreche ist eine Art Abenteuerreise. Ich mache mich auf den Weg an ein Ziel, von dem ich nicht weiss, ob und wie ich es erreichen werde. Es gibt keine vorgeschriebene Route von A nach B. Es gibt keinen kürzesten Weg. Der Reiseplan ändert sich täglich, oft stündlich. Natürlich gehe ich niemals unvorbereitet auf eine Reise. Die richtige Ausrüstung ist wichtig und auch eine gewisse Ortskenntnis. Aber, obwohl ich Landkarten und einen Kompass im Gepäck habe, folge ich hauptsächlich der Navigation meiner Sinne. Ich lasse mich leiten von meinen ganz persönlichen Vorlieben. Ich lasse mich ablenken von den kleinen Zufällen und unerwarteten Entdeckungen. Hindernisse und plötzliche Pannen fordern mich zu mutigem Handeln heraus und reizen meine Kreativität. Meine Tagesform bestimmt, wieviel Weg ich am Stück zurücklege. Am Ziel angekommen, gibt es einen Moment der Erleichterung, der Freude. Aber während ich die Bilder und Stationen Revue passieren lasse verstehe ich, daß die Reise selbst das Glück ausmacht und nicht das Ankommen. Und ich weiss selbstverständlich auch, daß man die gleiche Reise nie zweimal machen kann.

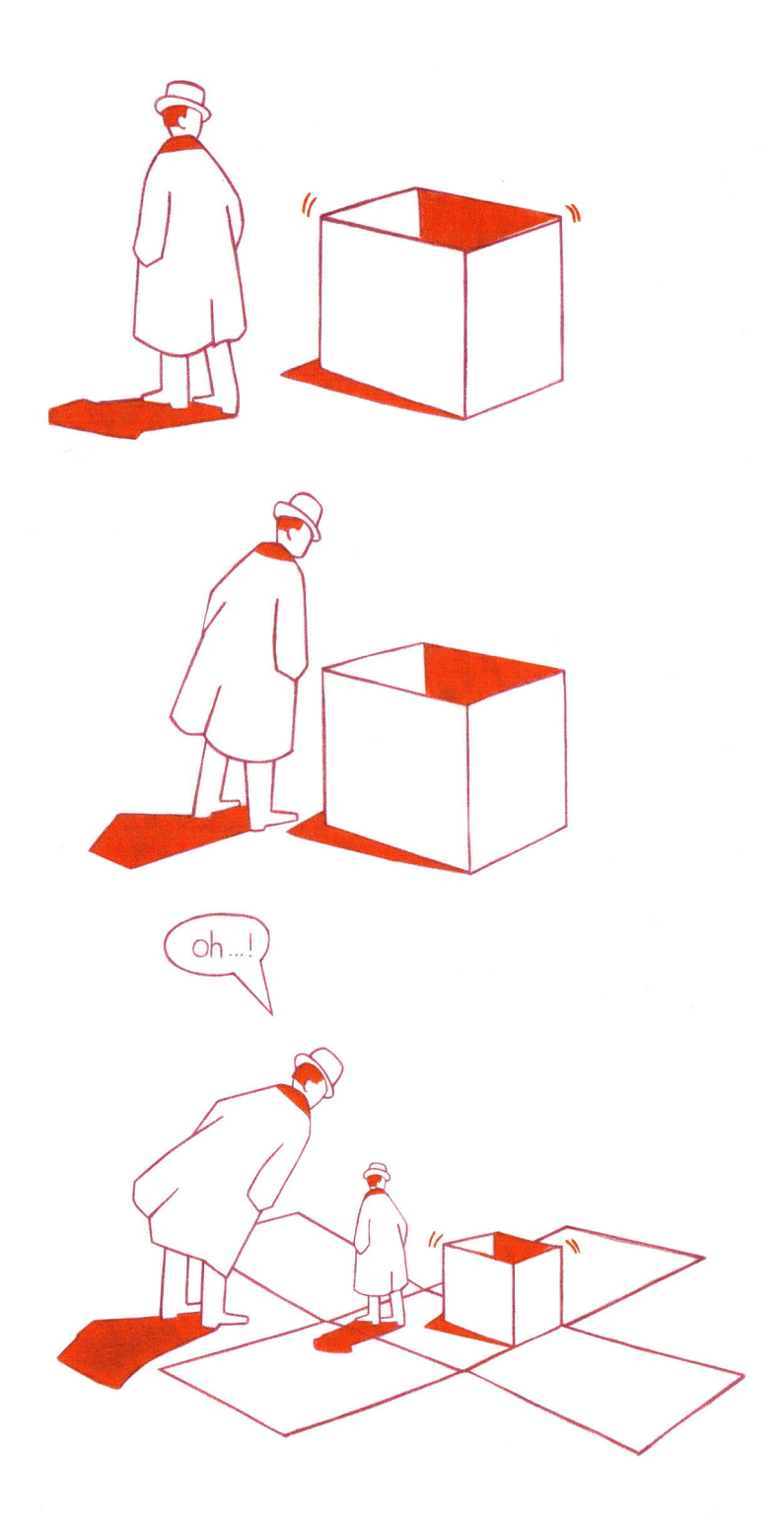

CHRISTOPH HAAS – INDUSTRIE DESIGN

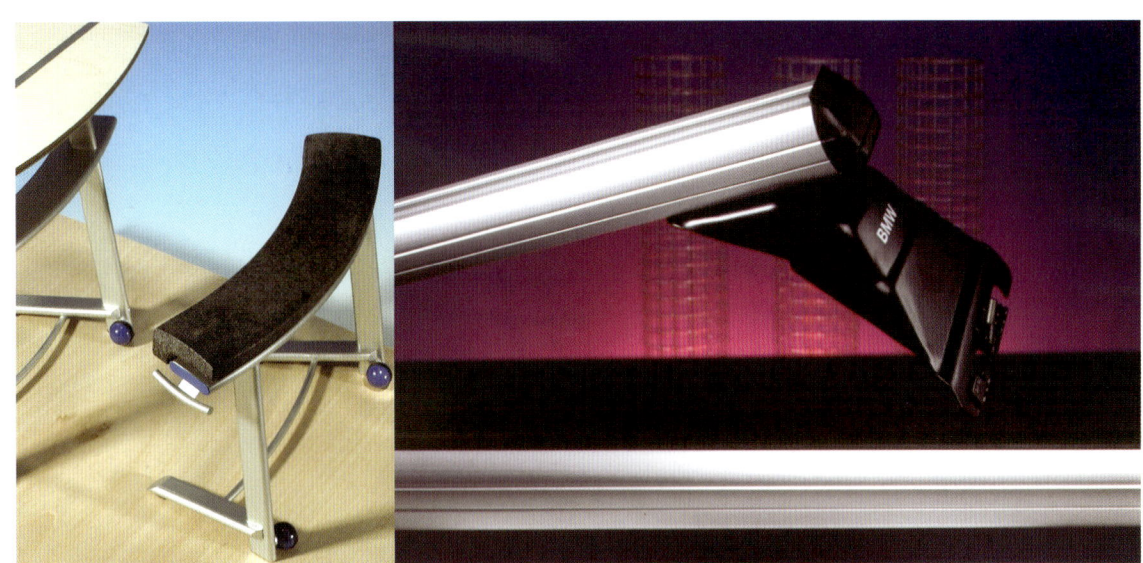

BÜRO / OBJEKT

AUTOMOBIL / SYSTEME

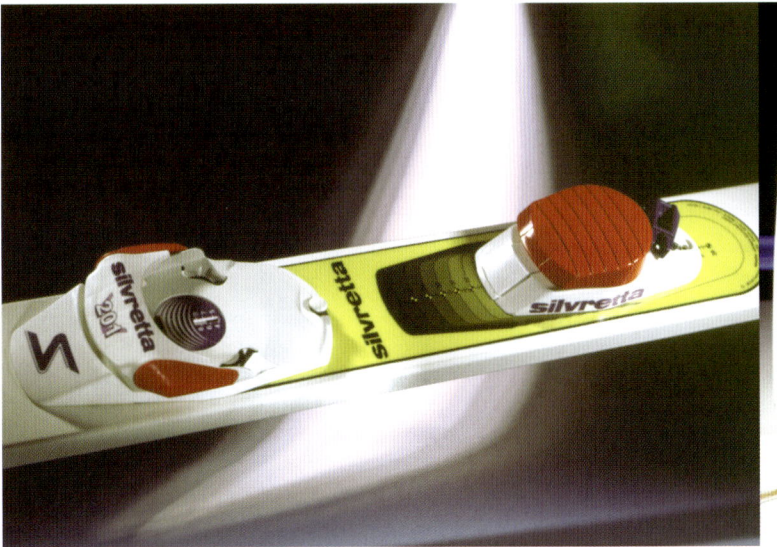

SPORT / FREIZEIT

AMBIENTE / GERÄTE

CHRISTOPH HAAS – INDUSTRIE DESIGN Klenzestraße 63, D-80469 München, Tel.: +49/89/201 21 68 Fax: +49/89/201 25 41, mail: c.haasdesign@t-online.de **SCHWERPUNKTE:** Die Schaffung von prägnanten Marken und stimmigen Produktlinien. Gebrauchsprodukte werden zu sinnvollen und langlebigen Designobjekten, die Form, Farbe, Material und Funktion konsequent vereinen. Der Designer als kompetenter Partner der Produktentwicklung. **GRÜNDUNGSJAHR:** 1980. **LEISTUNGSSPEKTRUM:** Konzeption, Renderings, Modellbau, CAD/CAM, Illustration, Fotografie. **KUNDEN:** Industrie und Agenturen.

98 HERING'S BÜRO

ZUSATZKAMERA, SIEMENS M55

MOBILTELEFON, SIEMENS AG, CEBIT 2003

LITTLE ANGEL, PHILLIPINES

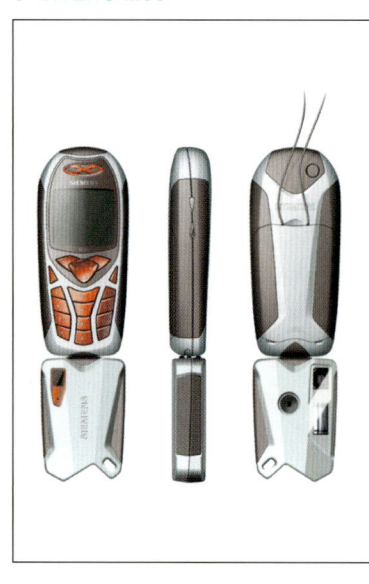

HERING'S BÜRO Amtsgerichtsstr. 35, 96317 Kronach, Tel.: +49/9261/611 60, Fax: +49/9261/611 46, info@heringsbuero.de, www.heringsbuero.de **ARBEITSBEREICHE:** Produktgestaltung, Packaging-Design, Kommunikationsdesign. **GRÜNDUNGS-JAHR:** 1989. **REFERENZEN:** Siemens AG, Vierling Electronics GmbH, BMW AG, Migros, Clarins Cosmetics, PLM Glas, Setrix AG, Designafairs GmbH, Willtek Communications GmbH, Moodform Corporation, Landesgartenschau Kronach 2002, Tourismus- und Veranstaltungsbetrieb der Stadt Kronach.

Hering's Büro

Wandleuchten: Eleonora, Morgenrot

H E R W I G   H U B E R

Bordeaux, Michael, Viktor, Eisenteddy, Lupo

HERWIG HUBER Grafinger Str. 6, 81671 München, Tel.: +49/89/49 00 14 49, Fax: +49/89/49 00 14 50, mail@herwighuber.de, www.herwighuber.de **SCHWERPUNKTE:** Produktdesign, Interiordesign, Leuchten, Ausstellungsgestaltung, Produktion eigener Kleinserien, Einzelstücke und Inneneinrichtungen. **PREISE UND AUSZEICHNUNGEN:** Design for europe (Mehrfach), Design Plus (Mehrfach), Förderpreis für angewandte Kunst der Stadt München, Roter Punkt für hohe Designqualität, Verband Creativer Inneneinrichter. **SPEZIALITÄT:** Klare Gestaltung, die Laune macht.

Wohnwagen YAT für KNAUS

Motorrad 1000S für MZ

NAUMANN-DESIGN Hohenbrunner Straße 44, 81825 München, Tel./Fax: +49/89/688 67 75/688 67 77, info@naumann-design.de, www.naumann-design.de SCHWERPUNKTE: Industrie Design, Fahrzeug Design, Möbel Design. GRÜNDUNGSJAHR: 1991 GESCHÄFTSFÜHRER: Peter Naumann MDes (RCA). BIOGRAFIE: Geb. 1961 in München. Studium Industrie Design an der FH München und der HfG Offenbach, Studium Fahrzeug Design am Royal College of Art in London. Seit 2003 Dozent im Fachbereich Industrie Design an der FH München. PROJEKTE/REFERENZEN: Audi, BMW, Bürstner, Classicon, Eurocopter, Freise, Gaplast, Hiendl, Honda, Hong Leong Industries, Hüppe, Keeway, Knaus, Koziol, Kymco, Lear, MZ, Nissan, Schuberth, Siemens, Ursatec, VW, Wöhner, Xantos, Yamaha. PREISE UND AUSZEICHNUNGEN: Aram/Blueprint Award, London 1991, Fleur Cowles Award London 1991 (Helicopter ANAX), Design Selection, Design Center Stuttgart 1994 (Leuchte RAN für Classicon), Red Dot Award, Essen 1998 (Armbanduhr NOON für WatchPeople), Prototyp u. Produkt, München 2000 (Lasttrennleisten SECUR LEANSTREAMER für Wöhner), iF silver award Hannover 2003, Red Dot Award, Essen 2003, Sächsischer Staatspreis Dresden 2003 (Motorrad 1000S für MZ), Red Dot Award, Essen 2004 (Wohnwagen Yat für Knaus)

Bürohefter GONZALES für KOZIOL

Armbanduhr NOON für WATCH PEOPLE

102/103 O₂ – BÜRO FÜR GANZHEITLICHE KOMMUNIKATION

von links: Parfumflakon Kick, Joghurt-Doppelbecher, Produkt-Präsentersäule, Sideboard, Flextray Notebook-Präser

O2 – BÜRO FÜR GANZHEITLICHE KOMMUNIKATION Schwere-Reiter-Str. 35/Haus 11, 80797 München, Tel.: +49/89/30 72 74-30 Fax: -38, info@o2-team.de, www.o2-team.de **INHABER:** Vanessa Klemz und Moritz Nauschütz. **GRÜNDUNGSJAHR:** 1997 **PHILOSOPHIE:** Kommunikation ist alles, was wir mit unseren Sinnen wahrnehmen, bewusst oder unbewusst. Entscheidend aber ist, wie was wirkt. Deshalb analysieren und definieren wir zuerst inhaltliche Qualitäten und einen Charakter und geben dieser Persönlichkeit dann das passende Gesicht – authentische und unverwechselbare Kommunikation, die im Ganzen fasziniert und überzeugt. Denn Faszination ist die Quelle allen Begehrens und Überzeugung ist die Faszination, die bleibt. **LEISTUNGEN:** Inhaltlich-ganzheitliche Kommunikationsstrategien, Corporate Identity und Corporate Design, Kreativkonzepte, Marketing, Markenentwicklung und -kommunikation, Produkt- und Industriedesign, Messe-Inszenierungen, Ausstellungsdesign, Interior Design, Lichtdesign, Grafikdesign, Fotografie, Sprache und Text, Marken- und Produktnamen, Neue Medien. **REFERENZEN:** Audi, Basic Biosupermarkt, BSH Bosch und Siemens Hausgeräte GmbH, Class Firmengruppe, Intel, Kushi Bar, Kreissparkasse München, ÖQ Herrmannsdorfer, Osram, Porsche Design, SAP, Siemens Mobile, Siemens Siplace ...

Brillendesign für Porsche

hocker und Tisch für Kushi Bar, Sessel Freelax, Nußknacker, Brille Spaceeye

104/105 PHAM PHU DESIGN

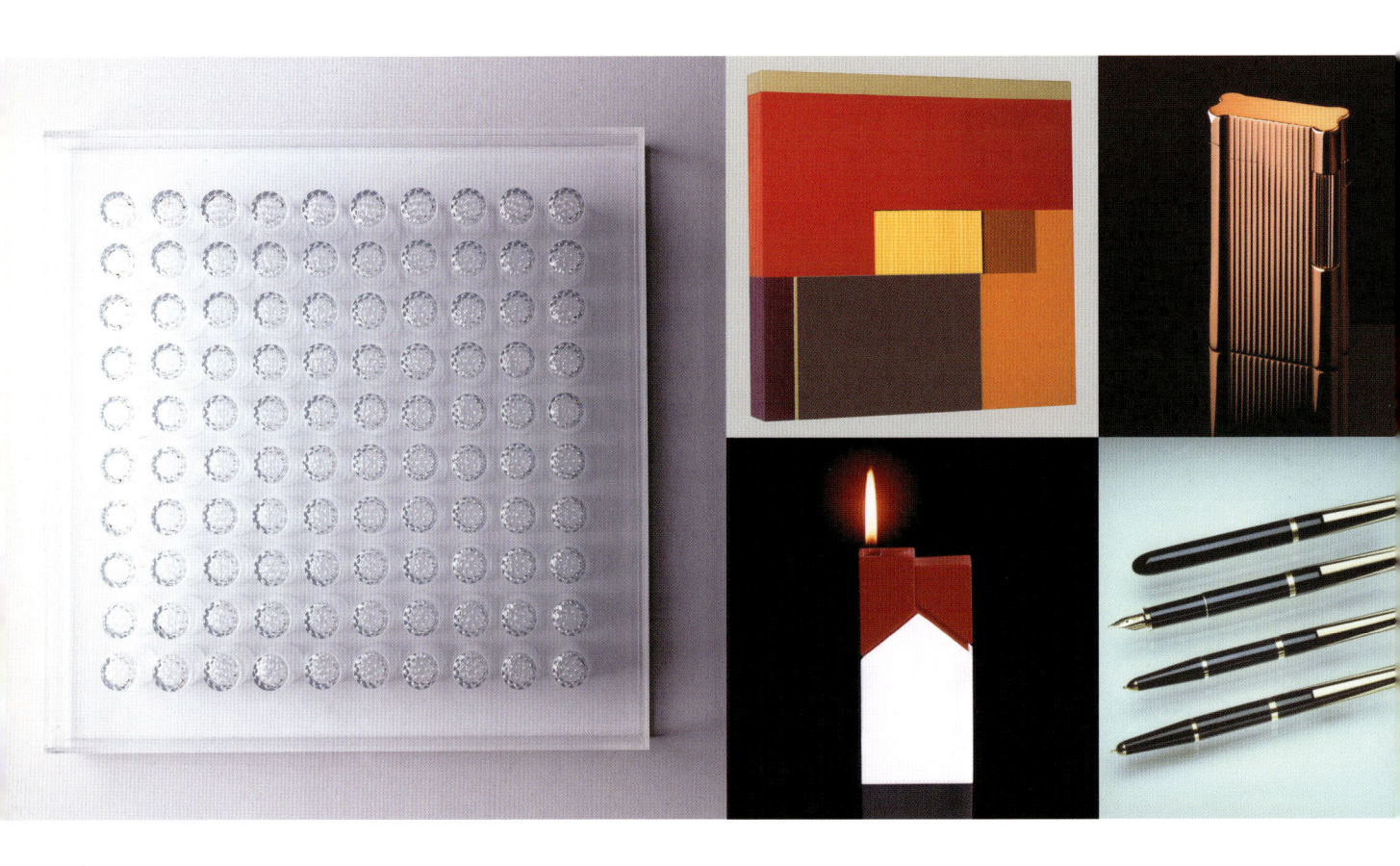

Gläserne Menagerie als Nutzkunstwerk
Wandplastik mit Long Drink Gläsern
100 x 100 x 12 cm, in transparentem Acryl

Die ganze Welt in der
neuen Auflage der DTV-Ausgabe
als Nutzkunstwerk „Der Herbst"
Ölfarben auf Holz 100 x 100 x 12 cm

Rotschild Collection

Marlboro

PHAM PHU DESIGN Hohenzollernstraße 97, 80796 München, Germany, Tel.: +49/89/271 90 56, Fax: +49/89/273 00 16

phamphu design

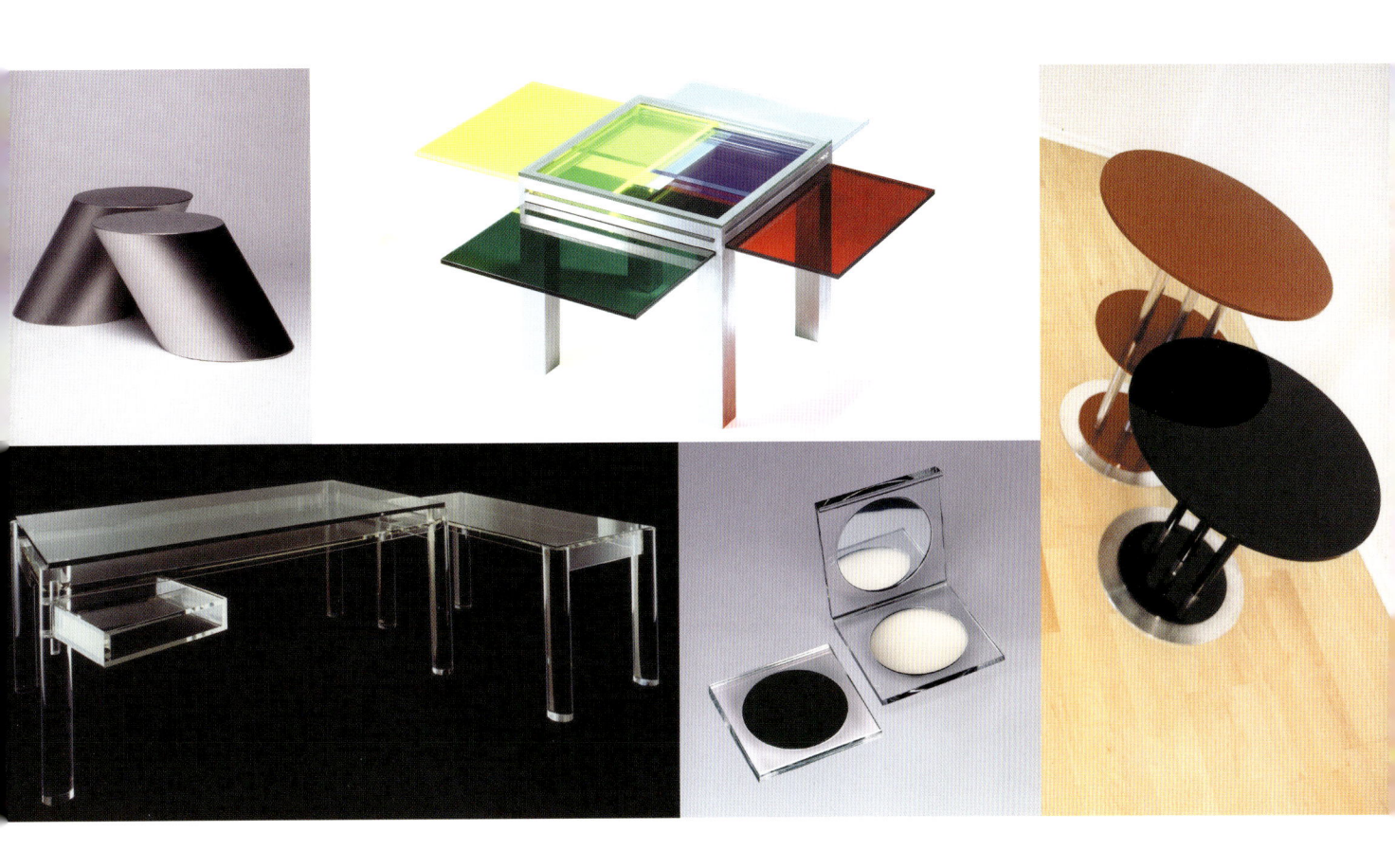

Zuneigung zur Neigung
Edelstahl-Objekt als Beistelltisch
Durchmesser 50cm, 100 cm
Höhen 30, 40, 45 cm

Arbeitstisch aus Plexiglas und Glas
für Dismero Italien

The Rainbow Table
Acrylplatten und Glasplatte,
Gestell in Aluminium,
Format: 50 x 50 x 46 cm,
50 x 75 x 46 cm

Puderdose
„ER Cosmetics"

Drei-Säulen-Tisch
Aluminium lackiert

E-Mail: oanh@phamphu.com, www.phamphu.com, Grafik Design Seite 80/81

BAMBUSSNOWBOARD INDIGO

SCHWABE & BAER ENTWICKLUNGS GMBH Blutenburgstraße 41 a, D-80636 München, Tel.: +49/89/18 95 45-41, Fax: +49/89/18 95 45-42, Sitz München, Amtsgericht München HRB 148961. **GESCHÄFTSFÜHRER:** Thorsten Schwabe Dipl. Ing. Univ., Architekt, Gregor Baer Dipl. Ing. (FH), Versorgungstechnik, www.thorstenschwabe.de, www.gregorbaer.de

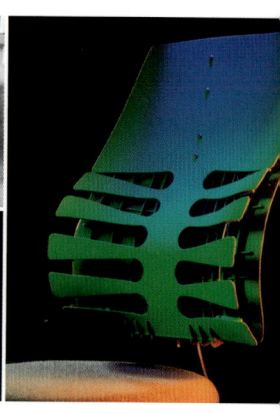

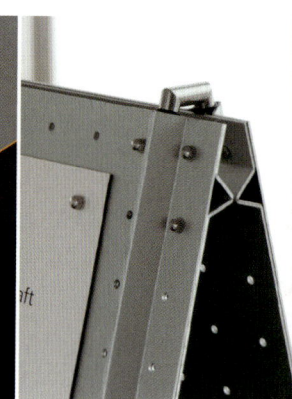

108/109 STAUSS & PEDRAZZINI – INTERDISZIPLINÄRES GESTALTUNGSBÜRO FÜR PRODUKTE, GRAPHIK UND ONLINEMEDIA

STAUSS & PEDRAZZINI, PARTNERSCHAFT Tattenbachstraße 16, 80538 München, Fon: +49/89 21 57 88 62, Fax: +49/89 21 57 88 63, info@sp-industrial.de, www.sp-industrial.de **SCHWERPUNKTE:** Produkte, Graphik, Onlinemedia, Messestände, Leitsysteme. **GRÜNDUNGSJAHR** 1996. **KILIAN STAUSS** Jahrgang 1969; Studium Produkt-Design an der Staatlichen Akademie der bildenden Künste, Stuttgart, und am Istituto Europeo di Design, Mailand, Italien; seit 2001 im Bayerischen Werkbund, seit März 2003 Mitglied im Vorstand. **ANTONIO PEDRAZZINI** Jahrgang 1969; Studium Sprachen, Wirtschafts- und Kulturraum-Studien an der Universität Passau sowie Musikpädagogik und Psychologie. **PROJEKTE/REFERENZEN:** Akademie für Gestaltung, Amt für Abfallwirtschaft (in Projektgemeinschaft mit SchwaigerWinschermann, München), Bayerische Architektenkammer, Bayerische Versorgungskammer, C.G. Jung-Institut, Claudia Trossen, Deutsche Börse AG, Grammer AG, Grammer Office GmbH, Interstuhl, MAP, Mauser Office GmbH, Minucells and Minutissue, MRG München Riem GmbH (in Projektgemeinschaft mit SchwaigerWinschermann, München), Radmer Bau AG (in Projektgemeinschaft mit Friederike Straub, München), Silverlab, TCC GmbH, Zürn GmbH. **PREISE UND AUSZEICHNUNGEN:** EIMU Office Competition 1993 (Anerkennung); XVII Premio Nazionale Arti Visive Cittá die Gallarate, Italien, 1993 (2. Preis); Designale München 1997 (Anerkennung); 5. Nürnberger Möbeldesign Kontakte 1997 (1. Preis); design for europe, Kortrijk, Belgien, 1998 (Anerkennung); Österreichisches Umweltzeichen 2002 für die Bürostuhlreihe Success der TCC GmbH; Renault Traffic Design Award für das Gesamtprojekt P+R Anlage Messestadt Ost, München, 2002 (Anerkennung).

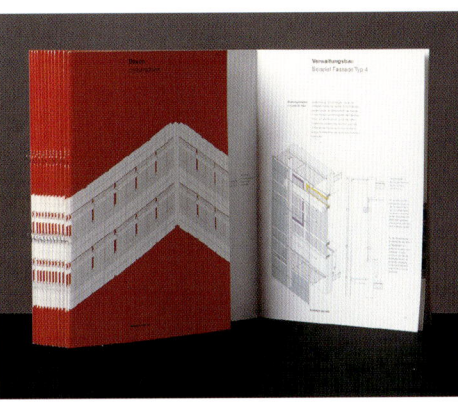

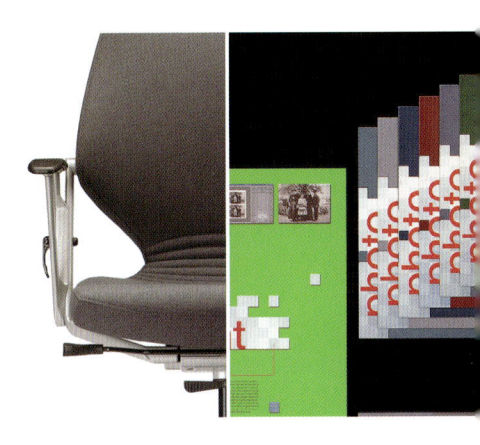

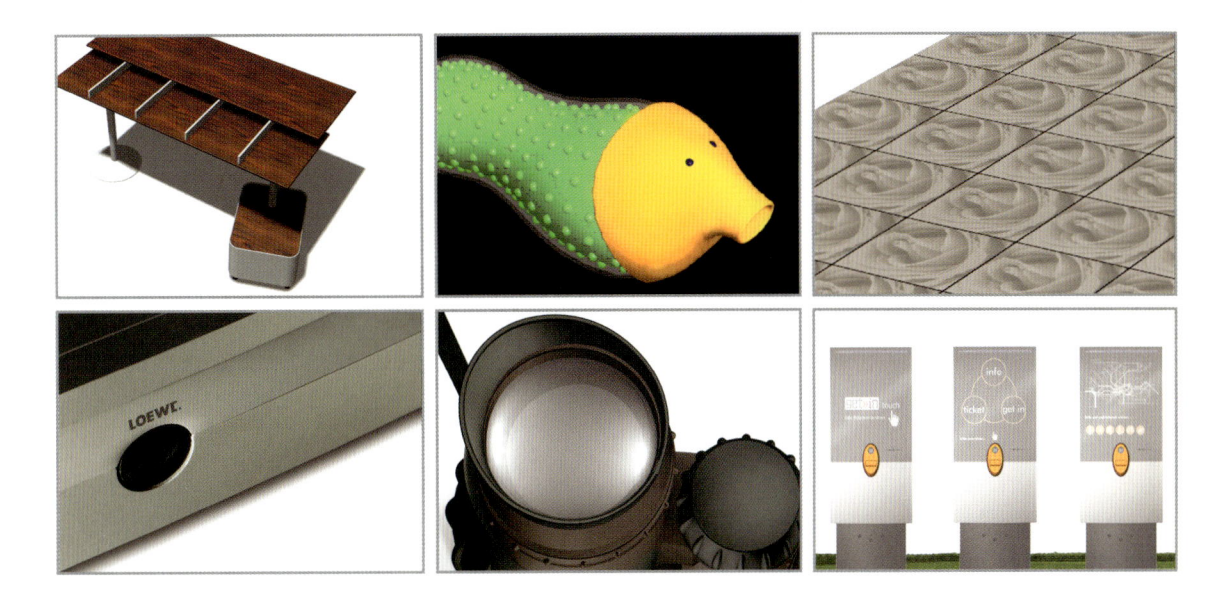

VISION.INSTITUT Am Hofbräuhaus 1, 96450 Coburg, Tel.: +49/9561/836 32 50, Mobil: 0173/945 78 66, Fax: +49/9561/836 32 51, kontakt@vision-institut.de, www.vision-institut.de **LEITUNG:** Prof. Peter Raab, Dipl. Designer. **SCHWERPUNKTE:** ganzheitliche, strategische Produktentwicklung und -gestaltung, Corporate Design, Innovationsberatung. **GRÜNDUNGSJAHR:** 1999. **KUNDEN UND PROJEKTE:** Baur-Versand – Corporate Design, RMS GmbH – Machbarkeitsstudie für übergreifende Informations- und Buchungssysteme, Rehau AG – Innovationsberatung, SMB GmbH – Investitionsgüter, Evotec GmbH – Leuchten, Laschinger GmbH – Lebensmittelverpackung, Steiner GmbH – Konsumgüter, Maja-Werk GmbH – Büromöbel, Dauphin GmbH – Bürositzmöbel, betonhotline – Bausysteme, Loewe AG – d-box

vision institut für designtransfer

FANTOMAS fantomas media GmbH & Co KG, Seitzstraße 8, D-80538 München, Tel.: +49/89/40 90 81 25, Fax: +49/89/40 90 81 26, info@fantomas.de, www.fantomas.de **SCHWERPUNKTE:** Corporate Identity, Print, Gestaltung und Programmierung von Online Medien. **ZUSATZLEISTUNGEN:** Abwicklung von Produktionsabläufen, Visualisierung. **GRÜNDUNGSJAHR:** 1998. **MITARBEITER:** 6. **REFERENZEN:** siehe oben u.a.

STUDIOINTERIEUR Studiointerieur GbR c/o fantomas, Seitzstraße 8, D-80538 München, Tel.: +49/89/40 90 81 25, Fax: +49/89/40 90 81 26, info@studiointerieur.com, www.studiointerieur.com **SCHWERPUNKTE:** Wohn- und Objekteinrichtung. **ABBILDUNGEN:** Paola Lenti, Norbert Wangen.

Praxis    Privathaus    Büroetage

SIEGFRIED BRVNO LINKE St.-Anna-Platz 1a, 80538 München, Tel.: +49/89/29 16 05 88, Fax: +49/89/29 16 05 89, E-Mail: info@siegfriedbrvnolinke.com, www.siegfriedbrvnolinke.com Das Studio SIEGFRIED BRVNO LINKE mit Sitz in München wurde 1984 gegründet und realisiert Projekte in den Bereichen INTERIOR DESIGN, PRODUCT DESIGN und EXHIBITION CONCEPTS.

SIEGFRIED
BRVNO
LINKE

Konferenzraum    Ristorante

PFARRÉ IALD LIGHTING DESIGN 115

GERD PFARRÉ IALD LICHTPLANUNG Erlenplatz 2, 80995 München, Tel.: +49/89/150 75 38, Fax: +49/89/150 75 39, info@lichtplanung.com, www.lichtplanung.com **SCHWERPUNKT:** Wir entwickeln herstellerneutral Tages- und Kunstlichtkonzepte für Architektur, Landschaft und Stadt – international und in nahezu jeder Grössenordnung. Für spezielle Anforderungen gestaltet das Team Sonderleuchten und Lichtobjekte im Kontext mit der Architektur und der Beleuchtungsaufgabe. **GRÜNDUNGSJAHR:** 1998. **PROJEKTE** (Auswahl): Entertainment Center Cerny Most, Prag; BMW Gebrauchtwagenzentrum, München; LightNight 2002, Frankfurt; Partner Lounge, München; SolarCity Center, Linz; Vitra Showroom, München; K-House, St. Gallen; CK-Loft, München; Ristorante La Giara, Sarzana; Millennium Center, Budapest; Future Office, Hechingen. **PRESSE:** zahlreiche Veröffentlichungen in Europa, USA, Australien. **PARTNER:** für Modellbau, Simulation und Visualisierung, Produktentwicklung, Fotografie und Grafik. Gerd Pfarré ist Mitglied im Vorstand der International Association of Lighting Designers IALD, dem größten Verband freier Lichtdesigner mit Sitz in Chicago und 700 Mitgliedern weltweit. **EXPANSION:** das Büro eröffnet im April 2004 eine Dependance in Frankfurt am Main.

STADLER + PARTNER BÜRO FÜR ARCHITEKTUR UND GESTALTUNG Balanstraße 9, 81669 München, Tel.: +49/89/489 24 00, Fax: +49/89/448 71 11, architekten@planungswelt.de **SCHWERPUNKTE:** Architektur, Innenarchitektur, Lichtplanung, Projektentwicklung. **PROJEKTE:** Sanierung, Büro/Gewerbe, Laden/Showroom, Gastronomie/Hotel, Kino, Wohnungsbau. **WWW.PLANUNGSWELT.DE**

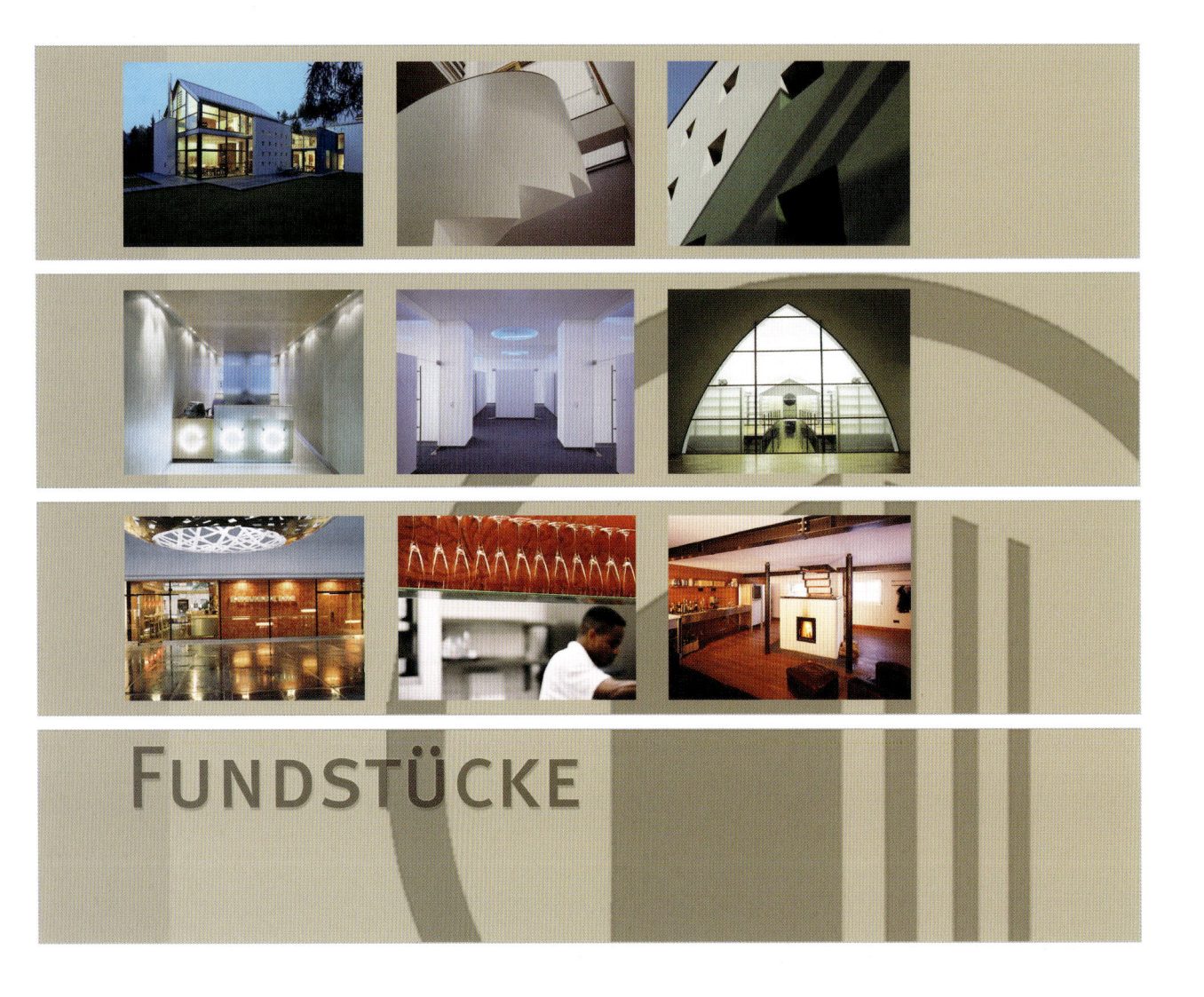

FUNDSTÜCKE

de'qua

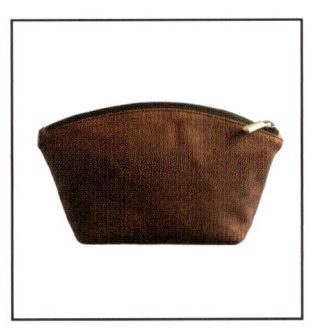

www.dequa.de   München

DESIGNWERKSTATT FÜR LEDERWAREN & ARTVERWANDTE MATERIALIEN

Wir entwerfen alles vom Schlüsselanhänger bis zur Filmausstattung – nichts ist zu klein oder zu groß.

Vom Entwurf zum Produkt. Vom Prototyp zur Serie.
Einzelanfertigung ist möglich!
Produktion in Deutschland und Europa!
Wir sind stark in Serien von 50 bis 1000 Stück.
Unser Arbeitsfeld wird durch das Hauptmaterial Leder bestimmt!
Artverwandte Stoffe sind willkommen.

Fordern Sie uns!

Öffnungszeiten: Mo – Fr, 11 – 19 Uhr

DE'QUA
Jürgen Gebauer
Dipl. Ing. Arch.
Baaderstr. 66
D-80469 München

Tel.: +49/89/201 65 96
Fax: +49/89/201 65 22
Internet: www.dequa.de

FOTODESIGN UND MESSEDESIGN DESIGNSIGNALE AUS BAYERN FOTODESIGN

Foto- und Messedesign

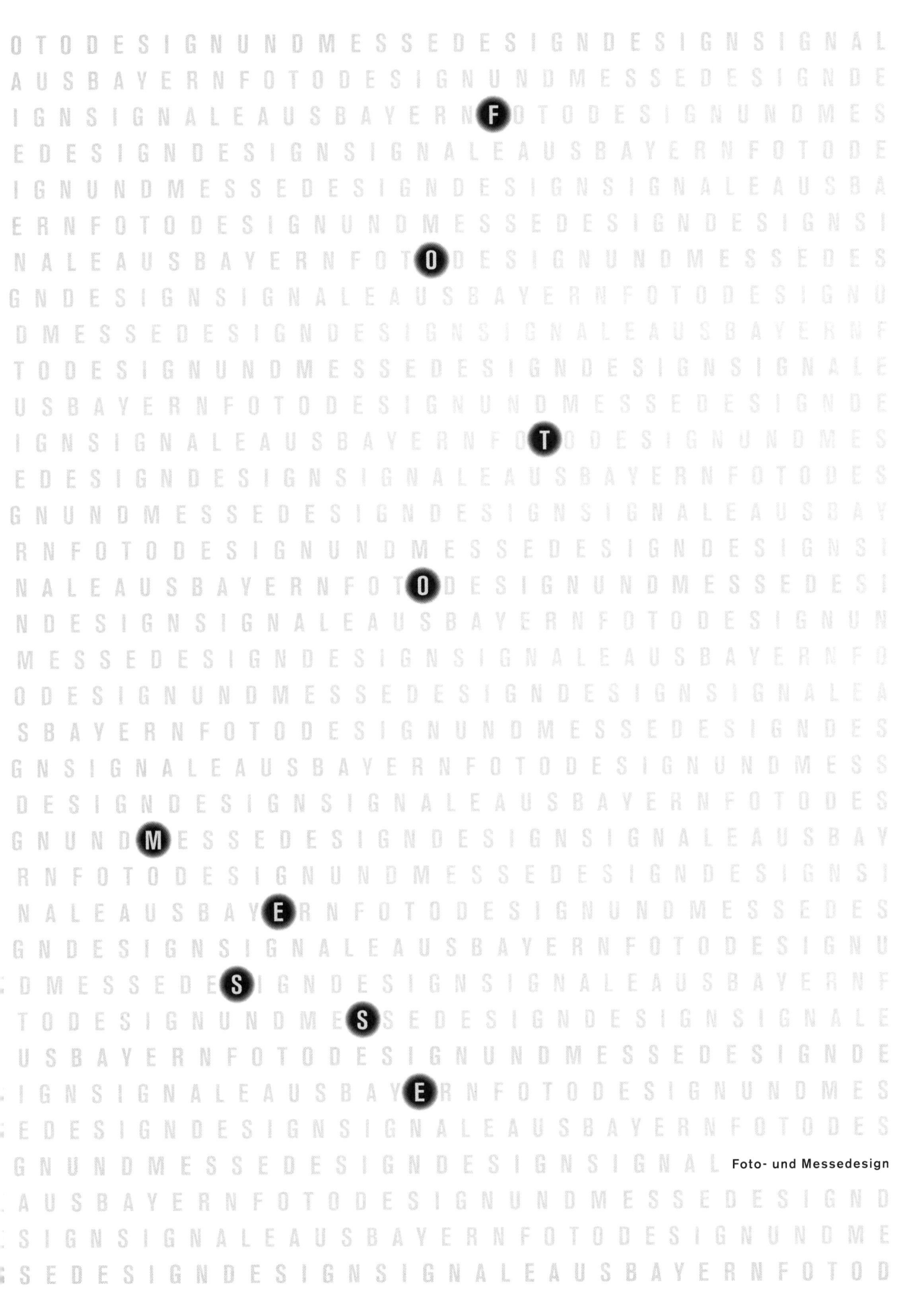

ECKHART MATTHÄUS FOTOGRAFIE Reisinger Str. 23, 86159 Augsburg, Tel.: +49/821/58 49 05, 0172/822 58 49, www.em-foto.de **SCHWERPUNKTE:** Architektur, Detail, Still, Landschaften, Sport, Reisereportage, Menschen, analog, digital. **VITA:** seit 1990 selbständig mit eigenem Studio in Augsburg, seit 1993 freier Reisejournalist für verschiedene Reisemagazine, 1999 Europäischer Architekturfotografiepreis, seit 2001 Lehrauftrag FH Augsburg „Digitale Fotografie", diverse Publikationen in Architektur zeitschriften und Büchern. **PROJEKTE:** Neuer Zollhof in Düsseldorf, Architekt Frank O. Gehry, Autobahnkreuz bei Mailand, Strandstück II in Island

122/123 CHRISTOPH VOHLER PHOTOGRAPHIE GMBH

CHRISTOPH VOHLER PHOTOGRAPHIE GMBH Nymphenburger Straße 44, 80335 München und Osterwaldstr. 10 (Lodenfrey-Park, Haus E/17), 80805 München, Tel.: +49/89/123 44 66, Fax: +49/89/123 67 00, studio@vohler.de, www.vohler.de **GESCHÄFTSFÜHRER:** Christoph Vohler und Petra Maria Vohler. **SCHWERPUNKTE:** Architekturphotographie, Automobilphotographie, Photodesign, Portrait. **GRÜNDUNGSJAHR:** 2000. **PROJEKTE:** Schattenwürfe, Metropolen. **ANSPRUCH:** Form ins Licht setzen.

124/125 ARNO DESIGN GMBH

Autoart, Kulturhauptstadt Graz 2003

www.arno-design.de

ARNO DESIGN GMBH Friedrichstraße 9, 80801 München, Tel./Fax: +49/89/38 01 94-0, office@arno-design.de, www.arno-design.de
SCHWERPUNKTE: Messe, Showrooms, Läden. **GRÜNDUNGSJAHR:** 1994. **PROJEKTE/REFERENZEN:** ADAC, Assyst/Bullmer, AutoArt Graz, Autodesk, Apple, Bäumler AG, Bayerischer Rundfunk, Ben Barton, Berghaus, Bertone, Binderer-St.Ursula, Biodroga, BMW AG, Brasher Boot, Brendel Lunettes, Brinkmann, Bugatti, CIM-Team, Codello, Daimler-Benz Airport Systems, Davidoff, Descreet, Doris Hartwich, Dormeuil, Dressler, Duravit/Laufen, Ellesse, Escada, Escadron, Etienne Aigner, Fini Group, Fresenius, Gore, Grammer AG, Grundig AG, Guy Laroche, HCM Muermann, HighTech Design Products AG, Hiltl, Hoechst AG, Ibykus, Kaiser Design, Kickers, La Chaussure Lacoste, Leather Sound, Loewe AG, L'Oréal, Louis Feraud, Mercedes-Benz AG, Mitre, Monoptic, Montana, Netscape, New Eyewear Company, Odermark, Ost-West-Handelsbank, Payot, Pentland Group, Pfalzmöbel, Pfleiderer, Phenix, Pierre Cardin, Pikeur, Puls, Pyramid, Red Or Dead, Reusch, Rosenberg+Lenhart, Rotring, Rummel, Schildt, Schock, Schroedel Verlag, Sto AG, Storopack, Speedo, Tecoplan, Telefonica/Quam, Wille/Pepp, Windsor, Vectron, Venturo, Yamaichi Electronics, Yves Saint Laurent pour homme.

126/127 BRUNS MESSE- UND AUSSTELLUNGSGESTALTUNG GMBH

BRUNS MESSE- UND AUSSTELLUNGSGESTALTUNG GMBH Augustin-Rösch-Straße 17, 80935 München, Tel.: +49/89/354 90 90, Fax: +49/89/354 90 999, info@bruns-messebau.de, www.bruns-messebau.de **GESCHÄFTSFÜHRER:** Hans-Joachim Bruns, Werner Frommberger. **SCHWERPUNKTE:** Internationaler Messe-, Laden- und Ausstellungsbau. **UNSERE LEISTUNGEN:** Entwurf, Planung und Realisierung von Ausstellungsständen, Info-Pavillons, Showrooms, Praxen und Geschäftsräumen, Full-Service für Messen. Konzeption und grafische Gestaltung, Transport der Exponate, Auf- und Abbau und Einlagerung des Messestandes, Organisation des Caterings, Konzeption und Organisation von Events oder Presseterminen. **SELBSTVERSTÄNDNIS:** Seit 25 Jahren verleiht die Bruns Messe- und Ausstellungsgestaltung GmbH durch Kompetenz, Stilsicherheit und Kundennähe der Persönlichkeit von Unternehmen eindrucksvoll Ausdruck. Ob Branchenmulti oder Familienbetrieb, ob in Deutschland oder weltweit: Individuelle Standkonzepte und außergewöhnliches Messedesign schaffen ein unverkennbares Ambiente, in dem die Philosophie eines Unternehmens lebendig wird und seine Visionen aufregend spürbar. Ein überzeugender Auftritt macht nicht nur Eindruck, er bleibt auch in guter Erinnerung. Die jahrzehntelange Treue unserer Kunden ist dafür die schönste Bestätigung. Mitglied des FAMAB Fachverbandes. Zertifiziert nach DIN EN ISO 9001.

ATELIER DAMBÖCK MESSEDESIGN Oskar-von-Miller-Ring 1, D-85464 Neufinsing b. München, Tel.: +49/8121/975-0, Fax: +49/8121/975-555, E-Mail: info@adm-messebau.de, www.damboeck.de **GESCHÄFTSFÜHRER:** Andreas Damböck, Wilfried Götz. **SCHWERPUNKT:** Konzeption, Design, Planung, CAD-Visualisierung, Organisation, Lichtkonzept, Grafik, Moderation, Events, Shows, Catering. **GRÜNDUNGSJAHR:** 1975. **MITARBEITER:** 60. **REFERENZEN:** Accumulata, Adiva, Advantest, Applix, ASM, Axis/Bridgestone, Bankgesellschaft Berlin, Bayerischer Rundfunk, Bernafon Hörgeräte, Bertelsmann Lexikonverlag, Beta Research, Cazal Brillen, Constantin Film, Don Bosco Medien, DSF, DVP, Earth Television Network, Ept, Ericsson Business Networks, Falke, Fjällräven, GenRad, Giloy, Gore Medizin, Hochtief, Hornbach Immobilien, HSG Philipp Holzmann Technischer Service, HypoVereinsbank, Indian Motorcycle, Inrange Technologies, Kodak, König & Meyer, Konika, Kratzer Automation, Kreutzer Touristik, Küppers, Landeshauptstadt München, Lang Apparatebau, Logitech, Matrox, Media Professionals, Meggle, Messe München, Münch Motorrad, Natur Compagnie, Neodis, Network Appliance, Nikos Jewels, Norcom, Normstahl, Obermeyer, Openshop, pci, Planet Home, Premiere World, Rosenberger, Schöller, Siemens, Sony, Stadtwerke München, Steco, Symantec, T.D.T., Teradyne, Tibco, Timber Productions, Trumpf Kreuzer Medizintechnik, Venice Beach, Wacker Baumaschinen

Sony Deutschland: IFA 2003

DESIGN COMPANY Nymphenburger Str. 58 – 60, 80335 München, Tel.: +49/89/125 16-0, Fax: +49/89/125 16-500, E-Mail: info@designcompany.de **INTERNET:** www.designcompany.de **GESCHÄFTSFÜHRER:** Hubert Grothaus, Uwe Ansorge, Jörg Stöter. **SCHWERPUNKTE:** Die DESIGN COMPANY entwickelt Markenräume, um Brand-Image zu bilden und zu fördern: Eine einheitliche Markenführung und Markenentwicklung wendet die DESIGN COMPANY beim Messebau, bei Shopkonzepten und am Point of Sale gleichermaßen an. Im Zentrum steht die systematische Konzeption und der konsequente Aufbau von Marken. Zum Kundenstamm zählen internationale Markenführer wie Sony. **UNSERE LEISTUNGEN:** Dreidimensionales Brandmarketing, Messebau, Shop-Konzeption. **ZUSÄTZLICHE LEISTUNGEN:** Fullserviceagentur, Eventmanagement, Roadshows, Gestaltung von CI-Prozessen, Umsetzung von Corporate Design als Element erfolgreicher Unternehmenspolitik.

DESIGN COMPANY
kommunikation · messe · shop · event

Sony Deutschland, CeBIT 2003: 1. Preis ADAM-Award 2003, FAMAB

forum messe + design

FORUM MESSE + DESIGN GMBH Reichswaldstraße 50, 90571 Schwaig b. Nürnberg, Tel.: +49/911/54 80 70, Fax: +49/911/54 80 77, E-Mail: contact@forum-messe.de, Internet: www.forum-messe.de **GESCHÄFTSFÜHRER:** Ernst Karl Meysel, Lars Borngräber. **SCHWERPUNKTE:** Konzeption, Design, Planung, Herstellung und Montagen von Messe- und Ausstellungsständen im In- und Ausland. Individuelle und markengerechte Unternehmens- und Produktpräsentationen durch Integration von Corporate Identity sowie aller Marketing- und Messeziele. **ZUSATZLEISTUNGEN:** Grafik-Design, Layout und Produktion, 3D Visualisierung, Animation, Planung und Herstellung von Showrooms, Licht- und Medientechnik, Eventausstattung, Moderation, Künstler, Catering, Projektmanagement, Auslandsmessen, Messetraining. **GRÜNDUNGSJAHR:** 1999. **MITARBEITER:** 24. **REFERENZEN:** Abus, Du Pont de Nemours, Eberle Climate Controls Europe, Fraunhofer Institut, Gealan, Gore, Horiba, Hydrometer, Kappa Packaging, Keyser & Mackay, Loewe, Maha, Matthews international, Pfleiderer, Puky, RC2, Riedhammer, Scotsman, Suspa, Tolo Toys, Tyco Healthcare, Wodego, Wolters Kluwer, u.v.a.

132/133 O₂ – BÜRO FÜR GANZHEITLICHE KOMMUNIKATION

ADAM AWARD 2003 – 1. PREIS IN DER KATEGORIE 50 – 150 m²

Kommunikationsstrategie, Standdesign, Licht, Grafik, Visuals und Präsentersystem

Kommunikationsstrategie, Standdesign, Licht, Grafik und Visuals für Bosch Hausgeräte / Hometech Berlin 2002

Interior-, Licht-, Möbel- und Corporate Design für die Kushi Bar in München

O₂ – BÜRO FÜR GANZHEITLICHE KOMMUNIKATION Schwere-Reiter-Str. 35/Haus 11, 80797 München, Tel.: +49/89/30 72 74-30 Fax: -38, info@o2-team.de, www.o2-team.de **INHABER:** Vanessa Klemz und Moritz Nauschütz. **GRÜNDUNGSJAHR:** 1997 **PHILOSOPHIE:** Kommunikation ist alles, was wir mit unseren Sinnen wahrnehmen, bewusst oder unbewusst. Entscheidend aber ist, wie was wirkt. Deshalb analysieren und definieren wir zuerst inhaltliche Qualitäten und einen Charakter und geben dieser Persönlichkeit dann das passende Gesicht – authentische und unverwechselbare Kommunikation, die im Ganzen fasziniert und überzeugt. Denn Faszination ist die Quelle allen Begehrens und Überzeugung ist die Faszination, die bleibt. **LEISTUNGEN:** Inhaltlich-ganzheitliche Kommunikationsstrategien, Corporate Identity und Corporate Design, Kreativkonzepte, Marketing, Markenentwicklung und -kommunikation, Produkt- und Industriedesign, Messe-Inszenierungen, Ausstellungsdesign, Interior Design, Lichtdesign, Grafikdesign, Fotografie, Sprache und Text, Marken- und Produktnamen, Neue Medien. **REFERENZEN:** Audi, Basic Biosupermarkt, BSH Bosch und Siemens Hausgeräte GmbH, Class Firmengruppe, Intel, Kushi Bar, Kreissparkasse München, ÖQ Herrmannsdorfer, Osram, Porsche Design, SAP, Siemens Mobile, Siemens Siplace ...

für Siemens Consumer Products / ISH 2003

Kommunikationsstrategie, Ausstellungsdesign, Licht, Grafik, Visuals und Stelen für ÖQ Herrmannsdorfer / Expo 2000

POS-System Aura für BSH Bosch und Siemens Hausgeräte

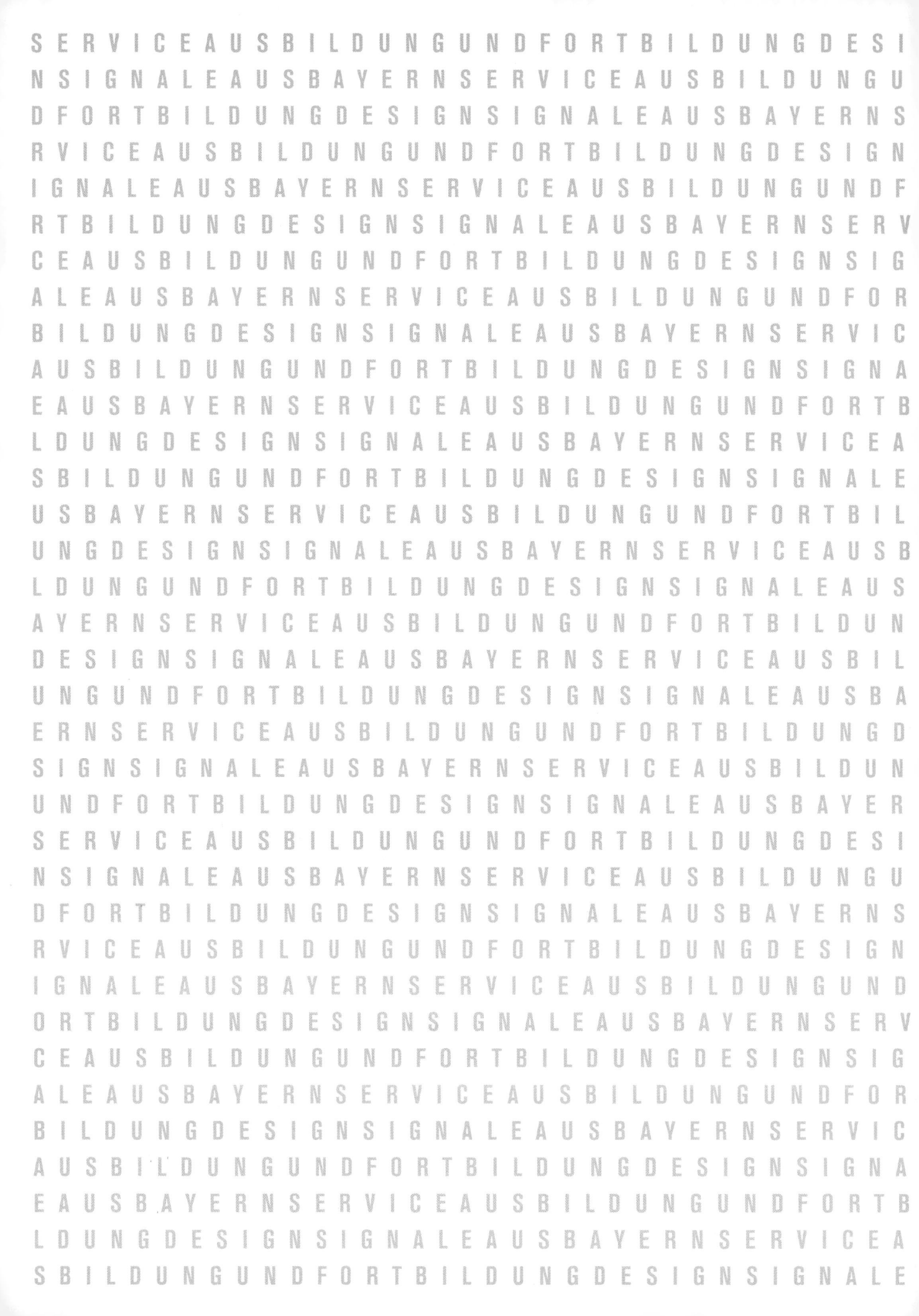

SERVICEAUSBILDUNGUNDFORTBILDUNGDESI
NSIGNALEAUSBAYERNSERVICEAUSBILDUNGU
DFORTBILDUNGDESIGNSIGNALEAUSBAYERNS
RVICEAUSBILDUNGUNDFORTBILDUNGDESIGN
IGNALEAUSBAYERNSERVICEAUSBILDUNGUNDF
RTBILDUNGDESIGNSIGNALEAUSBAYERNSERV
CEAUSBILDUNGUNDFORTBILDUNGDESIGNSIG
ALEAUSBAYERNSERVICEAUSBILDUNGUNDFOR
BILDUNGDESIGNSIGNALEAUSBAYERNSERVIC
AUSBILDUNGUNDFORTBILDUNGDESIGNSIGNA
EAUSBAYERNSERVICEAUSBILDUNGUNDFORTB
LDUNGDESIGNSIGNALEAUSBAYERNSERVICEA
SBILDUNGUNDFORTBILDUNGDESIGNSIGNALE
USBAYERNSERVICEAUSBILDUNGUNDFORTBIL
UNGDESIGNSIGNALEAUSBAYERNSERVICEAUSB
LDUNGUNDFORTBILDUNGDESIGNSIGNALEAUS
AYERNSERVICEAUSBILDUNGUNDFORTBILDUN
DESIGNSIGNALEAUSBAYERNSERVICEAUSBIL
UNGUNDFORTBILDUNGDESIGNSIGNALEAUSBA
ERNSERVICEAUSBILDUNGUNDFORTBILDUNGD
SIGNSIGNALEAUSBAYERNSERVICEAUSBILDUN
UNDFORTBILDUNGDESIGNSIGNALEAUSBAYER
SERVICEAUSBILDUNGUNDFORTBILDUNGDESI
NSIGNALEAUSBAYERNSERVICEAUSBILDUNGU
DFORTBILDUNGDESIGNSIGNALEAUSBAYERNS
RVICEAUSBILDUNGUNDFORTBILDUNGDESIGN
IGNALEAUSBAYERNSERVICEAUSBILDUNGUND
ORTBILDUNGDESIGNSIGNALEAUSBAYERNSERV
CEAUSBILDUNGUNDFORTBILDUNGDESIGNSIG
ALEAUSBAYERNSERVICEAUSBILDUNGUNDFOR
BILDUNGDESIGNSIGNALEAUSBAYERNSERVIC
AUSBILDUNGUNDFORTBILDUNGDESIGNSIGNA
EAUSBAYERNSERVICEAUSBILDUNGUNDFORTB
LDUNGDESIGNSIGNALEAUSBAYERNSERVICEA
SBILDUNGUNDFORTBILDUNGDESIGNSIGNALE

Service, Aus- und Fortbildung

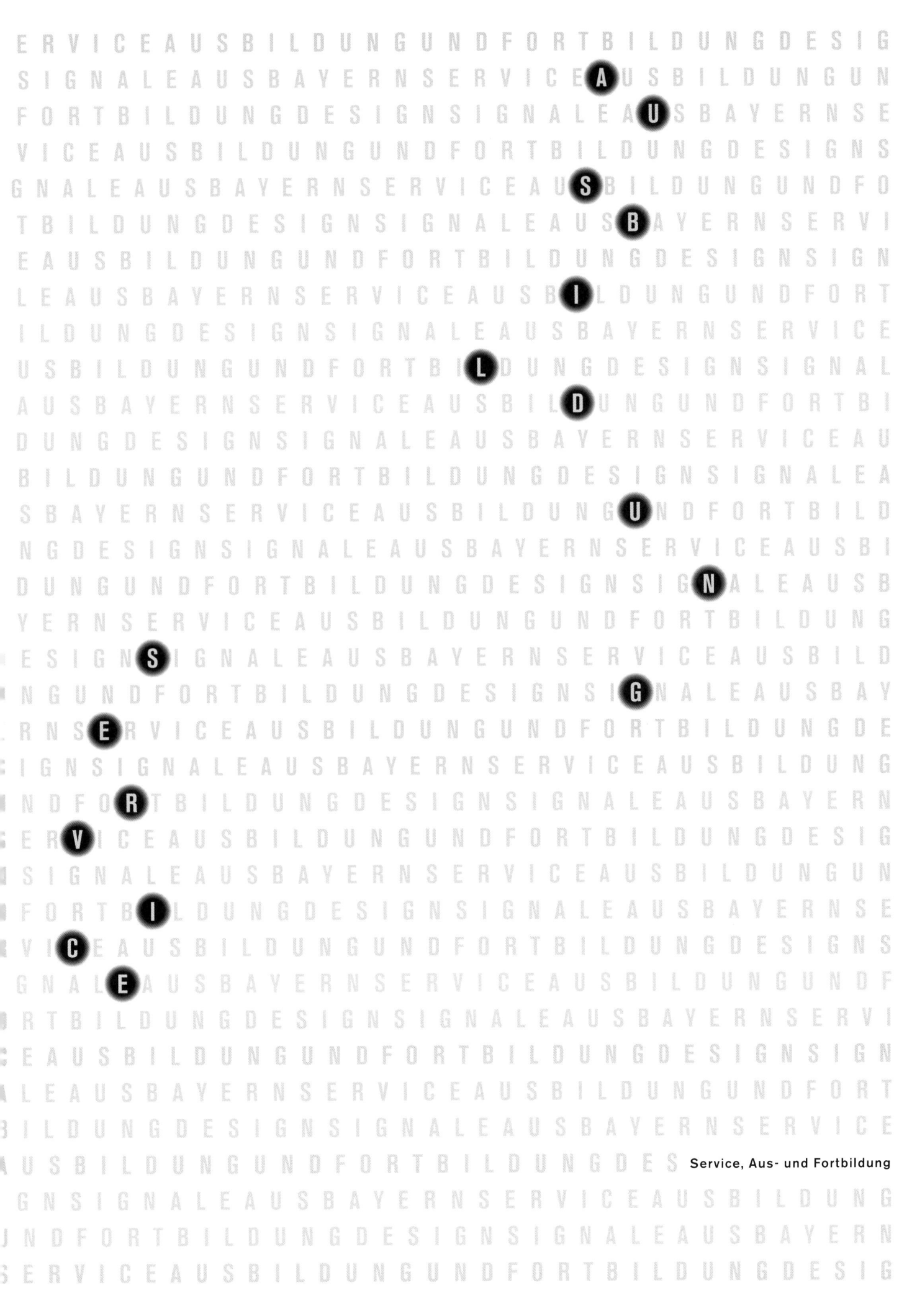

ALLIANZ-ARENA MÜNCHEN

architecture's new face.

COVERTEX GMBH – ARCHITECTURE'S NEW FACE Berghamer Straße 19, D-83119 Obing, Tel./Fax: +49/8624/89 69-0/-20, info@covertex.de, www.covertex.de **COVERTEX UK:** Merlin House, Anson Way; Beccles Business Park; Ellough, Suffolk NR34 7TL, Phone: +44/1502/71 59 42; Fax: +44/1502/71 61 78 **COVERTEX SHANGHAI:** Room 1905, No. 1, 1135 Lane, Wu Ding Road, Shanghai, 200042, China. **SCHWERPUNKTE:** Architektonische Membranen, Pneumatische Konstruktionen, Lichtdeckensysteme. **GRÜNDUNGSJAHR:** 1999. **PORTRAIT:** Die langjährige Erfahrung der Firmengründer (Hubert Reiter/Jürgen Obermeier/Dirk Temme) in der Realisierung von Membran- und pneumatischen Konstruktionen, welche bereits weltweit umgesetzt wurden, zeigt sich als wesentlicher Vorteil den gestiegenen Ansprüchen der Kunden zeitlich und technisch gerecht zu werden. Im Membranbau setzen wir immer neue Maßstäbe – in enger Abstimmung zwischen den Projektteams und dem Kunden. **LEISTUNGEN:** Erstberatung für Architekten und Bauherren. Planung und statische Berechnung von Gesamtsystemen im Membranbau. Machbarkeitsstudien, Vorplanungsstudien. Zuschnittsermittlung. Herstellung und Lieferung von Membranen aus PVC/PES, PTFE-Glas sowie ETFE-Folien und Textil- und Metallgeweben aller Art. Übergreifendes Projektmanagement und Bauleitung. Komplettmontage weltweit.

architecture's new face.

ETFE: Regenwaldhalle/ Atrium/ Tankstelle/ Schwimmbad

PVC/PES: Innenanwendungen

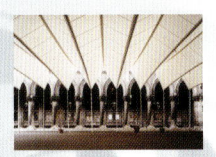

Innenhofüberdachung/ Kindertheater/ Freilichtbühne/ Schirme

DFB Fußball-Globus/BMW Pavillon IAA

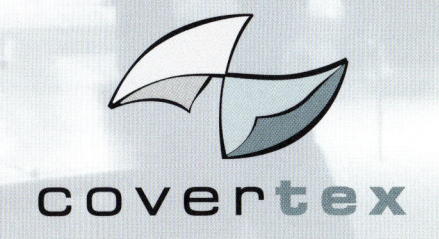

covertex

DESIGNERDOCK Reifenstuelstraße 16, D-80469 München, Tel.: +49/89/76 77 54 04, Fax: +49/89/76 77 54 05, muenchen@designerdock.de, www.designerdock.de GESCHÄFTSLEITUNG MÜNCHEN: Barbara Graef, Petra Graef. SCHWERPUNKT: Connecting people. Unsere bestens ausgebildeten Flugbegleiter beraten und betreuen Sie gerne bei der Auswahl Ihres neuen Erfolgsteams. Ob fest oder frei, ob Kundenberater, Texter, Art Direktor, Screendesigner oder andere Kommunikationsprofis – bei uns haben sich die Besten der Branche eingebucht, on hold für den nächsten Karriereflug. Nicht ohne Grund stehen bereits mehr als 800 Destinationen in Werbung, Marketing und Design auf unserem Flugplan. Buchbar ab Berlin, Frankfurt, Düsseldorf, Hamburg und München. Welcome on board und genießen Sie die herrliche Aussicht auf begabte und erfahrene Kreative, geschäftstüchtige Marketingspezialisten und versierte Web-Experten. Dazu die leckeren Arbeitsproben-Häppchen, die wir stets frisch für Sie bereit halten. Und das alles zu überaus freundlichen Flug-Tarifen, die Sie zu begeisterten Vielfliegern machen werden. TRY OUR SERVICE!

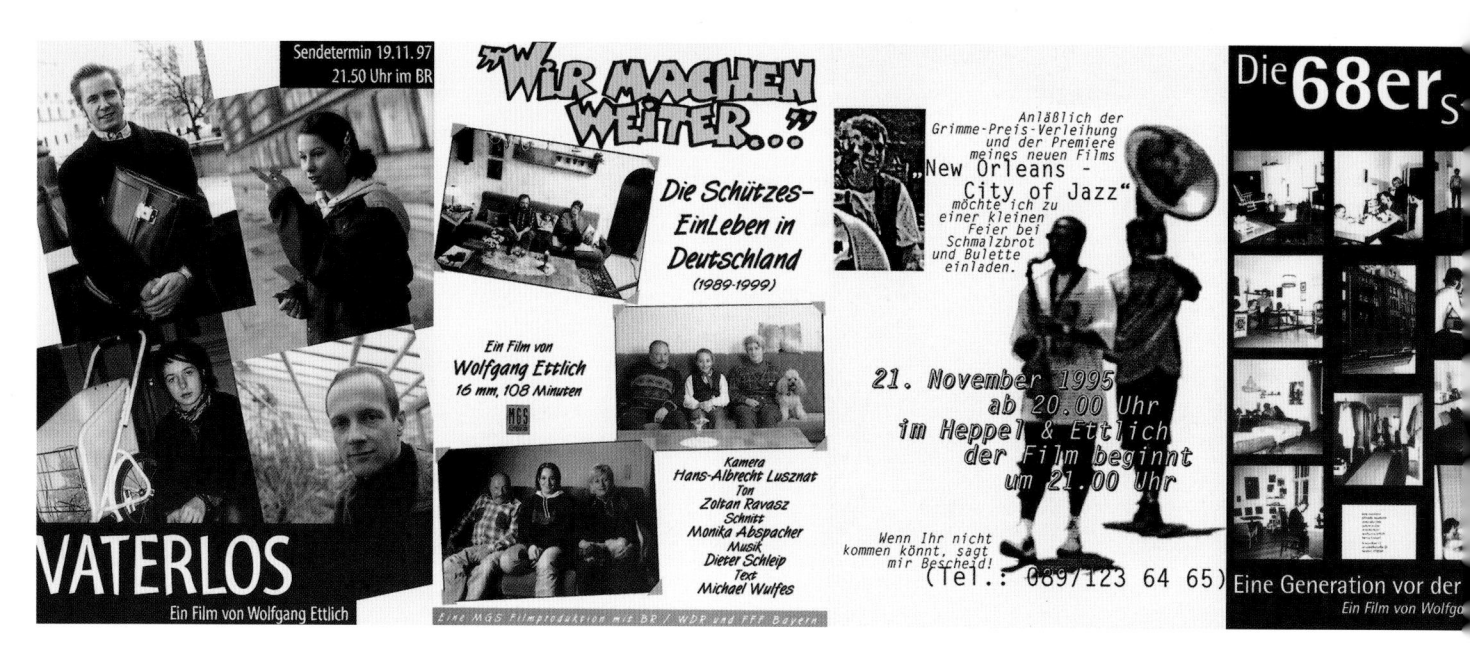

140/141 WOLFGANG ETTLICH – MGS FILMPRODUKTION

WOLFGANG ETTLICH – MGS FILMPRODUKTION Mediengruppe Schwabing, Georgenstr. 121, 80797 München, Tel.: +49/89/123-64 65, Fax: +49/89/123-64 99, E-Mail: info@wolfgang-ettlich.de, www.ettlich-film.de **WOLFGANG ETTLICH** Geboren 1947 in Berlin. Lehre bei der deutschen Bundespost. 1968 Umzug nach München, Abitur auf der Abendschule, anschließend Studium der Kommunikationswissenschaften und der Politologie in München. Ab 1976 freier Mitarbeiter in der Jugendredaktion des Bayerischen Rundfunks. Seit 1980 erste Filme für den Bayerischen Rundfunk. Ab 1985 eine eigene Filmproduktionsgesellschaft gegründet, und die Liebe zum Dokumentarfilm entdeckt. Spezialgebiet sind Langzeitbeobachtungen. **FILMOGRAPHIE** (Auswahl): 1992 „Schöner als Fliegen" Geschichten aus dem Erdinger Moos. 1994 „Irgendwie Power machen" 15 Jahre aus dem Leben des Oliver N.. 1996 „Kapitalismus macht Spaß" Berlin Friedrichstraße. 1998 „Die 68er-Story" Eine Generation vor der Rente. 1999 „Wir machen weiter" Die Schützes. Ein Leben in Deutschland. 2000 „Im Osten geht die Sonne auf" Leben mit dem FC Energie Cottbus. 2000 „Über den Berg – aus dem Leben eines Bundestagsabgeordneten". 2002 „Im Westen ging die Sonne auf" Kleine Geschichten von Kohle und Fußball. 2004 „1:0 für Fröttmaning" Eine Langzeitbeobachtung über den Bau des neuen Fußballstadion (Allianzarena). 2004 „Ground Zero" Zwischen Panik und Angst – Eine Langzeitbeobachtung über den Aufbau des Ground Zero. Wir beobachten Ihre „Langzeit" Projekte – von der Idee bis zur Fertigstellung.

Projektarbeiten 5. Semester

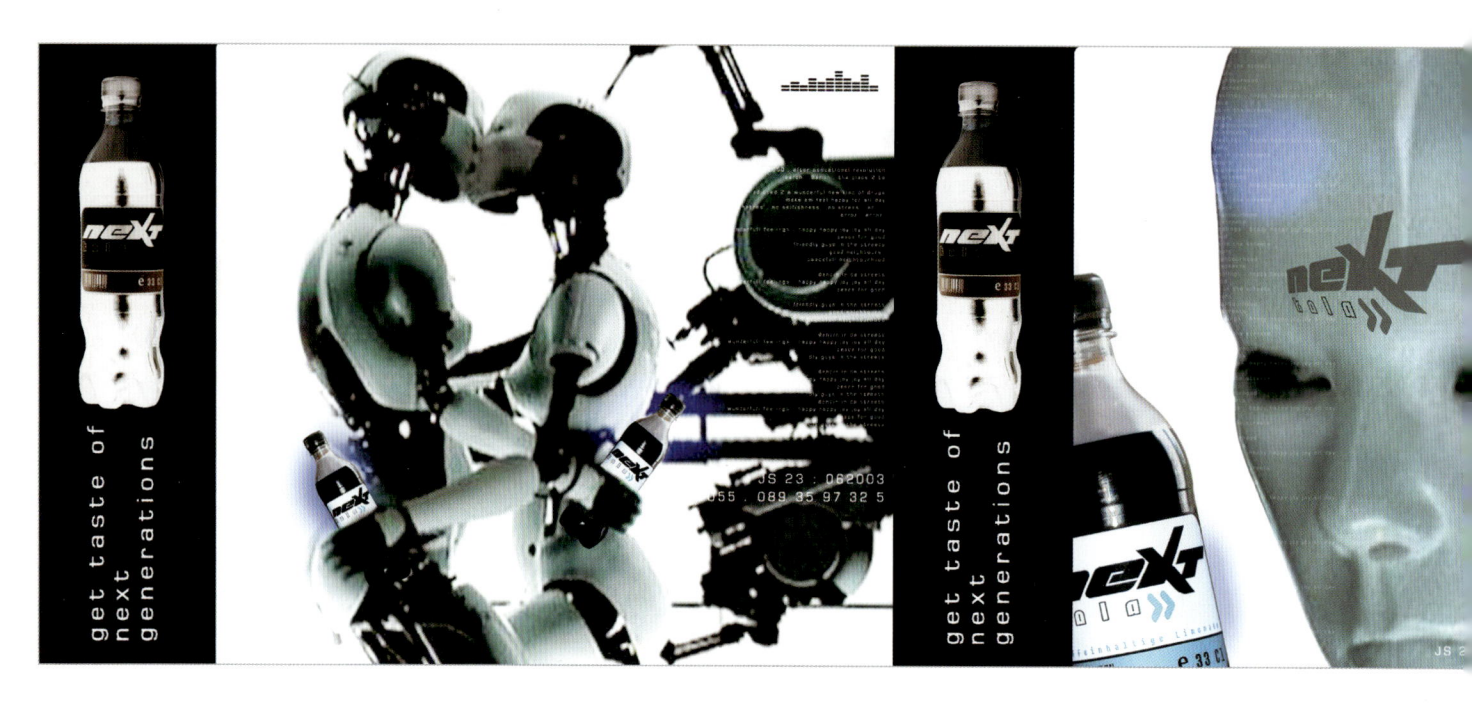

AKADEMIE AN DER EINSTEINSTRASSE U5 Einsteinstraße 42, 81675 München, www.akademie-u5.de, Tel.: +49/89/47 50 56, Fax: +49/89/47 55 58, mail@akademie-u5.de Qualifizierte Berufsausbildung zum Grafik-Designer mit Schwerpunkt Werbung, Art-Direction. Schulträger CBW Gesellschaft mbH. Geschäftsführer und Schulleitung: Maximilian Condula, Wolfgang Baum, Dieter Wünsch, Richard J. Herler. Vollausbildung in drei Jahren. Fundierte gestalterische Grundlagen durch das Studium Fundamentale, erprobte Kenntnis der Arbeitsbereiche und -abläufe durch das Studium Generale und Praxisbezug durch reale Aufträge im Studium Professionale. So wurden, teils in Zusammenarbeit mit Werbeagenturen erfolgreich Projekte bearbeitet für Kunden, wie Süddeutsche Zeitung, Messe München, Bayerischer Rundfunk, MTV, Levi's, Philip Morris. Erster Preis im GWA-Hochschulprojekt „junior agencies". Der Art-Directors-Club Deutschland (ADC) hat die Akademie U5 als einzige Privatschule von 180 Hochschulen unter die zehn besten Schulen für Grafik-Design gewählt, der Ausbildungsleiter Wolfgang Baum kam in dieser Auswertung unter die zehn besten Professoren. Die Studenten der U5 sind begehrt: Im ADC-Buch 2003 sind unter Preisträgern und Auszeichnungen 47 mal U5-Absolventen genannt.

2/1 Anzeigen 4. Semester

Verpackungen 4. Semester

FACHSCHULE FÜR SCHNITT UND ENWTURF der Deutschen Meisterschule für Mode, Roßmarkt 15, 80331 München, Telefon: +49/89/23 32 24 23, Telefax: +49/89/23 32 60 07, sekretariat@mfm.musin.de, www.fashionschool.de **DIE BESONDERHEIT:** Wahlmöglichkeit Schnitt oder Entwurf, qualifizierte Weiterbildung für die Anforderungen der Bekleidungsindustrie. **DIE AUSBILDUNG:** Anpassung bestehender Kenntnisse und Fertigkeiten an die Anforderungen der industriellen Modell- und Kollektionsentwicklung, fundierte Vermittlung praxisbezogener Kenntnisse im CAD-Schnitt, Entwurfsarbeit am Computer. **DAS WICHTIGSTE:** Ausbildungszeit ein Jahr, staatliche Abschlussprüfung, schulgeldfrei, Teilnahme an Modenschauen, Wettbewerben, Projekt mit der Firma Bogner, Firmenbesichtigungen, Messebesuche.

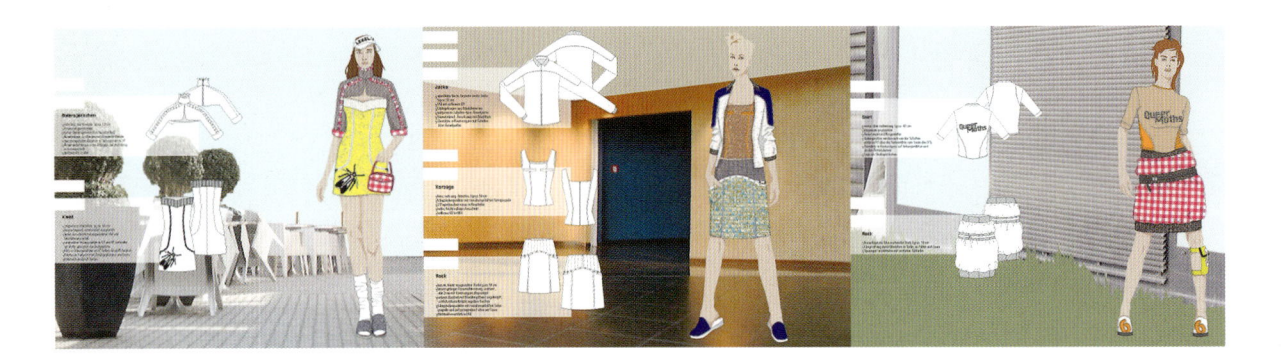

FACHSCHULE FÜR MODELLISTIK der Deutschen Meisterschule für Mode, Roßmarkt 15, 80331 München, Tel.: +49/89/23 32 24 23, Telefax: +49/89/23 32 60 07, sekretariat@mfm.musin.de, www.fashionschool.de **DIE BESONDERHEIT:** kreativer Schwerpunkt, Vorbereitung auf die Meisterprüfung. **DIE AUSBILDUNG:** präzise Erarbeitung von Einzelmodellen von Ideenfindung, Entwurf, Schnitt, Anfertigung bis zur Präsentation, Vermittlung der Grundlagen für die Meisterprüfung im Damen- und Herrenschneiderhandwerk. **DAS WICHTIGSTE:** Ausbildungszeit zwei Jahre, staatliche Abschlussprüfung, schulgeldfrei, Teilnahme an Modenschauen, Wettbewerben, Projekten mit Bekleidungsfirmen, Messebesuche.

BERUFSFACHSCHULE FÜR MODE- UND KOMMUNIKATIONSGRAFIK der Deutschen Meisterschule für Mode, Roßmarkt 15, 80331 München, Telefon: +49/89/23 32 24 23, Telefax: +49/89/23 32 60 07, sekretariat@mfm.musin.de, www.fashionschool.de **DIE BESONDERHEIT:** Kombination von Mode und Grafikdesign. **DIE AUSBILDUNG:** Orientierung an den Anforderungsprofilen der Praxis und fundierte Vermittlung der wichtigsten Grundlagen für einen erfolgreichen Einstieg in die unterschiedlichsten Berufe der visuellen Kommunikation und der Mode. **DAS WICHTIGSTE:** Ausbildungszeit drei Jahre, staatliche Abschlussprüfung, schulgeldfrei, praktisches und praxisorientiertes Arbeiten, handwerkliches Arbeiten und Arbeiten mit dem Computer, Entwicklung von Gestaltungsideen, Projektarbeit, fächerübergreifendes Arbeiten, Teamarbeit, Unterricht durch Fachpraktikern, Pädagogen und Künstler.

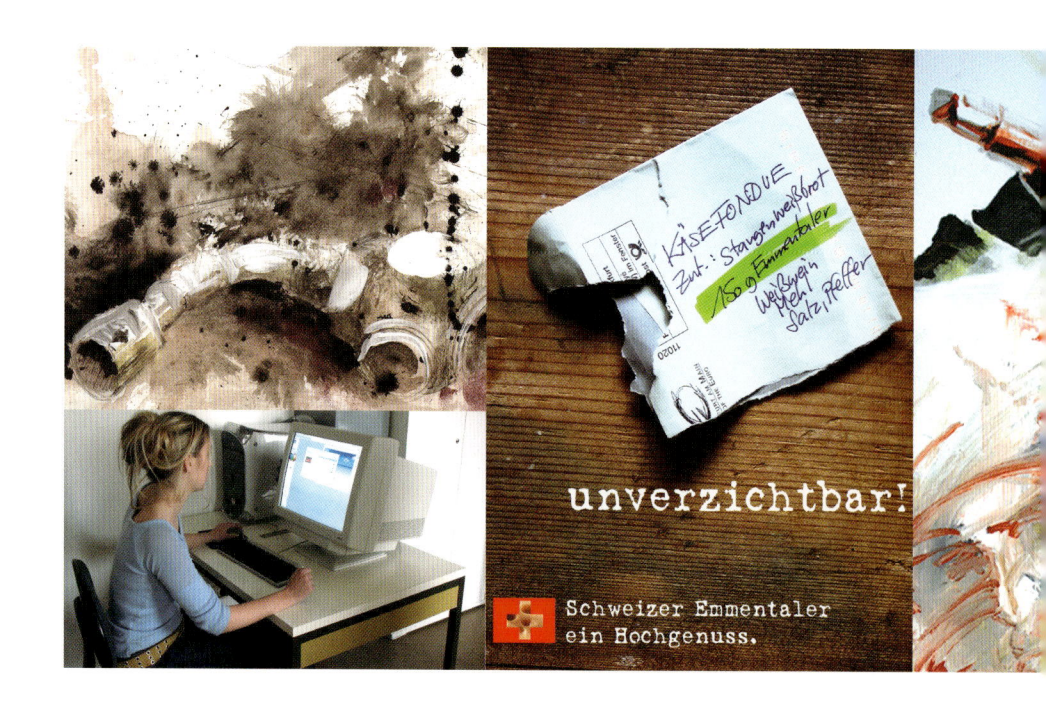

146/147 IFOG AKADEMIE FÜR GRAFIK-DESIGN & MULTIMEDIA

PLAKATE

IFOG AKADEMIE FÜR GRAFIK-DESIGN & MULTIMEDIA Gottfried-Keller-Straße 2, 81245 München, Telefon, Fax, Leonardo: +49/89/74 37 38 43/-45/-44, info@ifog-akademie.de, www.ifog-akademie.de GRÜNDUNGSJAHR: 1986 durch den Dipl. Designer (FH) Hans-W. Schultze. DOZENTEN: Das Dozentenkollegium umfasst über 15 hochqualifizierte Fachleute aus den Fachhochschulbereichen Kommunikationsdesign und Marketing, Vollprofis aus Werbeagenturen und Fachbereichen des Grafik-Design, Illustration/Freies Zeichnen/Projekt, Marketing, Kunst und Designgeschichte, Recht, Computergrafik, Multimedia/3 D, Drucktechnik und Papier, Druckvorstufe, die unsere Studierenden unterrichten. STUDIENSCHWERPUNKTE: Grafik-Design, Multimedia. STUDIENWAHL: Bewerber haben die Möglichkeit, sich für ein Ganztagsstudium einzuschreiben. Für Berufstätige bietet sich ein Studium im Abendkolleg an. STUDIENDAUER: Sechs Semester (3 Jahre) ganztägig oder vier Semester (2 Jahre) im IFOG Abendkolleg, berufsbegleitend als Erwachsenenbildung. Jeder Studiengang endet mit einem internen Abschlußdiplom. AUFNAHMEBEDINGUNGEN: Voraussetzung für die Zulassung zum Studium ist eine entsprechende schulische Vorbildung: Realschulabschluss, Fachoberschule oder allgemeine Hochschulreife/Abitur. Nachweis der künstlerischen Befähigung durch Vorlage einer Mappe mit eigenen Arbeiten. STUDIENBEGINN: September und März.

Studentenzeitschrift „CO:DE"

MEDIADESIGN HOCHSCHULE FÜR DESIGN UND INFORMATIK Berg-am-Laim-Straße 47, 81673 München, Tel.: +49/89/450 60 50, Fax: +49/89/450 60 517, info@muc.mediadesign.de, www.mediadesign.de **STANDORTE:** Berlin, Dessau, Düsseldorf, Leipzig, Magdeburg, München, Würzburg. Aus- und Weiterbildungsinstitut im Bereich der Neuen Medien mit den **SCHWERPUNKTEN:** MEDIADESIGN HOCHSCHULE: Studium Mediadesign, Medieninformatik. MEDIADESIGN AKADEMIE: Gamedesign, Medienkunst Fernunterricht, IT-Spezialist, IT-Manager Neue Medien, Business Line, Aus- und Weiterbildung. **GRÜNDUNGSJAHR:** 1987. **PROJEKTE:** Daimler Benz AG (Rapid Prototyping), BMW (EK-32 Schließsysteme), Design Zentrum München (Beste Aussichten), Kulturreferat der Stadt München (Literaturstadt München), Kunstpark Marketing GmbH (Kunstpark Ost), Papa Löwe Filmproduktion GmbH (Internet Seite). **PREISE UND AUSZEICHNUNGEN:** Munich Multimedia Award 1992, MILIA Cannes 1996 & 1998 (Winner New Talent Competition), Kienbaum & Partner Dienstleistungspreis 1996 & 1998. **PARTNER:** Hochschulverbund Virtuelle Fachhochschule (VFH) Autodesk Trainingscenter, Microsoft Certified Solution Provider.

Broschüre Studium „Gamedesign"

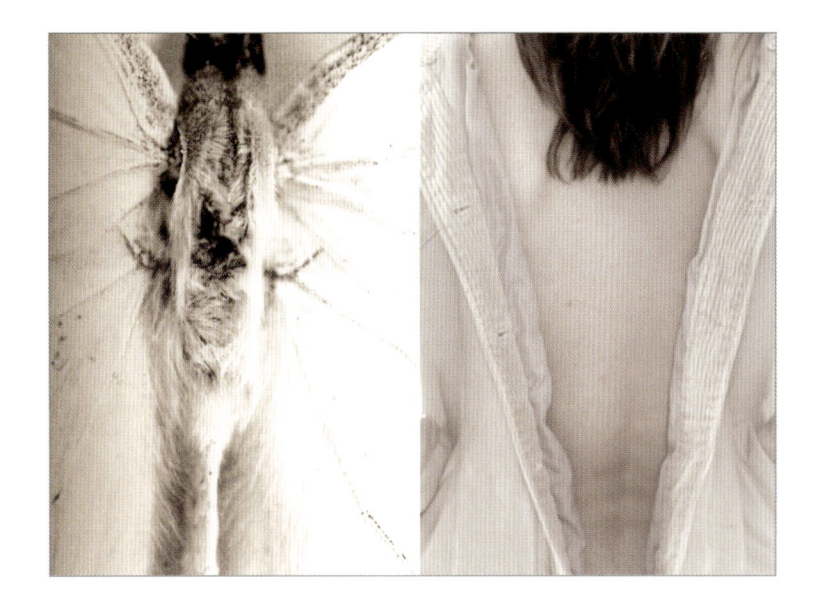

STÄDTISCHE BERUFSFACHSCHULE FÜR GRAFIK UND WERBUNG Pranckhstraße 2, 80335 München, Tel.: +49/89/23 33 57 98, Fax: +49/89/23 33 58 00, www.senefelder.musin.de **AUSBILDUNG:** Dreijährige Vollzeitausbildung zum/r Werbe- und Kommunikationsgrafiker/in. **AUFNAHME:** Mittlerer Schulabschluß, Vorlage einer Mappe mit Arbeitsproben, Aufnahmeprüfung. Es können 22 Schüler/innen pro Jahr aufgenommen werden. **DIE SCHULE:** Gute Gestaltung hat bei uns eine fast 100jährige Tradition: Namhafte Typografen und Gestalter wie Renner, Tschichold, Trump, Post und Luidl haben die Ausbildung an der Schule in den frühen Jahren geprägt. Aus diesem Verständnis heraus bieten wir eine Ausbildung, die fundiertes Grundlagenwissen und „klassisches Handwerkszeug" mit neuesten Gestaltungsansätzen und modernster Technik zu verbinden versucht. Unsere Schüler/innen werden in Zeichnen und Typografie ausgebildet, sie arbeiten im Fotostudio mit digitalen Kameras, realisieren ihre Entwürfe am Mac-Rechner und werden umfangreich in Marketingkonzepte und Produktionswissen eingeführt. **PROJEKTE:** Die Ausbildung wird ab dem zweiten Ausbildungsjahr mit realen Projekten wie Wettbewerbsteilnahmen, schulinternen Gestaltungsaufträgen ergänzt. **ABSCHLUSS:** Die Ausbildung endet mit einer über drei Monate erarbeiteten Abschlussarbeit, die in der Öffentlichkeit präsentiert wird, sowie einer Abschlussprüfung zum/r staatlich geprüften Werbe- und Kommunikationsgrafiker/in.

UNTERNEHMENDESIGNSIGNALEAUSBAYERN

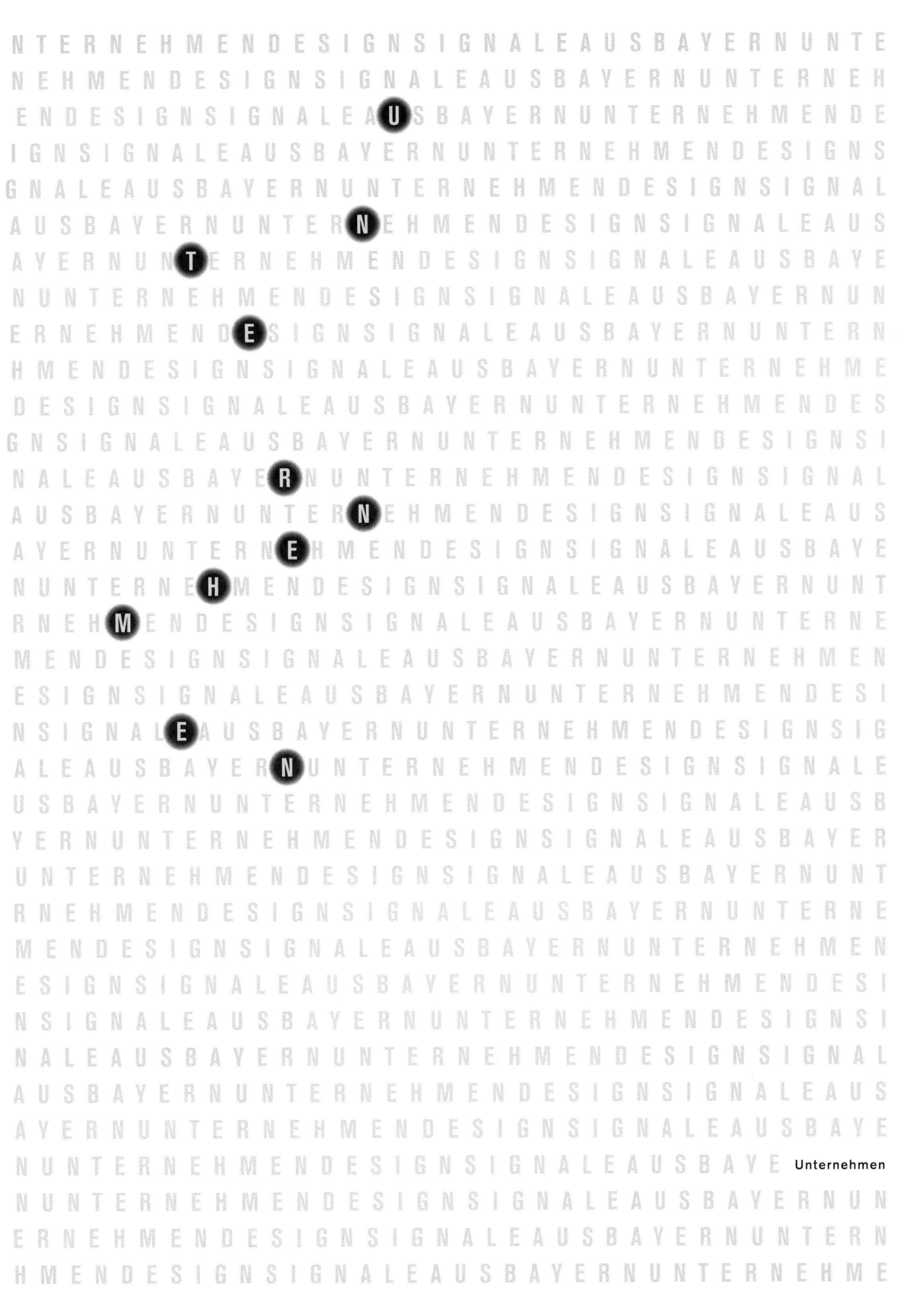

Unternehmen

AML LICHT + DESIGN GMBH Steinstraße 19, 81667 München,
Tel.: +49/89/44 77 86-30, Fax: +49/89/44 77 86-39,
E-Mail: info@axelmeiselicht.de, www.axelmeiselicht.de
GRÜNDUNGSJAHR: 1990. **MITARBEITER:** 12
GESCHÄFTSBEREICHE: Design, Vertrieb

Light is evolution. Am Anfang stand die Idee, Form und Funktion in einer puristischen Tischleuchte zu vereinen, die erstmalig 1987 auf der Frankfurter Frühjahrsmesse präsentiert wurde. Basierend auf diesem Gedanken entstand eine Leuchtenkollektion, die seitdem kontinuierlich ausgebaut und weiterentwickelt wurde. Heute vertreibt die Firma axelmeiselicht europaweit hochwertige Leuchten und Leuchtensysteme für den Wohn- und Objektbereich.

Mit dem Sitz in einem malerischen Hinterhof in Haidhausen, einem der schönsten und ältesten Vierteln der bayrischen Landeshauptstadt, steuert das Team die Bereiche Design, Vertrieb, Strategie und Marketing – und bereitet den Sprung auf die anderen Kontinente vor.

Hinter dem Münchner Unternehmen für gutes Licht steht ein Mann, der seit über zwei Jahrzehnten Akzente setzt im Bereich Leuchtendesign. Axel Meise ist Produktdesigner, Lichtplaner und Unternehmer in einem. Er und sein Team haben sich in allen Bereichen höchster Qualität und Perfektion verschrieben.

Konsequent orientiert er sich an den Bedürfnissen seiner Kunden und den Anforderungen des Marktes. Denn nur so ist zu erklären, dass sich axelmeiselicht mit OCCHIO im umkämpften Designleuchtenmarkt als attraktive Premium-Marke etabliert hat.

OCCHIO ist das erste wirklich modulare Leuchtensystem für den Wohn- und den Projektbereich. Leuchtenarme für den Tisch, den Boden, die Wand oder als Pendel von der Decke können mit verschiedenen Köpfen kombiniert werden. Unterschiedliche Lichtcharakteristika sind so vom Nutzer mit Hilfe eines intelligenten Federmechanismus spielend einfach zu realisieren.

Für den Wohnbereich bietet axelmeiselicht mit OCCHIO eine multifunktionale Lösung mit hohen Ansprüchen an Qualität und Design. Mühelos können die Lichtsituationen dem jeweiligen Ambiente angepasst werden.

Im Objektbereich ermöglicht OCCHIO dem Planer, seine Raum-Licht-Konzepte unter Verwendung dieses umfassenden modularen Leuchtensystems durchgängig und im Erscheinungsbild stringent umzusetzen.

„Gemäß unserer Philosophie möchten wir die Menschen in unterschiedlichsten Wohn- und Lebenssituationen mit OCCHIO inspirieren und sie langfristig begleiten", erläutert Axel Meise. „Das System ist so konzipiert, dass es für fast alle Anwendungsbereiche stilistisch und ästhetisch durchgängige Lösungen bietet."

Mit dem OCCHIO Studio in München hat axelmeiselicht einen Steinwurf vom Sitz des Unternehmens entfernt ein weiteres „Highlight" geschaffen. Hier wird das Leuchtensystem sinnlich erfahrbar und lädt ein, sich näher damit auseinander zu setzen. Weitere OCCHIO Studios sind europaweit in Planung und unterstützen die Fachhandelspartner bei der Inszenierung des Produktes.

Dass gutes Design auch anerkannt wird, zeigen die Auszeichnungen für axelmeiselicht und OCCHIO. Im Jahre 2000 erhielt die OCCHIO-Serie die DesignPlus Auszeichung, 2001 folgte der RedDot-Award für gutes Design. 2003 gewannen die OCCHIO Imagemedien den DDC Award und den IF Preis.

BULTHAUP GMBH & CO. KG

Durch die Reduktion auf das Wesentliche, ästhetischen Minimalismus, hohe Qualität und den Einsatz sinnlicher Materialien mit dem ständigen Augenmerk auf Funktionalität und Ergonomie schafft bulthaup individuelle Raumlösungen und leistet so einen kulturellen Beitrag für die Lebensqualität seiner Kunden. Die Küche wird zum Lebensraum!

Angefangen hat alles 1949, als Martin Bulthaup die Martin Bulthaup Möbelfabrik in Bodenkirchen gründete. Umsatzschlager damals waren Bufetts in Fichte natur, Olivesche und Schleiflack mit einer Spezialität – handgenähten Vorhängen hinter Glas. In den 60ern entsteht der Küchenblock „Stil 75", eine Aufsatzküche, die eine Weiterentwicklung des Buffets darstellt. Außerdem werden erstmals unempfindliche genarbte Oberflächen eingesetzt, die das Modell „Struktur" zum Umsatzrenner werden lassen.

Innovationsführer in der Küchenbranche wird bulthaup in den 70ern mit dem Küchenkonzept „C12", einem zukunftsweisenden Beitrag zur modernen Einbauküche. Das Besondere ist eine ungewöhnlich sachliche, moderne Formensprache und ein bestechend intelligentes Montagekonzept. In den 80ern realisiert bulthaup mit dem „system b" den modularen Systemgedanken im 5-cm-Raster und vereinigt die Vorteile von „C12" und „N-Programm". Otl Aicher erstellt unter dem Titel „Die Küche zum

BULTHAUP GMBH & CO. KG 84153 Aich, Tel.: +49/8741/80-0, Fax: +49/8741/80-309, E-Mail: info@bulthaup.com, www.bulthaup.com **GRÜNDUNGSJAHR:** 1949 **MITARBEITER:** 600. **GESCHÄFTSFELDER:** Produkte für Küche und Lebensraum

Kochen – Das Ende einer Architekturdoktrin" für bulthaup eine Studie, die zum Klassiker und Bestseller wurde. Diese Studie begründet eine völlig neue Küchenphilosophie und setzt einen Kreativschub bei Designern und Küchenplanern frei.

1992 stellt bulthaup das system 25 von Herbert H. Schultes vor. Ergonomie, Funktion, Qualität und ehrliche, ökologisch vertretbare Materialien sind Maßstab der Formensprache. Prägendes Element ist die Strukturierung der Funktionen der Küche über die Oberflächen. Alle Fronten, deren Oberflächen 25 mm stark sind, können ausgetauscht werden und werden in Holz, Glas oder Metall angeboten. So entsteht eine Lebendigkeit über die Oberflächen, die nie zu modischem Schnick-Schnack verkommt.

Herbert H. Schultes verfolgte für bulthaup zielstrebig das Konzept der mobilen Küche. Das bulthaup system 20 ist die ideale Lösung für Einrichtungs-Einsteiger und -Fortgeschrittene. Ganz gleich, wie und wo system 20 eingesetzt wird – es erfüllt immer und bis in jedes Detail höchste Qualitätsansprüche. Die tragende Struktur der Elemente besteht aus einer speziellen bulthaup-Aluminiumlegierung und Edelstahl, die sich entsprechend ihrer statischen Funktion ideal ergänzen. Ein besonderes Detail ist der Pylon. Er ist der tragende Beweis für die Einheit von Form und Funktion. Die einzigartige Lösung, eine Fläche mit einem runden Fuß zu verbinden, gibt den Elementen ihren Charakter und ist überaus stabil. So wie sich die Elemente von system 20 in der Kombination ergänzen, bilden auch die verwendeten Materialien ein funktionales und ästhetisches Zusammenspiel.

Die Qualität von bulthaup Produkten hat ein System. Sie entstehen in einem Fertigungsprozess, der weit vor der Herstellung beginnt und mit dem Einbau noch nicht zu Ende ist. Den Anfang bildet das Holz. Der zentrale Werkstoff wird mit extremer Sorgfalt ausgewählt und kontrolliert. Es werden keine Tropenhölzer verwendet, und es kommen nur Anbauregionen in Betracht, in denen nachhaltig gewirtschaftet wird. Denn wer mit natürlichen Materialien arbeitet, weiß die Natur zu schätzen und auch zu schützen.

Ein großer Schwerpunkt in der Fertigung liegt einerseits auf dem durchgängigen Design und andererseits auf Forschung und Entwicklung für eine durchgängige Funktionskultur. So überwacht ein Designberater alle Elemente hinsichtlich ihrer Kompatibilität. Jedes Element ist in sich stimmig und kann beliebig mit anderen kombiniert werden. In der Entwicklung von neuen Produkten arbeitet bulthaup interdisziplinär mit Spezialisten und Wissenschaftlern zusammen.

bulthaup liefert Produkte in die ganze Welt. Dies bedeutet, dass neben individuellen Wünschen in verschiedenen Kulturräumen auch die physikalischen Anforderungen in allen Klimazonen berücksichtigt werden müssen. Für die gleich bleibend hohe Qualität hat bulthaup einen Standard etabliert, der in jedem Detail weit über die Küchenmöbelnorm hinausgeht.

bulthaup wird sich verstärkt mit Light Design auseinandersetzen und weiter dem Minimalismus zuwenden, doch werden die Küchen immer zeitlos und klassisch sein und nie modisch.

In diesem Sinne werden auch die Tugenden, die von Otl Aicher immer gepredigt wurden, in der bulthaup-Formen- und Oberflächensprache mehr und mehr verstärkt. Otl Aicher sagte: „Die einzigen Farben, die in einer Küche ins Spiel gebracht werden, sind die Produkte wie Obst, Gemüse, Fleisch und Fisch." Die Küche einer Wohnung ist der Ruhepol, an dem der Mensch sich wohlfühlen soll nach den vielen Reizüberflutungen der Umwelt im Alltag. Eine Küche ist eine Bühne, auf der die Hauptdarsteller Mensch und Food agieren.

156/157 DAUPHIN HUMANDESIGN GROUP GMBH & CO. KG

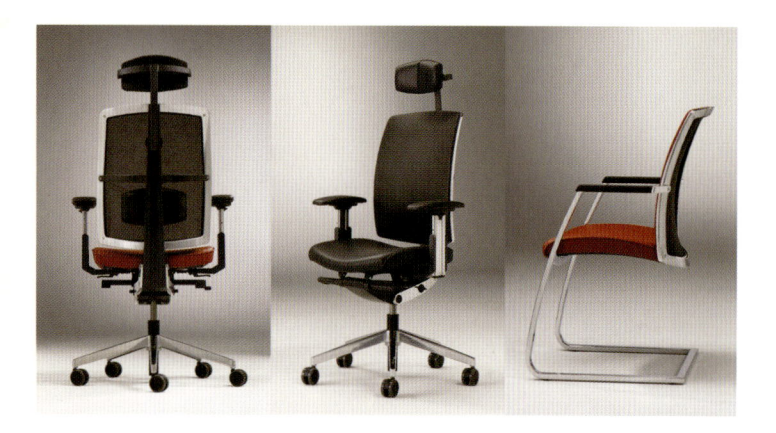

DAUPHIN HUMANDESIGN GROUP GMBH & CO. KG

Espanstraße 36, 91238 Offenhausen, Tel.: +49/9158/17-950,
Fax: +49/9158/17-787, E-Mail: info@dauphin-group.com,
www.dauphin-group.com GRÜNDUNGSJAHR: 1969
(Bürositzmöbelfabrik F.-W. Dauphin). MITARBEITER: 750

„Wir glauben an gutes Design. Design darf unserem Verständnis nach nicht reiner Selbstzweck sein. Wir sind überzeugt, dass gutes Design immer auch ergonomisch sinnvoll und funktional sein muss – einwandfreie Qualität ist hierbei selbstverständlich. Die Erscheinung unserer Produkte, unserer Kommunikation und unseres eigenen Umfeldes gehorcht deshalb hohen gestalterischen Ansprüchen. In diesem Sinne ist Design für uns ein bedeutungsvoller Wert in sich." Soweit die Grundsätze der Dauphin-Gruppe.

Die Dauphin HumanDesign Group bietet ihren Kunden Office-Kompetenz aus einer Hand. Vor dem Hintergrund einer ganzheitlichen HumanDesign-Philosophie schafft die Gruppe ergonomische Arbeitswelten für Menschen im 21. Jahrhundert. Im Mittelpunkt stehen dabei die hochwertigen Stuhlprogramme der Marken Dauphin und Züco sowie das junge Programm von Trend Office einerseits und die modernen, durchdachten Raumgestaltungs- und Büromöbelsysteme von Bosse andererseits. Das Resultat ist ein nahezu einzigartiges Komplettangebot zur Gestaltung zeitgemäßer, nutzerorientierter Bürolandschaften mit System. Denn: Der Arbeitsplatz ist keine Einzelteilesammlung, sondern muss eine harmonische Einheit bilden – dafür möchte die Dauphin HumanDesign Group Produkte und Lösungen anbieten.

Zur Firmen-Philosophie passt auch die Eröffnung des eigenen Oldtimer-Museums in einem alten Fabrikgebäude in Hersbruck. Die geschäftsführende Gesellschafterin, Elke Dauphin, war federführend bei der Verbindung der markanten 60er-Jahre-Architektur mit modernen Designelementen. Das Spiel mit Glas und Licht ist bestens geeignet, die prächtige Privatsammlung der Dauphins, die aus rund 110 altehrwürdigen Autos und ebenso vielen nostalgischen Motorrädern besteht, gebührend in Szene zu setzen. Neben Schönheit besticht die – nun auch der Öffentlichkeit zugänglich gemachte – Kollektion durch ihre Geschichtsträchtigkeit, die insbesondere die Entwicklung europäischer Traditionsmarken im Bereich der Renn- und Sportwagen perfekt präsentiert.

158/159 KERMI GMBH

KERMI GMBH Pankofen-Bahnhof 1, 94447 Plattling,
Tel.: +49/9931/501-0, Fax: +49/9931/30 75,
E-Mail: info@kermi.de, www.kermi.de
GRÜNDUNGSJAHR: 1960. **MITARBEITER:** 1300
GESCHÄFTSFELDER: Heizkörper, Duschkabinen, Flächenheizungen

Zwei wichtige Eckpfeiler des Unternehmenserfolges von Kermi sind die Orientierung an den Verbraucher- und Marktbedürfnissen sowie faire, partnerschaftliche Geschäftsbeziehungen. Mit dieser Philosophie positioniert sich das Unternehmen unter den umsatzstärksten Firmen im deutschen Heizkörper- und Duschkabinenmarkt.

Seinen Erfolg verdankt Kermi einer ständigen innovativen Weiterentwicklung seines Produktportfolios. Innerhalb der einzelnen Produktprogramme setzen neue Produkte von Kermi mit technischen Innovationen und aussergewöhnlichem Design immer wieder Trends am Markt.

Durch neueste Technologien bei der Fertigung, erfahrenes Fachpersonal und ständige Prozesskontrolle erreicht Kermi bei seinen Produkten höchste Qualität. Die Produkte besitzen in zahlreichen europäischen Ländern Zertifizierungen.

Sowohl die Fertigungsprozesse als auch die Produkte werden höchsten Umweltanforderungen gerecht. So werden zum Beispiel bei allen Produkten nur lösungsmittelfreie Lackierfarben verwendet. Das Unternehmen engagiert sich darüber hinaus als Mitglied im Umweltpakt Bayern für nachhaltige Entwicklung.

Ebenso wichtig wie die Qualität ist für Kermi die Nähe zu Kunden und Marktpartnern. Eine hochentwickelte Produktionslogistik erlaubt es, flexibel auch individuelle Kundenaufträge zu bedienen und verschiedene Produktgrößen und -farben in kleinen Stückzahlen und kurzen Lieferzeiten anbieten zu können. Zum Service gehört in Deutschland ein flächendeckender Außen- und Kundendienst sowie der firmeneigene Fuhrpark. Logistische Vernetzung und rationeller Einsatz der modernen Transportflotte sorgen für sicheren Transport und garantierte Liefertermine beim Kunden.

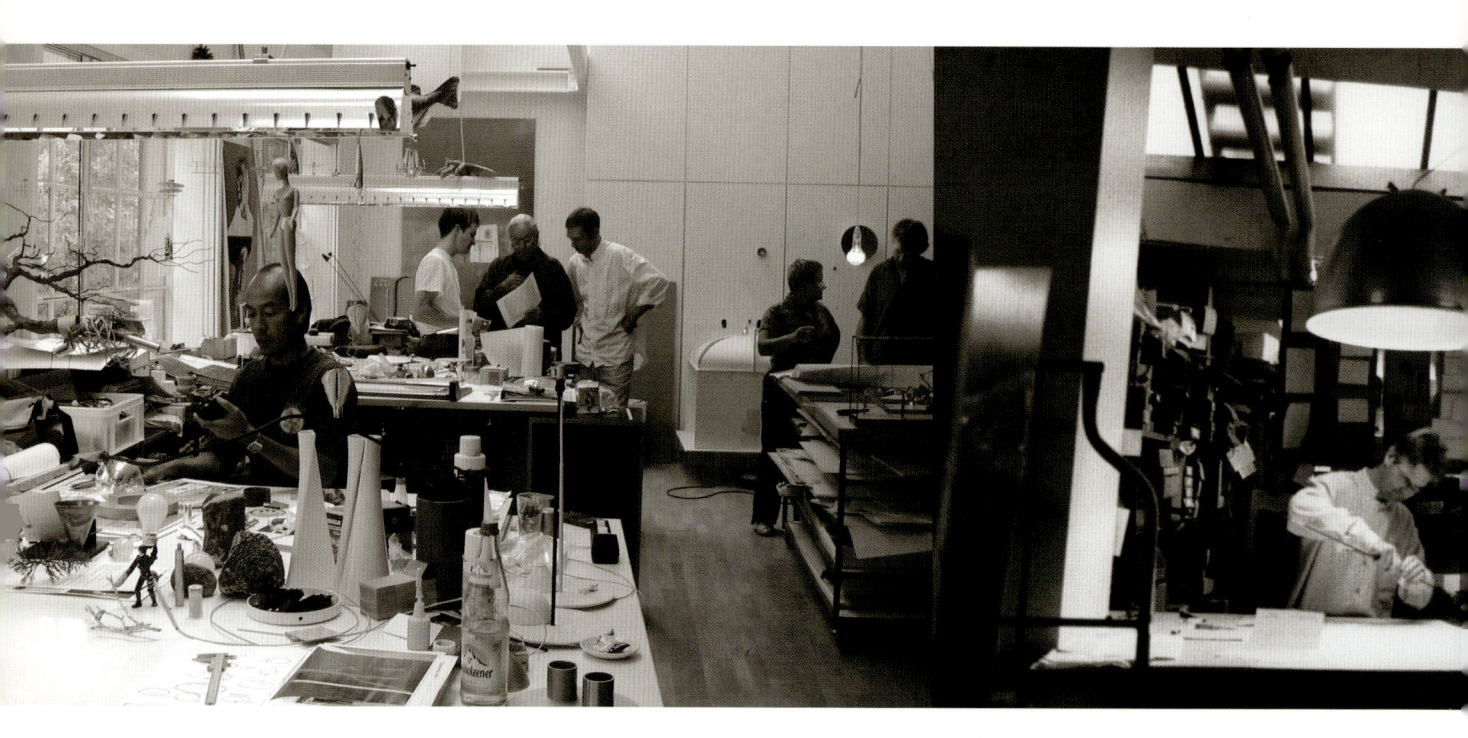

INGO MAURER GMBH Kaiserstraße 47, 80801 München,
Tel.:+49/89/38 16 06-0, Fax: +49/89/38 16 06-20,
E-Mail: info@ingo-maurer.com, www.ingo-maurer.com
GRÜNDUNGSJAHR: 1966

Kein anderer Designer hat sich dem Gestalten von und mit Licht so konsequent und hingebungsvoll verschrieben wie Ingo Maurer. Bis heute hat er mehr als 120 verschiedene Leuchten und Lichtsysteme entworfen, zahlreiche Ausstellungen mit seinen Installationen verzaubert und eine Vielzahl öffentlicher Bauten und Privathäuser kunstvoll illuminiert.

Auslöser für die Karriere des Autodidakten war seine Faszination für die Glühlampe als „perfekte Verbindung von Technik und Poesie". Beflügelt von der Pop-Art, entwarf er „Bulb" (1966), eine Tischleuchte in Form einer riesigen Glühlampe und eine Hommage an Edisons geniale Erfindung. Auch mit späteren Entwürfen wie der programmatischen „No fuss" (1969) oder der elegant-einfachen „Savoie" (1979, mit Donato Savoie), feierte Maurer die schlichte Schönheit der unverhüllten Glühlampe. „Lucellino" (1992), die Lampe mit den Engelsflügeln aus Gänsefedern.

Maurers Schaffen zeichnet eine ungeheure Vielseitigkeit aus. Design ist für ihn eine fröhliche Wissenschaft, für die er sich oft von Alltagsgegenständen inspirieren lässt. Für die Tischleuchte „Bibibibi" (1982) entdeckte er in einem Supermarkt rote Vogelbeine aus Plastik; „Mozzkito" (1996) basiert auf einem handelsüblichen Teesieb, in welches eine Halogenlampe eingepasst wurde; und der Lüster „Porca Miseria!" (1994) lässt mit seiner Collage aus weißen Keramikscherben an eine Explosion im Geschirrschrank denken.

Eher zurückhaltend, mitunter fast poetisch, muten hingegen die Leuchten aus Papier an. Ein Werkstoff, den der gelernte Typograph als Lichtfilter und -reflektor schätzen gelernt hat und mit dem er seit den 1970er Jahren immer wieder arbeitet und experimentiert. Davon zeugen die Tischleuchte „Lampampe" (1980), mit Schirm und Fuß aus durchscheinendem Japanpapier, ebenso wie „Zettel'z" (1997), die von zahlreichen weißen Blättern beschirmt wird, welche teilweise bedruckt sind oder nach Belieben beschriftet und gestaltet werden können. Einen angenehm warmen Lichtschein erzeugen auch die „MaMo Nouchies" (1998), eine von Maurer (Ma) gemeinsam mit Dagmar Mombach (Mo) entwickelte Leuchten-Serie, die an Isamu Noguchis (Nouchie) Akaris erinnnert, aber doch ihre ganz eigene Ausstrahlung besitzt.

INGO MAURER GMBH

Auf eine traditionelle japanische Textilfärbetechnik zurückgreifend, werden die skulpturalen Lampenschirme aus gefaltetem Papier in bis zu acht Arbeitsgängen handgefertigt.

Viele dieser außergewöhnlichen Leuchten konnten wohl überhaupt nur verwirklicht werden, weil Maurer nicht nur selbst entwirft, sondern in seiner Münchener Manufaktur auch alles selbst produziert. Die eigene Entwicklungsabteilung, intern schlicht Designerei genannt, ermöglicht es Maurer zudem, auch in technischer Hinsicht oft seiner Zeit voraus zu sein. So führte das Unternehmen 1984 das auf Niedervolttechnik basierende Lichtsystem „YaYaHo" ein. Auf zwei im Raum gespannten stromführenden Kabeln erlaubt es die beliebige Kombination von Halogenlampen und bietet somit unter Reduzierung auf das Wesentliche ein Maximum an Flexibilität. Das zwei Jahre später von Hermann Kovacs für die Ingo Maurer GmbH entwickelte TouchTronicSystem ermöglichte fortan das stufenlose Dimmen allein durch Berührung.

So wie die früher nur bei Autoscheinwerfern eingesetzte Halogenlampe seit den 1970er Jahren das Leuchtendesign revolutioniert und den Wohnbereich im Sturm erobert hat, gehört heute vielleicht der LED-Technik (Light Emitting Diodes) die Zukunft. Denn Leuchtdioden sind klein, robust, sowie äußerst effizient und langlebig. Wieder ist Ingo Maurer mit „La Bellissima Brutta" (1997) einer der ersten, die dieses Potenzial erkannt haben. Entsprechend spielt die kühle Ästhetik von „Yoohoodoo" (1999), „Stardust" (2000) oder „El.E.Dee" (2001) mit dem Experimentalcharakter der zukunftsweisenden Technik.

Seit den 1990er Jahren entwickelt Maurer, dem selbst das Museum of Modern Art bereits eine Ausstellung widmete, immer häufiger komplette Beleuchtungskonzepte für private und öffentliche Auftraggeber. Für die Beleuchtung des U-Bahnhofs am Münchener Westfriedhof (1998) schuf er Deckenleuchten in Form riesiger Kuppeln aus Aluminium, deren verschiedenfarbig lackierte Innenseiten dem Licht eine einzigartige Tönung verleihen. Zuvor hatte er gemeinsam mit seinem Freund Ron Arad das Tel Aviv Opera House illuminiert (1994). Unter einem Himmel scheinbar schwebender, kleiner farbiger Segel setzte Maurer eine Pariser Modenschau Issey Miyakes ins rechte Licht (1999). Im gleichen Jahr ließ der Lichtkünstler den Londoner Showroom des Modemachers unter einer filigranen Wolke aus hunderten von silbernen Blättern erstrahlen, die das Licht reflektieren und bei jedem Luftzug zu flirren beginnen. 2003 wurde Maurer mit dem Design Excellence Award des Philadelphia Museum of Art geehrt.

MÜNCHENER RÜCKVERSICHERUNGS-GESELLSCHAFT
Zentralbereich Unternehmenskommunikation Königinstraße 107,
80802 München, Tel.: +49/89/38 91-0, Fax: +49/89/39 90 56,
E-Mail: feedback@munichre.com, www.munichre.com
GRÜNDUNGSJAHR: 1880. MITARBEITER: 6100 weltweit

Kunst, Architektur und Design sind bei der Münchener Rück eng miteinander verbunden. Sie sind Ausdruck von Qualität und Authentizität des Unternehmens.

Spätestens 1995 – mit der Aufstellung von Jonathan Borofskys „Walking Man" vor dem damals neu errichteten Geschäftsgebäude an der Leopoldstraße – ist das Kunstengagement der Münchener Rück ins Bewusstsein der Öffentlichkeit getreten. Die Auseinandersetzung mit Kunst hat in der Münchener Rück jedoch eine lange Tradition, die mit der Entstehung des Hauptgebäudes an der Königinstraße in den Jahren 1912/1913 ihren Anfang nahm.

Carl von Thieme, der die Münchener Rück 1880 gründete, war ein großer Kunstliebhaber, der mehrere zeitgenössische Künstler, darunter Reinhold Max Eichler und Fritz Erler, mit der Ausgestaltung des repräsentativen Gebäudes beauftragte. Dabei wurden bereits existierende Kunstwerke erworben, vor allem aber ortsspezifische Aufträge vergeben. Auch heute noch werden Künstler in die gestalterischen Überlegungen der Baumaßnahmen mit einbezogen. Ein besonderes Beispiel hierfür ist das unterirdische Passagensystem, das derzeit zehn Geschäftsgebäude in München-Schwabing miteinander verbindet. Kunst und Architektur sind hier eine einzigartige Symbiose eingegangen. Internationale Künstler wie James Turrell, Keith Sonnier, Maurizio Nannucci und Angela Bulloch haben zum Thema Licht in ihrer jeweiligen Ausdrucksform Zeichen gesetzt und zur Unverwechselbarkeit dieser Wegstrecken beigetragen.

Ein Anliegen der Münchener Rück ist es, das Sammeln von Kunstwerken und deren konzeptionelle Integration mit der Vision und dem Selbstverständnis des Unternehmens in Einklang zu bringen. Denn ein Unternehmen wird von seinen Mitarbeitern, seinen Kunden, aber auch von der allgemeinen Öffentlichkeit gleichsam als Persönlichkeit wahrgenommen, wobei Kunstwerke das „Gesicht" eines Hauses, den Sympathiewert und sein Image entscheidend prägen.

Die Kunst in der Münchener Rück steht für Offenheit gegenüber Neuem und spiegelt das gesellschaftspolitische Engagement und die Bereitschaft wider, sich mit geistigen und ästhetischen Strömungen der jeweiligen Zeit auseinander zu setzen.

Auch das Design der Münchener Rück zeigt die Kraft der Marke, die Finanzkraft, das Wissen, die Partnerschaft zu Mitarbeitern und Kunden, die Tradition, die Werte und die Geschichte des Unternehmens. Es spiegelt sich in allen Botschaften wider, die an die Öffentlichkeit dringen und von allen Zielgruppen visuell wahrnehmbar sind. So entstand ein stringentes, konsequentes und kraftvolles Erscheinungsbild, das sehr funktionsorientiert eingesetzt wird.

Der Zentralbereich Unternehmenskommunikation der Münchener Rück steuert die Kommunikation zu den Mitarbeitern und den Kunden.

Basis sind Kommunikationskonzepte mit klaren Botschaften und Inhalten, die in enger Zusammenarbeit mit den Geschäftsbereichen entwickelt und an die Zielgruppen über diverse Medien kommuniziert werden.

Insbesondere die in der Unternehmenskommunikation beheimateten Bereiche Kultur & Gesellschaft (mit den Aspekten Kunst und Architektur) sowie Gestaltung prägen entscheidend die verschiedenen Facetten der CI.

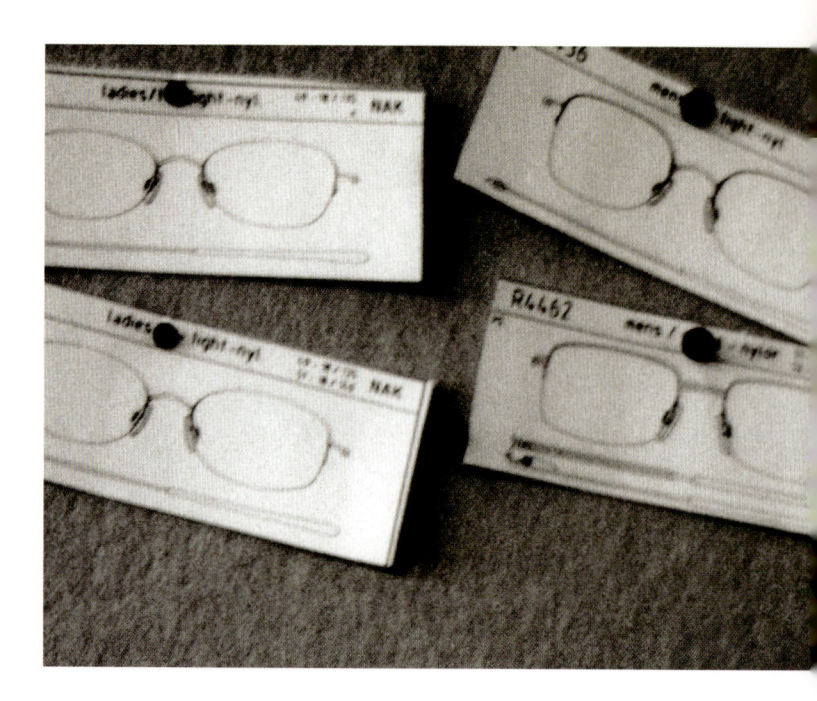

RODENSTOCK GMBH Isartalstraße 43, 80469 München,
Tel.: +49/89/72 02-0, Fax: +49/89/72 02-629, www.rodenstock.de
GRÜNDUNGSJAHR: 1877. **MITARBEITER:** ca. 5000 weltweit

Design für Persönlichkeit. Rodenstock gestaltet und fertigt seit über 125 Jahren Brillen für Menschen, die sich zu ihrer Brille bekennen und in ihr ein Ausdrucksmittel für ihre Persönlichkeit sehen. Der Träger einer Rodenstock-Brille hat sich bewusst für diese Marke entschieden, um sich die von allen gewünschte soziale Akzeptanz mit eben dieser Brille zu schaffen oder zu erhalten. Für diese Menschen ist die Brille mit Genuss und Lebensfreude verbunden.

Mit der strategischen Entscheidung, Brillen im wesentlichen für diesen Kundenkreis anzubieten, ist ein Verzicht auf Langeweile oder übertrieben modisch-flippiges Design verbunden.

Der professionelle Umgang mit der Gestaltung auf der Basis dieser Kundenpräferenzen führte in der Vergangenheit zu immer leichteren Brillen mit hohem Tragekomfort. Schlichtes, ja oftmals reduziertes Design – nach dem Motto „weniger ist mehr" – ist dabei ein gutes Rezept. Auch das Erkennen und Befolgen der Zusammenhänge zwischen Form- und Sinngebung ist ein Erfolgsfaktor im Designprozess von Rodenstock.

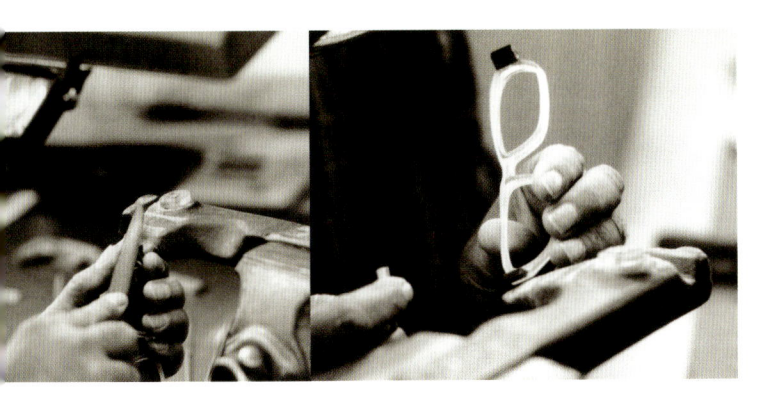

Design drückt sich nach dem Verständnis von Randolf Rodenstock auch in der Marke, im Umgang mit ihr und in der gesamten Corporate Identity aus. Design ist Bestandteil des alltäglichen Rodenstock-Lebens.

Rodenstocks Erfolg mit Design liegt zu einem großen Teil darin, dass Rodenstock das Thema Design als Bestandteil seiner Unternehmensstrategie betrachtet. Dies bedeutet bereichsübergreifendes Agieren und Kommunizieren, Vernetzung verschiedenster, auch nicht ursächlich mit der Gestaltung befasster Bereiche.

Rodenstock hat sich unverwechselbar bei Brillengläsern und Brillenfassungen als Marktführer in Deutschland positioniert, weil entsprechend dem apollinischen Leitgedanken „Erkenne Dich selbst" individuelle Persönlichkeitsmerkmale herausgearbeitet wurden.

Die Persönlichkeitsmerkmale des Unternehmens Rodenstock sind einzigartig, nicht austauschbar und von dauerhafter Gültigkeit. Mit dieser klaren Entscheidung wurde ein Orientierungsrahmen geschaffen, der ein adäquates Handeln im Sinne der Unternehmens-Identität ermöglicht – auch im Design.

Diese Persönlichkeitsmerkmale bilden die Grundlage für das Unternehmens-Profil. Rodenstock hat sieben Wesenseigenschaften herausgearbeite, die in der Unternehmens-Identität realisiert werden: 1. Was von Rodenstock kommt, ist sinnvoll. 2. Rodenstock ist initiativ. 3. Rodenstock verpflichtet sich zu qualitätsvollen Arbeitsergebnissen. 4. Rodenstock ist vertrauenswürdig. 5. Rodenstock macht sich verständlich. 6. Rodenstock ist marktoffensiv. 7. Rodenstock ist eigenständig.

ROSENTHAL AG

v.l.n.r.:
„Moon", Design: Jasper Morrison
„Quadrondo", Design: Erwin Nagel
„Tablewear", Design: Platt & Young
„TAC 1", Design: Walter Gropius/TAC
„Coup", Design: Konstantin Grcic

Impressionen aus dem Rosenthal Creative Center v.l.n.r.: Dekorentwerfer Adolf Hudler; Designmanagerin Constance Kristiansen im Abstimmungsgespräch mit Designer Stefan Diez;

ROSENTHAL AG Philip Rosenthal Platz 1, 95100 Selb,
Tel.: +49/9287/72-0, Fax: +49/9287/72-225,
E-Mail: info@rosenthal.de, www.rosenthal.de
GRÜNDUNGSJAHR: 1879. **MITARBEITER:** 2159

Stete Innovation durch zeitgemäßes Design. Zeitgemäßes und innovatives Design ist für den oberfränkischen Porzellanhersteller Rosenthal, der in 2004 sein 125-jähriges Bestehen feiert, das wichtigste Differenzierungsmerkmal und Kern einer außergewöhnlichen Unternehmenshistorie. Philip Rosenthal setzte zu Beginn der 50er Jahre als erster der gesamten Branche konsequent auf zeitgemäßes Produktdesign und holte führende Gestalter aus dem In- und Ausland nach Selb. Seitdem haben über 150 international anerkannte Gestalter Kollektionen für Rosenthal entwickelt, unter ihnen Richard Latham/Raymond Loewy, Tapio Wirkkala, Björn Wiinblad, Mario Bellini, Ron Arad, Enzo Mari oder Jasper Morrison, Michael Young und Konstantin Grcic. Seit 1961 besteht die Rosenthal studio-line als hochwertige Marke für avantgardistisches Design. Über 400 Designauszeichnungen und Referenzen in namhaften Museen belegen seither die hohe Designkompetenz und -führerschaft der Rosenthal AG.

Rosenthal, der Pionier für modernes Design, entwickelte sich im Laufe der Jahrzehnte zu einem Lifestyle-Anbieter, dessen umfangreiches Produktspektrum alle Bereiche des Wohnens – von Küchenaccessoires über den gedeckten Tisch bis hin zu Textilien, Fließen und Möbeln – abdeckt. Verbindende Elemente aller Rosenthal-Produkte sind der hohe Anspruch an die Qualität und zeitgemäße Gestaltung der Produkte sowie eine einheitliche Kommunikation. Einen besonderen Stellenwert genießt die Zusammenarbeit mit bildenden Künstlern, u.a. Henry Moore, Roy Lichtenstein oder Salvador Dali, deren Werke von Rosenthal als limitierte Porzellan- und Glaseditionen aufgelegt werden. Im Sinne einer ganzheitlichen Unternehmenskultur haben auch namhafte Architekten wie Walter Gropius, Marcello Morandini, Friedensreich Hundertwasser, Victor Vasarely oder Otto Piene Gebäude für Rosenthal geplant oder gestaltet und damit das Unternehmen geprägt. Die Rosenthal AG ist heute Marktführer in Deutschland für zeitgemäßes Design in den Bereichen Tabletop, Home Interiors und Gifting.

Modelleure Ralf Wunderlich und Horst Saaltrank; Designer Robin Platt im Gespräch mit Robert Suk, Leiter Produktentwicklung, und Constance Kristiansen

SIEMENS ELECTROGERÄTE GMBH

Designabteilung (MDS) Carl-Wery-Straße 34,
81739 München, Tel.: +49/89/45 90-23 87,
Fax: +49/89/45 90-29 58, E-Mail: gerd.wilsdorf@bshg.com
GRÜNDUNGSJAHR: 1967. MITARBEITER: 13

Die Designabteilung der Siemens Electrogeräte GmbH, München, hatte ihren Sitz seit über 30 Jahren in der Nähe des Rosenheimer Platzes und ist seit 1.1.2004 in der Carl-Wery-Straße 34, Neu-Perlach, ansässig. Die Gruppe ist für das Design der Siemens-Hausgeräte weltweit verantwortlich und betreut ein Umsatzvolumen von ca. 2 Mrd. Euro. Es arbeiten hier acht Produktdesigner und drei Modellbauer. Leiter des Designbereiches ist seit ca. 15 Jahren Gerd E. Wilsdorf.

Das Produktspektrum, welches von hier betreut wird, ist sehr umfangreich. Es gehören dazu: Herde, Backöfen, Gas- und Elektro-Kochfelder, Mikrowellen-Geräte, Dunsthauben, Geschirrspüler, Kühl- und Gefriergeräte, Wascher und Trockner. Das Design-Credo der Siemens Electrogeräte lautet kurz zusammengefasst: Siemens-Design ist modern, aber nicht modisch.

Dahinter steht, dass Siemens es sich nicht leisten kann, nur kurz an der Oberfläche des Zeitgeistes zu schwimmen. Die Produkte müssen ihre inneren Werte formal ehrlich und optisch langlebig dokumentieren. Denn ein Einbauherd ist für einen Haushalt ein Investitionsgut und kein kurzlebiger Konsumartikel. Dementsprechend sind ehrliche Materialien sowie Disziplin und Eindeutigkeit in der Gestaltung die erklärten Ziele des Siemens-Designs. Diese Vorgehensweise wird honoriert, wenn man die stattliche Sammlung von Design-Preisen betrachtet. Darüber hinaus ist es Siemens zum vierten Male in Folge gelungen, beim Ranking: Design den ersten Platz in der Kategorie Haushalt, Küche, Bad zu belegen.

172/173 SWISS RE

SWISS RE Germany AG, Dieselstraße 11,
85774 Unterföhring bei München,
Tel.: +49/89/38 44-0, Fax: +49/89/38 44-22 79,
E-Mail: info.srmuc@swissre.com, www.swissre.com
MITARBEITER: 580

Die Swiss Re-Gruppe ist eine der weltweit führenden und finanzstärksten Rückversicherungen. Sie ist mit mehr als 70 Büros in über 30 Ländern vertreten und beschäftigt rund 8.000 Mitarbeiterinnen und Mitarbeiter. Swiss Re bietet ihren Kunden klassische Rückversicherungsdeckungen, Instrumente des alternativen Risikotransfers und eine breite Palette zusätzlicher Dienstleistungen für ein umfassendes Kapital- und Risikomanagement.

Swiss Re in München ist im Property & Casualty-Geschäft zuständig für die Märkte Deutschland, Österreich, die nordischen und baltischen Länder sowie Zentral- und Osteuropa. Außerdem wird das deutsche Lebensgeschäft von München aus betreut. Mit dem Standort München ist Swiss Re Ireland in Dublin verbunden, ein Risikoträger für spezielle Branchen und Vertragsarten. Daneben bietet Swiss Re in München mit ihren Servicegesellschaften AssTech und ReIntra ein über den Risikotransfer hinausgehendes umfassendes Spektrum an Dienstleistungen zum modernen Risikomanagement an.

Das neue Haus von Swiss Re ist im Sinne von „form follows function follows flow" auf Kommunikation ausgelegt. Das Büroraumkonzept schafft die Voraussetzungen, ungehindert Informationen auszutauschen und Aufgaben konzentriert sowohl in Einzel- als auch in Teamarbeit anzugehen; es bietet kurz gesagt ein kommunikationsförderndes Umfeld. Das Spannungsverhältnis von Kommunikation und Konzentration ist in Balance. Damit sind zentrale Forderungen wie die nach teamorientierten Organisationsformen und einem funktionsfähigen Wissensmanagement verwirklicht.

Die Büroanlage von Swiss Re ist in ihrem Umfeld städtebaulicher Taktgeber: markant und prägend. Über gläserne Fassaden wird die Umgebung einbezogen, beginnend schon im Eingangsbereich und dem sich anschließenden Parallelogramm, das zwei Stockwerke hoch den Innenhof umschließt. Die Konzeption dieses Hauptweges als Rundgang drückt eine grundsätzliche Offenheit aus. Begegnungen sind erwünscht. Aus den vier Ecken des Parallelogramms erheben sich die Erschließungskerne. Sie bilden den Übergang zum Bürobereich der Mitarbeiter mit acht Büro-Units auf zwei Stockwerken je Kern. Die Gesamtanlage ist vielfältig begrünt: die Dachbepflanzung, die Parkgestaltung des gesamten Areals und nicht zuletzt die schwebende, begehbare Hecke, die um den ganzen Gebäudekomplex führt. Die Architektur transportiert den Dialog mit der Umwelt bis zum einzelnen Schreibtisch. Jeder Mitarbeiter hat seinen Platz im Organismus Unternehmen und wird als Partner mit individuellen Bedürfnissen verstanden.

Mit einigem Stolz darf das Unternehmen auf seine Kunstsammlung schauen. Der Grundstock wurde 1975 gelegt. Inzwischen ist eine beachtliche Sammlung daraus geworden: Sie reicht von der klassischen Moderne über Minimalart und Pop-Art bis hin zu jungen, erfolgreichen, zeitgenössischen Künstlern.

VOLA GMBH Schwanthalerstraße 75 a, 80336 München,
Tel.: +49/89/59 99 59-0, Fax: +49/89/59 99 59-90
ÖFFNUNGSZEITEN DER STÄNDIGEN AUSSTELLUNG:
Mo. – Do.: 8.30 – 17.00 Uhr, Fr.: 8.30 – 15.00 Uhr

Vola – Balance zwischen Designtreue und technischem Fortschritt. Die von Professor Arne Jacobsen Ende der sechziger Jahre entwickelte Armaturenlinie Vola ist ein unvergleichbarer Designklassiker mit Kultstatus. Während sich die Sanitärtechnik zu der Zeit ausschließlich auf Funktionalität reduzierte, ohne jeglichen Wert auf die Optik zu legen, eröffnete Vola mit seinem innovativen Konzept der Technik hinter der Wand und der Bedienelemente und des Auslaufes vor der Wand eine neue Ära in der Badgestaltung.

Die Philosophie des dänischen Armaturenherstellers Vola A/S war es von Anbeginn, den Designvorgaben von Arne Jacobsen treu zu bleiben. Weiter entwickelt hat sich das Programm dennoch fortlaufend, wobei das kompromisslose Einhalten höchster Qualitätsstandards für das Unternehmen immer selbstverständlich war und immer bleiben wird. So wurde die Technik der Armaturen den Anforderungen der Zeit sukzessive weiter entwickelt und ist heute ausgereift und auf dem neuesten Stand. Das Vola-Sortiment hat sich in den über 30 Jahren seines Bestehens um vielfältige Anwendungsbereiche erweitert. In 2004 werden Elektronik-Wandarmaturen eingeführt.

Mit der Produktion von Edelstahlprodukten verdeutlichte das Unternehmen in 2000 erneut, welche Innovationskraft in ihm steckt. Das hohe Qualitätsbewusstsein wird durch die Verarbeitung eines massiven Edelstahls erneut dokumentiert. Edelstahl als Material unterstreicht wie kein anderes die puristische Formensprache der Armaturenlinie. Besonders für den Objektbereich eignet sich der Einsatz von Vola-Edelstahl aus Gründen seiner hygienischen Beschaffenheit und seiner Langlebigkeit.

Seit 2003 ist die Vola GmbH, München, bundesweit für den Vertrieb des Vola-Gesamtprogramms zuständig. Auf 150 qm Ausstellungsfläche präsentiert das Unternehmen die ganze Bandbreite des Vola-Programms im puristischen, edlen Ambiente. Das Vola-Sortiment bietet durch das ihm eigene Baukastensystem vielseitige Kombinationsmöglichkeiten und ermöglicht mit einem umfangreichen Angebot an Armaturen und den dazu passenden Sanitär-Accessoires die Ausstattung kompletter Bäder und Küchen.

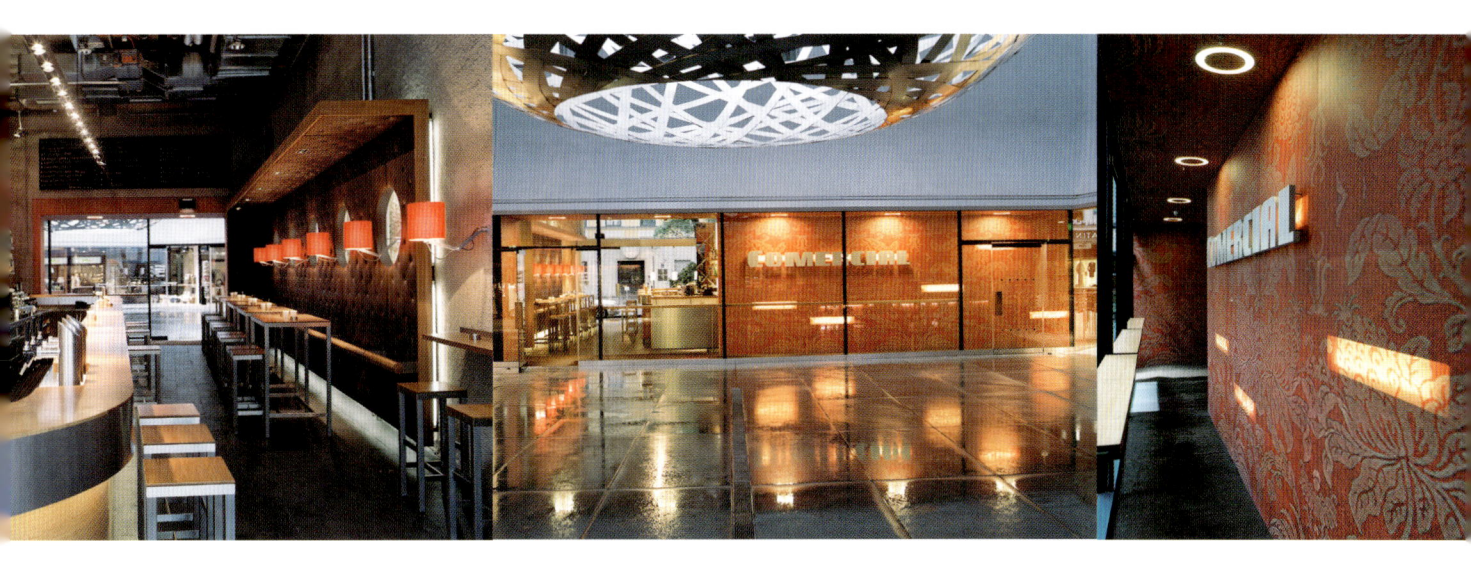

BAR COMERCIAL Theatiner Straße 16 / Fünf Höfe, 80333 München, Tel.: +49/89/20 70 02 66, www.barcomercial.de
ÖFFNUNGSZEITEN: Montag – Samstag 9.00 bis 24.00 Uhr, Sonn- und Feiertag 12.00 bis 20.00 Uhr

Photos: Andreas Pohlmann

Design ist heute zum entscheidenden Marketing- und Wettbewerbsfaktor für Unternehmen geworden. Die meisten Produkte sind qualitativ und technisch vergleichbar geworden und kaum noch zu verbessern. Durch den Faktor Design kann sich ein Unternehmen hervorheben. Hier ist Produktdesign angesprochen, aber auch Design als Ausdruck des Gesamtunternehmens. Viele zukunftsorientierte Unternehmen in der Region befassen sich deshalb intensiv mit dem Faktor Design.

Die Industrie- und Handelskammer zu Coburg konzentriert sich als Mittler zwischen Wirtschaft, Politik und den regionalen Designzentren Fachhochschule Coburg mit den Fachbereichen Innenarchitektur und Integriertes Produktdesign und der Designwerkstatt Coburg verstärkt auf diesen Bereich.

Innerhalb der Industrie- und Handelskammer zu Coburg ist die Geschäftsstelle des Coburger Designforum Oberfranken e. V. installiert. Der Verein wurde im Mai 2001 gegründet, um auf oberfränkischer Ebene den Designgedanken zu fördern. Aktivitäten des Coburger Designforum Oberfranken sind die jährlich stattfindenden Coburger Designtage, weiterhin Wanderausstellungen, Projekte und Vorträge. Außerdem ist die IHK zu Coburg im Vorstand des Designforum Nürnberg e.V. vertreten.

Zukünftigen Aufgaben im Bereich Design sehen wir erwartungsvoll entgegen.

Designbeauftragte der IHK zu Coburg:
Dipl. Geogr. Susanne Wolfrum-Horn, IHK zu Coburg
Schlossplatz 5, 96450 Coburg,
Tel.: +49/9561/74 26-11, Fax: +49/9561/74 26-15,
E-Mail: wolfrumhorn@coburg.ihk.de, www.coburg.ihk.de

Referent für Volkswirtschaft: Dr. Udo Raab, IHK Nürnberg für Mittelfranken, Geschäftsbereich Standortpolitik und Unternehmensförderung Hauptmarkt 25/27, 90403 Nürnberg, Tel.: +49/911/13 35-376, Fax: +49/911/13 35-333, E-Mail: raab@nuernberg.ihk.de, www.ihk-nuernberg.de

„Design hebt aus der Masse hervor. Gerade für mittelständische Unternehmer bietet dieser Erfolgsfaktor angesichts eines zunehmenden internationalen Wettbewerbs zusätzliche Marktchancen. Das Design entscheidet bei ansonsten vergleichbaren Leistungsangeboten über den Erfolg – und damit rechnet es sich auch!"

IHK FÜR NIEDERBAYERN IN PASSAU

IHK Industrie- und Handelskammer für Niederbayern in Passau

Niederbayern – eine Region, deren Menschen mit den Charakterzügen bescheiden, bodenständig und zuverlässig beschrieben werden. Diese Einschätzung kann deshalb nur als erster Eindruck angesehen werden, da gerade in jüngster Zeit die Menschen in dieser Region Wesentliches geleistet haben. Dies wird dann deutlich, wenn man sich vergegenwärtigt, mit wieviel Einsatz, Erfinderreichtum und gestalterischen Ideen für Arbeitsplätze und Wohlstand mit qualitativ hochwertigen und gestalterisch ausgereiften Produkten in innovativen Unternehmen gesorgt wird.

Nicht zuletzt die lange Tradition ansprechender Architektur beweist das gestalterische Potential der Vergangenheit. Heute stehen hierfür hochwertige Produkte aus der Glas- und Holzindustrie, der Optik, der Granit- und Natursteinindustrie ebenso wie Erzeugnisse aus dem Gerätebau, dem Automobilbau und dem IT Sektor. Dabei ist diesen in Niederbayern gestalteten und hergestellten Gütern eines gemeinsam: Der Kunde auf dem Weltmarkt schätzt diese Produkte wegen ihres hohen Gebrauchswertes und ihres gelungenen Erscheinungsbildes. Der Gestaltung von Produkten kommt neben dem Einsatz effizienter Arbeits- und Fertigungsmethoden dabei eine zunehmend zentrale Bedeutung zu. Dies gilt nicht nur für große Konzerne, sondern vor allem für kleinere und mittelständische Betriebe.

Wir möchten Unternehmen dazu anregen, sich mit dem Thema Design intensiver zu beschäftigen. Denn eine kostenoptimale Gestaltung von Produkten, Dienstleistungen und Betriebsabläufen ist nur dann realisierbar, wenn in einem sehr frühen Stadium der Entwicklung bereits Ansprüche und Begehrlichkeiten des Kunden sowie Identifikationsmöglichkeiten des Verbrauchers in das Produkt mit einfließen.

Die Designkompetenz niederbayerischer Unternehmen zu fördern und zu stärken, ist ein nachhaltiges Anliegen der IHK für Niederbayern in Passau. Die IHK fördert deshalb den Aufbau eines Gestaltungsnetzwerks in der Region zusammen mit dem Bayerischen Staatsministerium für Wirtschaft, Verkehr, Infrastruktur und Technologie und der Bayern Design GmbH. Die Auftaktveranstaltung zum Thema Design wird am 24. Juni 2004 an der IHK für Niederbayern in Passau stattfinden. Weitere fach- und branchenbezogene Veranstaltungen werden folgen. Nähere Details hierzu teilen wir Ihnen gerne mit und stehen für Ihre Fragen zur Verfügung:

Passau – die Stadt, von der Alexander von Humboldt sagte, dass sie zu den sieben schönsten Städten der Welt zähle, ist ein idealer Standort für die von der IHK für Niederbayern durchgeführten Veranstaltungen zum Thema Design.

Designbeauftragter der IHK für Niederbayern in Passau:
Dieter Hilgärtner Nibelungenstraße 15, 94032 Passau,
Tel.: +49/851/507-347, E-Mail: hilgaertner@passau.ihk.de

„Gute Produkte, kundenorientierter Service, akzeptable Preise, eine engagierte Vertriebsmannschaft, kontinuierliche Werbung und Öffentlichkeitsarbeit allein, reichen nicht aus."

Designbeauftragter der IHK für Oberfranken Bayreuth: Dipl. Betriebswirt (FH) Norbert Raps, Standortpolitik – Regionalförderung – EU-Erweiterung
Bahnhofstraße 23 – 27, 95444 Bayreuth,
Tel.: +49/921/886-104, Fax: +49/921/886-9-104,
E-Mail: raps@bayreuth.ihk.de, www.bayreuth.ihk.de

Im Mittelpunkt stehen Angebote und Maßnahmen, die darauf ausgelegt sind, die Wettbewerbsfähigkeit der in Oberfranken angesiedelten Unternehmen und Dienstleister zu fördern und somit dem Freistaat auch künftig einen Spitzenplatz im globalen Standort-Wettbewerb zu sichern. Im Jahr 2004 sind erhöhte Anstrengungen aufgrund des Beitritts der neuen EU-Länder ab 01.05.2004 geboten.

Folgende Aktivitäten sind ab 2004 geplant: Messebeteiligung der IHK für Oberfranken Bayreuth mit Bayern Design GmbH, Thema: Design als Wettbewerbsfaktor, Veranstaltungsorte: Oberfrankenausstellung im Mai 2004 in Bayreuth, Kulinaria im Mai 2004 in Kulmbach, Kooperationsmesse Lifestyle/Design/Wellness im Oktober 2004 in Karlsbad/Tschechien dazu Design-Workshops und Einzelberatungen.

Herr Raps begann seine Führungsaufgaben in der klassischen Dienstleistungsbranche. Vor seiner Tätigkeit als Erweiterungsberater und Designbeauftragter bei der IHK für Oberfranken Bayreuth war Norbert Raps bei einer Technologie-Beratung in Süddeutschland im Bereich Projektmanagement und Marketing/Brand Management tätig. Davor gewann Herr Raps als Assistent der Geschäftsleitung eines großen Dienstleistungsanbieters besondere Kompetenz im Bereich Service-Design.

SACHVERZEICHNISNAMENSREGISTERSACHRE
GISTERDESIGNSIGNALEAUSBAYERNSACHVERZ
EICHNISNAMENSREGISTERSACHREGISTERDES
IGNSIGNALEAUSBAYERNSACHVERZEICHNISNA
MENSREGISTERSACHREGISTERDESIGNSIGNAL
EAUSBAYERNSACHVERZEICHNISNAMENSREGIS
TERSACHREGISTERDESIGNSIGNALEAUSBAYER
NSACHVERZEICHNISNAMENSREGISTERSACHRE
GISTERDESIGNSIGNALEAUSBAYERNSACHVERZE
ICHNISNAMENSREGISTERSACHREGISTERDESI
GNSIGNALEAUSBAYERNSACHVERZEICHNISNAM
ENSREGISTERSACHREGISTERDESIGNSIGNALEA
USBAYERNSACHVERZEICHNISNAMENSREGISTE
RSACHREGISTERDESIGNSIGNALEAUSBAYERNS
ACHVERZEICHNISNAMENSREGISTERSACHREGI
STERDESIGNSIGNALEAUSBAYERNSACHVERZEI
CHNISNAMENSREGISTERSACHREGISTERDESIG
NSIGNALEAUSBAYERNSACHVERZEICHNISNAME
NSREGISTERSACHREGISTERDESIGNSIGNALEA
USBAYERNSACHVERZEICHNISNAMENSREGISTE
RSACHREGISTERDESIGNSIGNALEAUSBAYERNS
ACHVERZEICHNISNAMENSREGISTERSACHREGI
STERDESIGNSIGNALEAUSBAYERNSACHVERZEI
CHNISNAMENSREGISTERSACHREGISTERDESIG
NSIGNALEAUSBAYERNSACHVERZEICHNISNAME
NSREGISTERSACHREGISTERDESIGNSIGNALEA
USBAYERNSACHVERZEICHNISNAMENSREGISTE
RSACHREGISTERDESIGNSIGNALEAUSBAYERNS

Sachverzeichnis, Namens- und Sachregister

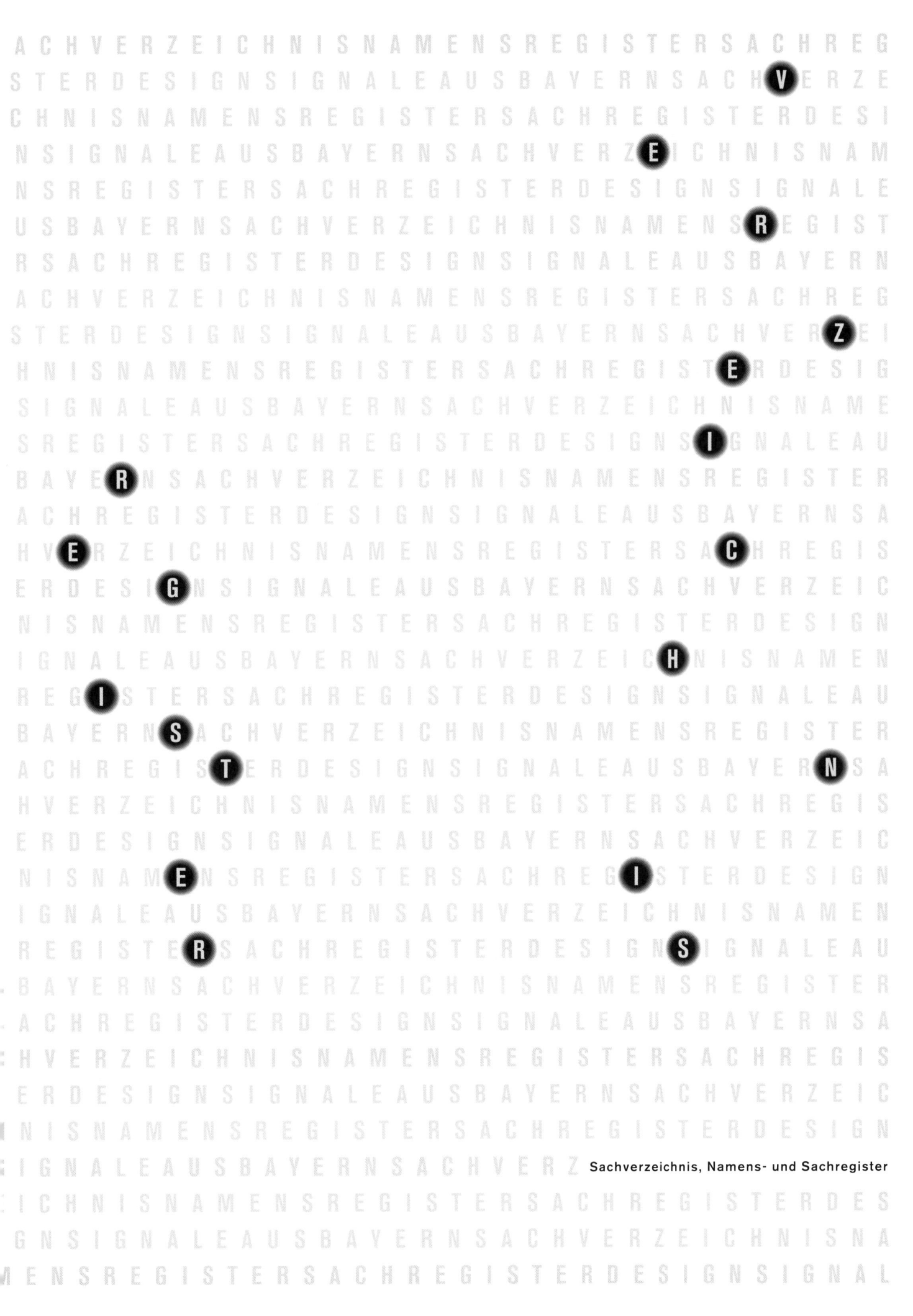

SACHVERZEICHNIS

KOMMUNIKATIONS- UND GRAFIKDESIGN

AD!THINK WERBEAGENTUR E.K.: WEITERDENKEN! Stephanstraße 14, 90478 Nürnberg, Tel.: +49/911/28 78-331, Fax: +49/911/28 78-336, E-Mail: dialog@adthink.de, www.adthink.de **INHABER:** Frank Neuhaus. **GRÜNDUNGSJAHR:** 1.3.1999. **LEISTUNGEN:** Wir sind spezialisiert auf die ganzheitliche werbliche Betreuung von Unternehmen und realisieren dies seit Jahren erfolgreich mit einem umfangreichen Netzwerk exzellenter Spezialisten. Darüber hinaus konzipieren und realisieren wir webbasierte Datenbank-Systeme. **SERVICE:** Auf unserer Website veröffentlichen wir seit Sommer 2001 wöchentlich News aus über 20 Kategorien. **EMPFEHLUNGEN:** Wir werden im Buch „Fun-Economy" als einer von 20 Spezialisten im deutsch-sprachigen Raum für den Bereich „Authentische Unternehmensdarstellung" empfohlen!

AJA-DESIGN – ALEXANDER JANK Reichenbachstraße 16, 80469 München, Tel.: +49/89/23 26 96 62, Fax: +49/89/23 26 96 63, E-Mail: info@aja-design.de, www.aja-design.de **BIOGRAPHIE:** Geb. 1971 in Gräfelfing bei München, 1993 – 1998 Studium des Kommunikationsdesigns an der FH Augsburg und der Unversitat de Barcelona. Von 1997 – 2000 freiberufliche Projektarbeit u.a. für KMS Team München, Workshop München, SevenSenses. Seit 2000 selbständig mit eigenem Büro für Kommunikationsdesign. **LEISTUNGEN:** Konzeption, Realisation und Produktion von Printobjekten (Broschüren, Unternehmenspräsentationen, Erscheinungsbilder, Plakate, Signets), Beratung und Gesamtabwicklung. **SCHWERPUNKTE:** Mehrsprachige Publikationen und Informationsmaterialien der Unternehmens- und Produktkommunikation, Broschüren-/Kataloggestaltung, Materialien zu Messeauftritten und Veranstaltungen, Corporate Design-Projekte (in Zusammenarbeit mit Partnern). **PROJEKTE/REFERENZEN:** Goethe-Institute Italien u. Zentrale München (Broschüren und Werbematerialien für Sprachkurse und Seminare), gotoBavaria (Imagebroschüre für Wirtschaftsstandort Bayern – mit Härtel-Design u. ECC KothesKlewes), T-Systems (Produktbroschüren), Mercedes-Benz Classic (Ausstattung von Oldtimer-Veranstaltungen – mit konzept&gestaltung/C. von Pein), Benzina (Corporate Design, tschech. Tankstellenmarke – mit Horizont Prag u. Workshop Muc), Wettbewerb Marke Deutschland, Projekt „www.designerfenster.de" bei Designparcours München 2003.

BÜRO FÜR VISUELLE KOMMUNIKATION – CHRISTIAN BÄUERLE Belgradstraße 22, 80796 München, Tel.: +49/89/33 03 93 93, Fax: +49/89/33 03 93 94, E-Mail: christian.baeuerle@gmx.de

DEEPSOUTH – DESIGN & SOUL Seitzstraße 4, 80538 München, Tel.: +49/89/55 06 69-0, Fax: +49/89/55 06 69-29, www.deepsouth.de **PROFIL:** deepsouth ist eine Agentur für Brand, Corporate Identity und Design mit den Schwerpunkten digitale Medien, Print und Typografie. Wir entwickeln adäquate Markenwelten und legen Wert auf eigenständige Auftritte mit hohem Niveau. Wir unterstützen unsere Klienten dabei, professionelle Kommunikation zu Kunden, Mitarbeitern und Partnern aufzubauen, zu halten und weiterzuentwickeln. Wir bringen Seele in Dialoge, Klarheit in Worte und Brillanz in Gestaltung. **ANGEBOT:** CI-, CD- u. Logo-Entwicklung, Geschäftsausstattung, Websites, Broschüren, Verpackungen, Anzeigen-Kampagnen, Below-The-Line. **REFERENZEN:** ratiopharm, Burger King, Wissen Media, BMW, VW, MERIAN, DiViDi, san francisco coffee company.

GRAFISCHES ATELIER – GUDRUN KUTTER Wöhlerstraße 36, 81247 München, Tel.: +49/89/811 42 09, Fax: +49/89/811 38 86

HÄRTEL DESIGN Reichenbachstraße 16, 80469 München, Tel.: +49/89/51 55 51 66, Fax: +49/89/51 55 51 70, E-Mail: jh@haerteldesign.de, www.haerteldesign.de **SCHWERPUNKTE:** Unternehmenskommunikation, Corporate Design. **GRÜNDUNGSJAHR:** 2000. **PROJEKTE/REFERENZEN:** Delta (Middelburg, NL), Forbo (Zürich, CH), Merckle/ratiopharm (Ulm), Philip Morris (München), Preventicum Institut für Früherkennung (Essen), Siemens AG (München).

NESTLE DESIGN – JÖRG NESTLE Heßstraße 42, 80798 München, Tel.: +49/89/52 89 51, Fax: +49/89/52 89 71, E-Mail: jne@mnet-online.de. Grafik-Design für Druck, Bildschirm und Internet. **SCHWERPUNKTE:** Technische Präsentation, Layout, 3D-Visualisierung. **REFERENZEN:** Tektronix, Agilent Technologies, mitp-Verlag.

REITZDESIGN Gartenweg 2 a, 82031 Grünwald, Tel.: +49/89/641 09 31, Fax: +49/89/641 09 51, E-Mail: reitzdes@aol.com **GESCHÄFTS-FÜHRER:** Joerk Reitz. **SCHWERPUNKT:** Corporate Identity, Markenbildung, Packaging. **GRÜNDUNGSJAHR:** 1976. **MITARBEITER:** 2. **ARBEITSWEISE:** … mit analytischer Einstellung und benutzerorientiertem Designansatz erarbeiten wir Markeninhalte, die in marktspezifische Kommunikationsmitteln umgesetzt und realisiert werden. **TECHNISCHE AUSSTATTUNG:** MAC, Internet, ISDN … und unseren Kopf. **PARTNER:** … die wir durch Jahre erfolgreicher Zusammenarbeit weiterempfehlen: Gloor Cross Media, Marktsatz Media, Löwen-Druck GmbH.

ANNE SCHMIDT DESIGN – BÜRO FÜR GESTALTUNG Parkstraße 24, 80339 München, Tel.: +49/89/54 07 27 91, Fax: +49/89/51 99 71 73, E-Mail: mail@anne-schmidt.de, www.anne-schmidt.de **AUSBILDUNG:** Diplom Kommunikations-Designerin (FH). **LEISTUNGEN:** Gestaltung von typografisch anspruchsvollen Drucksachen. Buchgestaltung. Illustrationen und Collagen. Internetauftritte. Entwicklung von einheitlichen Erscheinungsbildern für Print und Onlinemedien. Überarbeitung und Weiterentwicklung von bestehenden Erscheinungsbildern. **ZIELGRUPPEN:** Kleine bis mittlere Betriebe, kulturelle Einrichtungen, gemeinnützige Organisationen. **REFERENZEN:** Jugend musiziert, Puma, Fachhochschule München, FOAG_Das Datenwerk, Xiao Hui Wang (chinesische Künstlerin und Autorin), Club Marpen (Frankreich). **LÄNDER:** Gestaltung und Schriftsatz für den deutsch- und französischsprachigen Raum.

PRODUKT- UND INDUSTRIEDESIGN

DESIGNSTUDIO KURT BEIER Ahornstraße 46, 96247 Michelau, Tel.: +49/9571/98 91 91, Fax: +49/9571/85 73, E-Mail: designstudio-kurt-beier@onlinehome.de

DIALOGFORM GMBH Wallbergstraße 3, 82024 Taufkirchen, Tel.: +49/89/612 82 51, Fax.: +49/89/612 82 53, E-Mail: info@dialogform.de, www.dialogform.de **GESCHÄFTSFÜHRUNG:** Heide Ewringmann und Ulrich Ewringmann. **TÄTIGKEITSFELDER:** Produktentwicklung, Industriedesign, Designkonzeption, Designstrategie, Projektbetreuung und Interfacedesign, CI und Corporate Design, Produkt- und Unternehmenskommunikation. **ENTWICKLUNGSSCHWERPUNKTE:** Investitionsgüter, Gebrauchs- und Konsumgut. **AUSZEICHNUNGEN:** IF 1996, 1999, 2002, Designzentrum NRW 1996, 1998, 2001, Spiel Gut, Auswahl Designpreis Holzspielzeug 1996.

JOHANNES HOYER – ANALYSE, INNOVATION & DESIGN Friedenstraße 17, 91220 Schnaittach (bei Nürnberg/Erlangen), Tel.: +49/9153/97 97 95, Fax: +49/1212/512 13-95 25, E-Mail: johannes.hoyer@web.de, www.jh-innovation.com **QUALIFIKATION:** Dipl.-Ing. (FH) Feinwerk-/Medizintechnik, Dipl.-Ing.-Designer/M.Des. **SCHWERPUNKTE:** Analyse, Innovation, neue Technologien, Konzeptentwicklung, Innovationsberatung, integrale Gestaltung von Produkten und Services, Produktpsychologie. **ZUSATZLEISTUNGEN:** Entwicklung ganzheitlicher Konzepte, Kreativitätsförderung, Unterstützung bei der Suche nach innovativen Produktideen, Interfaceanalyse, Mind Mapping, Feinwerktechnik, Medizintechnik, Textiltechnik. **KOOPERATIONEN:** Tech-Solute, WildDesign, ArdesModellbau, Fraunhofer Gesellschaft, Staatl. Akademie der Bildenden Künste Stuttgart, (weitere im Aufbau). **PROJEKTE/REFERENZEN:** WMF, Metabo, JOCO, Bürkert, Orgatec Köln, Corscience, Schmid + Thomas International, Zentrum für Sonnenenergie- und Wasserstoff-Forschung Baden-Württemberg, TAO Computersysteme, Uni Kinderklinikum Köln, Massey University (Neuseeland). **AUSZEICHNUNGEN:** Artur Fischer Erfinderpreis Baden-Württemberg 2003, IF Design Award 2002, Mia Seeger Preis 2001, Offision-Innovationspreis Officewelten 2000, Metabo Präsentation 1998. **MITGLIED:** VDI, AGD, Forum MedizinTechnik & Pharma.

KRAUSE INDUSTRIE-DESIGN – KLAUS-DIETHER KRAUSE Siemensstraße 20, 90599 Dietenhofen, Tel.: +49/9824/930 40, Fax: +49/9824/930 41, E-Mail: Krause.Design@T-online.de, www.Krause-Industrie-Design.de **SCHWERPUNKTE:** Produktdesign von technischen Konsum- und Investitionsgütern, Büromaschinen, Computer, Ergometer, Sportgeräte, Spielzeug, Interieur und Accessoires, Systemdesigns, Ergonomie, Logodesign, Geschäftsgrafiken. **GRÜNDUNGSJAHR:** 1994. **BIOGRAFIE:** Geb. 1947, FH Bielefeld, 1973 – 1993 Chefdesigner bei TA Triumph-Adler. **PARTNER/REFERENZEN:** Daum Electronic (Ergometer), G+D, Fujitsu-Siemens („SIE" Infostationen für Bundesanstalt für Arbeit 2002), EBE, Olivetti, Sasse Elektronik, Sielaff Automatenbau, Schweizer Optik, TA AG. **PREISE UND AUSZEICHNUNGEN:** Bundespreis „Gute Form", IF-Hannover, Design Center Stuttgart, HIF Essen, SMAU 24 Mailand.

MURSCH & KNOPP Schloss Euernbach, 85298 Scheyern, Tel.: +49/8445/910 06, Fax: +49/8445/910 07, E-Mail: design@mursch-knopp.de, www.mursch-knopp.de **GRÜNDUNGSJAHR:** 1983. **INHABER:** Michael Mursch, Peter Knopp. **MITARBEITER:** 5. **LEISTUNGEN:** Design, Entwicklung, Konstruktion, Beratung. **SCHWERPUNKT:** Unser Büro ist der ideale Partner für komplexe Industrie-Design-Projekte mit hohem Anspruch an die Konstruktion. Wir arbeiten zielorientiert und effizient und können dadurch auf viele erfolgreiche Produktentwicklungen zurückblicken. Unser Realismus heißt für den Kunden: Die von uns erarbeiteten Konzepte sind so durchdacht, dass die Produkte auch so realisiert werden. **REFERENZEN:** Ametek Instrumente, ArTel Kommunikation, Bauer Spezialmaschinen, BMW AG Accessoires, Caterpillar Baumaschinen, Dachstein Skischuhe, Dr. Hönle UV-Systeme, DSC Elektronik, EDC Mobilbagger, Fritzmeier Kabinen, HEW Motoren, Holder Kommunalfahrzeuge, Insys Sicherheitssysteme, InterContec Industrie-Steckverbindungen, KAB Sitze, Kramer Radlader, Liedtke Kunststofftechnik, Lipsticks Surf & Golf & Bike, MOOG Motoren, Hydraulische Ventile, Schaeff Radlader, Sennebogen Raupenbagger, Siemens AG Elektronische Komponenten, Sportive Werbeagentur, Varta Batterien, Vermont Werkzeuge, Zeppelin GmbH Firmenbetreuung.

NESTLE DESIGN – JÖRG NESTLE Selbstständiger Industriedesigner seit 1994. Heßstraße 42, 80798 München, Tel.: +49/89/52 89 51, Fax: +49/89/52 89 71, E-Mail: jne@mnet-online.de **SCHWERPUNKTE:** Lichtsysteme, Leuchten, Investitionsgüter, Spielzeug. **REFERENZEN:** Mitarbeit an Projekten für LTS Licht & Leuchten, SiglLicht, Hansa-Technik, AGFA, BIG Spielwarenfabrik.

PELZEL PRODUKT DESIGN Rennweg 68, 90489 Nürnberg, Tel.: +49/911/55 44 07, Fax: +49/911/55 45 89, E-Mail: pelzel-design@t-online.de, www.pelzel-design.de **PHILOSOPHIE:** Design zur Freude, zum Nutzen und Zweck, langlebig, mit Witz und Verantwortung. **TÄTIGKEITSFELDER:** Entwicklung und Gestaltung von Investitions- und Konsumgütern, Verpackungs-Design, Displays, Ausstellungsdesign. Konzeption und Beratung, Design- und Projektmanagement. Konstruktion, Teilekonstruktion und Designmodelle. **GRÜNDUNGSJAHR:** 1996. **PROJEKTE/ERFAHRUNGEN:** Büromöbel, CAD-Tische, Ferngläser, Handy-Halterungen, Info-Leitsysteme, Messestände, Messgeräte, Pumpen, Stative, SPS-Steuerungen, Temperaturregler, Telefonapparate, Feuerlöscher etc. **PARTNER/REFERENZEN:** Cullmann, Bavaria Egypt, Inter Control, Eberle, Prozeda, BinTec und viele mehr. Zahlreiche Auszeichnungen für gutes Design.

STARK DESIGN – THOMAS STARK – DIPL. INDUSTRIAL-DESIGNER (FH) Karl-Theodor-Straße 31, 80803 München, Tel.: +49/89/33 01 90 96, Fax: +49/89/33 03 68 23, E-Mail: Stark_Design@t-online.de **SCHWERPUNKT:** Produktentwicklungen (Möbeldesign) u.a. für: Schönbuch Collection, ClassiCon, Wiener Werkstätten, Mobimex AG. Planungen (Innenarchitektur, Messestände) u.a. für Egger Spanplattenindustrie, Suzuki, BMW AG, KMS Werbeagentur, Pro Sieben, Salzburger Kredit- und Wechselbank, Häfelinger + Wagner Design, Freie Mitarbeit bei Silhouette Design, Produktentwicklungen für die Spielzeugindustrie: BIG Spielwarenfabrik. Selbständiger Industrial-Designer seit 1985.

STIMULUS RESEARCH Implerstraße 65 a, 81371 München, Tel./Fax: +49/89/72 99 92 45, E-Mail: info@stimulus-research.com, www.stimulus-research.com **SCHWERPUNKT:** Forschungsaufgaben in den Bereichen Produktdesign, Markenentwicklung, Trend- und Farbberatung. **GESCHÄFTSFÜHRER:** Peter Brooren.

INTERIORDESIGN

DIPL. ING. (FH) IRIS EMIG – INNENARCHITEKTIN Fasanenstraße 33, 85757 Karlsfeld, Tel./Fax: +49/8131/971 92, E-Mail: irisemig@aol.com, www.licht-farbe-design.de **SCHWERPUNKT:** Shopdesign, Gaststättenumbau, Cafes, Büroeinrichtung, Umbauten, Neugestaltungen. **SERVICELEISTUNGEN:** Farbberatung, Einrichtungskonzepte für Geschäfte, Zusammenarbeit mit renommierten Handwerksbetrieben, Bauleitung, Ausschreibung, Kostenschätzung, Entwurfsplanung, Umsetzung der Entwurfsidee, Ausstellungskonzepte und Realisierung von Ideen, Messegestaltung.

MALA DESIGN Neuturmstraße 10, 80331 München, Tel./Fax: +49/89/291 38 05, E-Mail: mail@amalia-reisenthel.de, Amalia Reisenthel Dipl. Ing. Architektin, geb. 1946 Wroclaw (Breslau)/Polen. In Deutschland seit 1972. 1974 – 1994 Produktdesign, Grafikdesign, Messedesign, Fa. Reisenthel Programm München. Grafik- u. Stagedesign für BEEG Atelier Jürgen Haszler (u.a. Betreuung der Deutschen Grand Prix). Produktdesign-Workshops an der Kunstakademie in Breslau. Zusammenarbeit mit Studio Marianelli – Milano. Plesner and Wajnman architects – Kopenhagen (u.a. SMS-shoppingcenter Törshavn Föroyar Island). Interior- u. Produktdesign Friseurakademie Rudolf Niesner München. Arztpraxen. Ladengestaltung. Messe.

SIEGFRIED BRVNO LINKE St. Anna-Platz 1 a, 80538 München, Tel.: +49/89/29 16 05 88, Fax: +49/89/29 16 05 89, E-Mail: info@siegfriedbrvnolinke.com, www.siegfriedbrvnolinke.com. Das Studio SIEGFRIED BRVNO LINKE mit Sitz in München wurde 1984 gegründet und realisiert Projekte in den Bereichen INTERIOR DESIGN, PRODUCT DESIGN und EXHIBITION CONCEPTS.

MODE-, TEXTIL- UND SCHMUCKDESIGN

VERBAND DEUTSCHER MODE- UND TEXTIL-DESIGNER E.V. (VDMD/DDV) Semmelstraße 42, 97070 Würzburg, Tel.: +49/931/465 42 90, Fax: +49/931/465 42 91, E-Mail: vdmd@fashiondesign.de, www.fashiondesign.de GESCHÄFTSFÜHRERIN: Mara Michel. PRÄSIDENT: Dietrich Metzger. VIZE-PRÄSIDENTIN: Susanne Dienst-Lang. SCHATZMEISTERIN: Gabriela Kaiser. SCHWERPUNKTE: Interessenvertretung und Beratung von angestellten und freiberuflichen Mode- und Textil-Designern, Berufsberatung, Weiterbildung, Kontaktpflege zu Industrie und Handel, Branchenverbänden und Schulen, Beratung und Jurierung bei Designwettbewerben, Jobbörse.

INTERFACE UND WEBDESIGN

DIE MULTIMEDIA SCHMIEDE – GESELLSCHAFT FÜR MEDIENLEISTUNGEN MBH Balanstraße 57, 81541 München, Tel.: +49/89/65 12 45-0, Fax: +49/89/65 12 45-29, E-Mail: team@dmms.de, Web: www.dmms.de, Magazin: www.dmms-magazin.de KURZDARSTELLUNG: die multimedia schmiede engagiert sich seit 1996 in der Entwicklung von interaktiven Medien. UNSERERE UNIT DMMS_IMAGINATION: Believe what you see. Lassen Sie sich verzaubern und tauchen Sie ein in eine fantastische Bilderwelt, die ihresgleichen sucht. Das Auge isst bekanntlich mit und die multimedia schmiede serviert Ihnen ein Fünf-Sterne-Menü. Von atemberaubenden 3D-Animationen, hochwertigen CD-ROMs und DVDs bis hin zu virtuellen Welten, Videotrailern und spannenden Games – wir stellen uns jeder Herausforderung. REFERENZEN: Accor Hotellerie Deutschland, Agfa Gevaert AG, Allianz Asset Management GmbH, ARAG AG, Bundesverband der Unfallkassen e.V., BVG Kommunikationstechnologie GmbH, Penton Media GmbH, Deutsche Bahn AG, Falke KG, Galerie Daniel Blau, kiddy GmbH, KUK Filmproduktion, MDL Mitteldeutsche Leasing AG, Medela Medizintechnik AG, Siemens AG, TREND MICRO Deutschland GmbH, Zoologische Gesellschaft Frankfurt – und andere.

SALTO KOMMUNIKATION Buchendorfer Straße 39, 81475 München, Tel.: +49/89/75 94 06 44, Fax: +49/89/759 63 86, E-Mail: info@salto.de, www.salto.de GRÜNDUNGSJAHR: 1997. SCHWERPUNKTE: Web-Design, Grafik-Design; Konzeption und Projektmanagement. SERVICE-LEISTUNGEN: Rund um das Internet und die klassischen Kommunikationsmedien. Von der Konzeption über die Kreation bis zum Projektmanagement und der Realisierung erhalten Sie bei SALTO alles aus einer Hand. Unser Angebot ist insbesondere auf kleine und mittlere Unternehmen (KMU) zugeschnitten. PARTNER: SALTO arbeitet mit einem Netzwerk, über das bei Bedarf weiteres Know-How verfügbar ist. SALTO kann u.a. auf Spezialisten für Datenbanken, Suchmaschinen, Shops, Groupware, Content-, Dokumenten- und Knowledgemanagement und Streaming-Media zurückgreifen. Andere Partner sind in der Organisationsberatung und im Coaching tätig oder erstellen Software für Planung, Bewertung und Entscheidung.

SCHWARZ-ARBEIT.COM – KATJA SCHWARZ Grillparzer Straße 44, 81675 München, Tel.: +49/89/47 02 76 36, E-Mail: info@schwarz-arbeit.com, www.schwarz-arbeit.com SCHWERPUNKTE: Webdesign, Programmierung, Text. INTERNET: Beratung und Konzeption, Gestaltung und technische Umsetzung, Pflege und Support. INTERTEXT: Konzepte, Ideen, Texte. PROJEKTE: Diverse Internetpräsenzen für Unternehmen aus unterschiedlichen Branchen. Kooperation mit Agenturen. Newsletter-Redaktion, Buchprojekte, Herausgabe eines Online-Magazins.

AUS- UND FORTBILDUNG

AKADEMIE FÜR GESTALTUNG IM HANDWERK Mühldorfstraße 4, 81671 München, Tel.: +49/89/511 92 44, Fax: +49/89/45 09 81-692, ISDN: +49/89/511 92 44, E-Mail: akademie.gestaltung@hwk-muenchen.de LEITERIN: Dr. Barbara Bonard. SCHWERPUNKT: Fortbildungsseminare und Workshops für Handwerker in den Bereichen Form und Gestaltung. STUDIENGANG: Zertifikationskurse zum Gestalter im Handwerk, berufsbegleitend und in Vollzeit. VORAUSSETZUNG: Eine abgeschlossene Ausbildung in einem Handwerksberuf. LEHRINHALTE: Zeichnen, Farbenlehre und -gestaltung, Schrift/Typografie, Materialkunde, Modellbau, zweidimensionales und dreidimensionales Entwerfen, Marketing, Kunstgeschichte, Ornamentik, Fotografie. WORKSHOPS: u.a. für Schreiner, Goldschmiede, textile Berufe, Buchbinder und Interessierte dieser Gewerbe.

MACROMEDIA – AKADEMIE FÜR NEUE MEDIEN Gollierstraße 4, 80339 München, Tel.: +49/89/54 41 51-0, Fax: +49/89/54 41 51-14, E-Mail: info.muc@macromedia.de, www.macromedia.de **STUDIUM, SEMINARE, FORTBILDUNGEN MIT DEN THEMEN:** Mediendesign, Medienprogrammierung, Medienmanagement, TV-Design und -Produktion, Business Kompetenzen, E-Learning. **STUDIENGÄNGE:** Bachelor of Media Management, Net-Production, Bachelor of Media Management, TV-Production, Bachelor of Arts (Film, Fernsehen, Ton), Digital Media Designer/in, 3D-Designer/in. **UNSERE PARTNER:** Hochschulen im In- und Ausland (FH Karlsruhe, University of Bradfod u.a.), Unternehmen von Alcatel bis zum ZDF, deren Mitarbeiter bei Macromedia geschult werden. **ZERTIFIZIERUNG UND KOOPERATIONEN:** Adobe-Certified Training Provider, QuarkXPress Certified Training Center, Media 100 Certified Training Center, Mitglied im Deutschen Multimedia-Verband, Mitglied im MedienCampus Bayern und AnimationsCampus, Beteiligt am Ausbildungs-TV-Sender AFK in München.

INSTITUTIONEN UND VERBÄNDE

BAYERISCHER KUNSTGEWERBE-VEREIN E.V. Pacellistraße 6 – 8, 80333 München, Tel.: +49/89/290 14 70, Fax: +49/89/29 62 77, E-Mail: info@kunsthandwerk-bkv.de, www.kunsthandwerk-bkv.de **GESCHÄFTSFÜHRUNG:** Ilona von Seckendorff. **GRÜNDUNGSJAHR:** 1851. Interessenvertretung des Kunsthandwerks in Bayern mit ca. 400 Mitgliedern. Ständige Verkaufsausstellung mit großem Angebot an zeitgenössischem Schmuck und Kunsthandwerk.

MUSEEN, SAMMLUNGEN & GALERIEN

GALERIE FÜR ANGEWANDTE KUNST Pacellistraße 6 – 8, 80333 München, Tel.: +49/89/290 14 70, Fax +49/89/29 62 77, E-Mail: info@kunsthandwerk-bkv.de, www.kunsthandwerk-bkv.de **GESCHÄFTSFÜHRUNG:** Ilona von Seckendorff. **GRÜNDUNGSJAHR:** 1992. International bedeutendes Forum für hochwertiges zeitgenössisches Kunsthandwerk. Ausstellungen und Schriftenreihe zu Themen der Angewandten Kunst.

SERVICE

CORPORATE ACCESSORIES Traunsteiner Straße 25, 81549 München, Tel.: +49/89/69 39 82 32, Fax: +49/89/69 39 82 33, E-Mail: b.ebbecke@corporate-accessories.com, www.corporate-accessories.com **INHABERIN:** Beate Ebbecke. **SCHWERPUNKTE:** Umsetzung Ihres Corporate Designs ins Textile. Accessoires für den professionellen Firmenauftritt. **PROJEKTE:** F.S.Kustermann, Bentley Motors, IsoRivolta Club Deutschland, Ev. Diakonieverein Berlin-Zehlendorf, Sozialstation Lindau, Fissler GmbH, Messe Düsseldorf, Audi AG.

EMOTIONAL POSITIONING® CLAUDIA GROTZEK Unternehmens- und Marketingberatung für gesamtheitliche Positionierung von Unternehmen – Marke – Produkt, Schubertstraße 2, 80336 München, Tel.: +49/89/53 86 81 11, E-Mail: info@emotionalpositioning.de, www.emotionalpositioning.de. Die gesamtheitliche Positionierung von Unternehmen, Marke und Produkt ist darauf ausgerichtet, die strategischen Schlüsselpunkte zu finden, die ein einzigartiges Profil ausmachen. Diese Punkte liegen in der Verbindung von vier Vektoren oder Größen, die eine erfolgreiche gesamtheitliche Positionierung gestalten. Diese vier Vektoren sind: Archetypen, Umfelddynamiken des Marktes, Bewusstseinsfelder der Zielgruppen und Profile des Unternehmens. Werden diese vier Größen nicht gesamtheitlich integriert und verbunden, kommt es zu Reibungsverlusten, die oft die Ausstrahlung und Wirkung minimieren und somit nicht das gesamte Potenzial ausschöpfen. Emotional Positioning entwickelt Faktoren, die eine langfristige Ausrichtung und Steigerung des Unternehmenswertes aufbauen und über die Produkt- und Markendifferenzierung hinausgehen. **UNSERE LEISTUNGEN:** Entwicklung von Unternehmens-, Marken- und Produktidentitäten, deren Positionierung und Management. Strategische Beratung, Konzeption und Realisation. Coaching, Workshops, Seminare. Emotional Positioning wird durch ein Netzwerk an Spezialisten und Agenturen verstärkt.

KLEMPRODUCTS® – GESELLSCHAFT FÜR AUSSTELLUNGSTECHNIK MBH Talangerstraße 3a, 82152 Krailing/München, Germany, Europe, Tel.: +49/89/857 72 80, Fax: +49/89/895 83 48, E-Mail: info@klemproducts.com, www.klemproducts.com. Wir entwickeln, produzieren und vertreiben systemneutrale Zusatzprodukte für den Messe- und Ausstellungsbau. Systemneutral bedeutet, dass unsere Plattenverbinder und Halogenleuchten unabhängig von bestehenden Konfigurationen eingesetzt werden können. Der Original Plattenverbinder Klemetric verbindet Platten aller Art in stufenlosen Winkelstellungen zwischen 90° und 180°. Er ist der Schlüssel für aufregende, ungewöhnliche und trotzdem äusserst wirtschaftliche Bauten. Für die „Architektur des Temporären" in Messen und Ausstellungen. Er wurde mit dem Österreichischen Staatspreis für Design ausgezeichnet und außerdem in die ständige Sammlung für Industrial Design am Museum of Modern Art New York, N.Y. aufgenommen. Die Halogenleuchtengruppe in Hoch- und Niedervolttechnik mit den Produkten KlemLite® Classic, KlemLite® CE, Cielo® und Imago® besteht aus Auslegerleuchten, die mit verstellbaren Zwingen auf die Wandplatte aufgeklemmt werden können. Auch hier wurde KlemLite® Classic mit dem Österreichischen Staatspreis für Design ausgezeichnet. Alle Produkte sind patentiert und sowohl in Europa als auch in den USA zertifiziert. Das Programm wird durch die Baureihe Nordic Light und Art Fix abgerundet. Nordic Light ist weltweiter Marktführer bei Displaybeleuchtungen. Mit leistungsfähigen Reflektoren werden die Wände und Banner voll ausgeleuchtet. Verschiedene Zubehörteile erlauben die Anbringung an Platten verschiedener Stärke. Art Fix besteht aus einem Aluprofil, das an Wänden befestigt wird und Aufnahmen für die Abhängung von Bildern und filigranen NV-Strahlern enthält. Art Fix ist besonders für Galerien und Museen geeignet. Detaillierte Informationen finden sich auf der website www.klemproducts.com.

GERD PFARRÉ – IALD LICHTPLANUNG Erlenplatz 2, 80995 München, Tel.: +49/89/150 75 38, Fax: +49/89/150 75 39, E-Mail: info@lichtplanung.com, www.lichtplanung.com **GESCHÄFTSFÜHRER:** Gerd Pfarré. **SCHWERPUNKT:** Wir entwickeln herstellerneutral Tages- und Kunstlichtkonzepte für Objekte im Innen- und Außenbereich – international und in nahezu jeder Grössenordnung. **GRÜNDUNGSJAHR:** 1998. **SERVICELEISTUNGEN:** Als freies Planungsbüro beinhaltet unser Leistungsumfang die klassischen Planungsphasen von der Grundlagenermittlung und Ideenfindung bis hin zur Bauleitung, Lichteinrichtung und Beratung. Für spezielle Anforderungen gestalten wir Sonderleuchten und Lichtobjekte im Kontext mit der Architektur und der Beleuchtungsaufgabe. Wir planen und betreuen unsere Projekte mit Begeisterung. Denn Licht fasziniert.

SALTO KOMMUNIKATION | KUNST-KULTUR-KOMMERZ Buchendorfer Straße 39, 81475 München, Tel.: +49/89/75 94 06 44, Fax: +49/89/759 63 86, E-Mail: info@salto.de, www.salto.de **GRÜNDUNGSJAHR:** 1997. **SCHWERPUNKTE:** Web- und Grafik-Design; Kunstvermittlung. **SERVICELEISTUNGEN:** Rund um das Internet und die klassischen Kommunikationsmedien. Von der Konzeption über die Kreation bis zum Projektmanagement und der Realisierung erhalten Sie bei SALTO alles aus einer Hand. Unser Angebot ist insbesondere auf kleine und mittlere Unternehmen (KMU) zugeschnitten. Im Bereich der KUNSTVERMITTLUNG ist SALTO hauptsächlich auf die zeitgenössische Kunst und Medienkunst spezialisiert. Wir beraten Sie in allen Fragen des Ankaufs, Verkaufs und des Kunstmanagements. Mit einer Internet-Galerie und einer Kunstplattform, dem Forum, wollen wir Tendenzen der zeitgenössischen Kunst präsentieren und zur Diskussion stellen. Künstler und künstlerische Leistungen aus den Bereichen Musik, Literatur und Theater sind ebenfalls bei uns präsent. **PARTNER:** SALTO arbeitet mit einem Netzwerk, über das bei Bedarf weiteres Know-How verfügbar ist.

SERVICEPOOL PETRA SCHWAIGER Sandrartstraße 25, 90419 Nürnberg, Tel.: +49/911/37 78 99 88, E-Mail: info@servicepool.info, www.servicepool.info **SCHWERPUNKTE:** Vermittlung von Fotografen und Künstlern. **PROJEKTE:** In unserer Funktion als Brückenbauer und Koordinatoren zwischen den Marketingzielen der Unternehmen und Agenturen auf der einen Seite und den von uns betreuten Fotografen und Künstlern auf der anderen Seite setzen wir auf Geradlinigkeit und versuchen auf unverwechselbare Weise, diesem Anspruch gerecht zu werden. **PROJEKTE:** z.B. Fotokampagne für die EU-Kommission www.feel-free.info, Recruitment Fotokampagne für die Kultusministerkonferenz.

NAMENSREGISTER

84GHz.de – Raum für Gestaltung
Georgenstraße 84
80799 München
Tel.: +49/89/30 63 79 11
Fax: +49/89/30 63 79 12
Seite 42

AD!Think Werbeagentur e.K.
Stephanstraße 14
90478 Nürnberg
Tel.: +49/911/28 78-331
Fax: +49/911/28 78-336
Seite 184

AJA-Design – Alexander Jank
Reichenbachstraße 16
80469 München
Tel.: +49/89/23 26 96 62
Fax: +49/89/23 26 96 63
Seite 184

Akademie an der Einsteinstraße U5
Einsteinstraße 42
81675 München
Tel.: +49/89/47 50 56
Fax: +49/89/47 55 58
Seite 142

Akademie für Gestaltung
im Handwerk
Mühldorfstraße 4
81671 München
Tel.: +49/89/511 92 44
Fax: +49/89/45 09 81-692
Seite 187

Allianz AG
Königinstraße 28
80802 München
Tel.: +49/89/38 00-0
Fax: +49/89/38 00-34 25

AML Licht + Design GmbH
Steinstraße 19
81667 München
Tel.: +49/89/44 77 86-30
Fax: +49/89/44 77 86-39
Seite 152

Ansorge, Uwe
Design Company
Nymphenburger Straße 58 – 60
80335 München
Tel.: +49/89/125 16-0
Fax: +49/89/125 16-500
Seite 53, 129

Arno Design GmbH
Friedrichstraße 9
80801 München
Tel.: +49/89/380 19 40
Fax: +49/89/380 19 40
Seite 124

Atelier & Friends GmbH
Spitalstraße 2
94481 Grafenau
Tel.: +49/8552/96 53-0
Fax: +49/8552/96 53-24
Seite 43

Baer, Gregor, Dipl. Ing. (FH)
Schwabe & Baer Entwicklungs GmbH
Blutenburgstraße 41a
80636 München
Tel.: +49/89/18 95 45 41
Fax: +49/89/18 95 45 42
Seite 106

Ballendat, Martin, Dipl. Designer
Ballendat-Design
Maximilianstraße 15
84359 Simbach a. Inn
Tel.: +49/8571/60 56 60
Fax: +49/8571/60 56 66
Seite 44

Ballweg, Andy
Ballweg & Ballweg
Am Harras 12 RGB
81373 München
Tel.: +49/89/76 75 30 00
Haßlerstraße 15
89077 Ulm
Tel.: +49/731/931 73 48
Seite 46

Ballweg, Pancho
Ballweg & Ballweg
Am Harras 12 RGB
81373 München
Tel.: +49/89/76 75 30 00
Haßlerstraße 15
89077 Ulm
Tel.: +49/731/931 73 48
Seite 46

Bäuerle, Christian
Büro für visuelle Kommunikation
Belgradstraße 22
80796 München
Tel.: +49/89/33 03 93 93
Fax: +49/89/33 03 93 94
Seite 184

Baum, Wolfgang
Akademie an der Einsteinstraße U5
Einsteinstraße 42
81675 München
Tel.: +49/89/47 50 56
Fax: +49/89/47 55 58
Seite 142

Bayerischer Kunstgewerbe-Verein e.V.
Pacellistraße 6 – 8
80333 München
Tel.: +49/89/290 14 70
Fax: +49/89/29 62 77
Seite 188

Beier, Kurt
Designstudio Kurt Beier
Ahornstraße 46
96247 Michelau
Tel.: +49/9571/98 91 91
Fax: +49/9571/85 73
Seite 185

B/F Industrial Design
Johannisstraße 3
90419 Nürnberg
Tel.: +49/911/93 36 97-0
Fax: +49/911/93 36 97-50
Seite 90

Böhler, Christoph, Dipl. Designer
B/F Industrial Design
Johannisstraße 3
90419 Nürnberg
Tel.: +49/911/93 36 97-0
Fax: +49/911/93 36 97-50
Seite 90

Bonard, Barbara, Dr.
Akademie für Gestaltung im Handwerk
Mühldorfstraße 4
81671 München
Tel.: +49/89/511 92 44
Fax: +49/89/45 09 81-692
Seite 187

Borngräber, Lars
Forum Messe + Design GmbH
Reichswaldstraße 50
90571 Schwaig bei Nürnberg
Tel.: +49/911/548 07-0
Fax: +49/911/548 07-7
Seite 131

Brandis, Michael, Dipl. Designer
B/F Industrial Design
Johannisstraße 3
90419 Nürnberg
Tel.: +49/911/93 36 97-0
Fax: +49/911/93 36 97-50
Seite 90

Brandner Werbeatelier – Büro für
visuelle Kommunikation
Brandenburgerstraße 6
88299 Leutkirch im Allgäu
Tel.: +49/7561/91 48 26
Fax: +49/7561/90 60 87
Seite 47

Brooren, Peter
Stimulus Research
Implerstraße 65a
81371 München
Tel.: +49/89/72 99 92 45
Seite 186

Bruns, Hans-Joachim
Bruns Messe- und Ausstellungs-
gestaltung GmbH
Augustin-Rösch-Straße 17
80935 München
Tel.: +49/89/35 49 09-0
Fax: +49/89/35 49 09-99
Seite 126

Buero Fraeulin
Konrad-Adenauer-Straße 13
85221 Dachau
Tel.: +49/8131/866 25
Fax: +49/8131/551 26
Seite 48

Bulthaup GmbH & Co. KG
84153 Aich
Tel.: +49/8741/80-0
Fax: +49/8741/80-309
Seite 154

Büro für visuelle Kommunikation –
Christian Bäuerle
Belgradstraße 22
80796 München
Tel.: +49/89/33 03 93 93
Fax: +49/89/33 03 93 94
Seite 184

Büro für visuelle Kommunikation
Manfred Deckert
Sollnerstraße 73
81479 München
Tel.: +49/89/30 72 82 87
Fax: +49/89/51 00 95 03
Seite 50

Büro Schels für Gestaltung
Thalkirchner Straße 210
81371 München
Tel.: +49/89/74 79 12 21
Seite 83

Chillagano, Charo
Feine Reklame
Artur-Kutscher-Platz 5
80802 München
Tel.: +49/89/38 99 81-0
Fax: +49/89/38 99 81-11
Seite 59

cml.Artdesign
Carola M. Langanki
Weilheimer Straße 15
82402 Seeshaupt
Tel.: +49/8801/950 86
Fax: +49/8801/950 89
Seite 49

Condula, Max
Akademie an der Einsteinstraße U5
Einsteinstraße 42
81675 München
Tel.: +49/89/47 50 56
Fax: +49/89/47 55 58
Seite 142

Corporate Accessories
Traunsteiner Straße 25
81549 München
Tel.: +49/89/69 39 82 32
Fax: +49/89/69 39 82 33
Seite 188

Covertex GmbH
Berghamer Straße 19
83119 Obing
Tel.: +49/8624/89 69-0
Fax: +49/8624/89 69-20
Seite 136

Covertex UK
Merlin House, Anson Way,
Beccles Business Park,
Ellough, Suffolk NR 34 7TL
Seite 136

Covertex Shanghai
Room 1905, No. 1, 1135 Lane,
Wu Ding Road, Shanghai 200042, China
Seite 136

Damböck Messebau GmbH
Oskar-von-Miller-Ring 1
85464 München
Tel.: +49/89/975-0
Fax: +49/89/975-555
Seite 128

Dauphin HumanDesign Group
GmbH & Co. KG
Espanstraße 36
91238 Offenhausen
Tel.: +49/9158/17-950
Fax: +49/9158/17-787
Seite 156

Deckert, Manfred
Büro für visuelle Kommunikation
Manfred Deckert
Sollnerstraße 73
81479 München
Tel.: +49/89/30 72 82 87
Fax: +49/89/51 00 95 03
Seite 50

deepsouth – Design & Soul
Seitzstraße 4
80538 München
Tel.: +49/89/55 06 69-0
Fax: +49/89/55 06 69-29
Seite 184

de'qua
Baaderstraße 66
80469 München
Tel.: +49/89/201 65 96
Fax: +49/89/201 65 22
Seite 117

Design Alliance – Büro Roman Lorenz
Kolosseumstraße 1
80469 München
Tel.: +49/89/260 51 68
Fax: +49/89/260 56 06
Seite 52

Design Company
Nymphenburger Straße 58 – 60
80335 München
Tel.: +49/89/125 16-0
Fax: +49/89/125 16-500
Seite 53, 129

Designerdock
Reifenstuelstraße 16
80469 München
Tel.: +49/89/76 77 54 04
Fax: +49/89/76 77 54 05
Seite 139

Flath & Frank Designgruppe
Haimhauserstraße 4
80802 München
Tel.: +49/89/33 05 67-0
Fax: +49/89/33 05 67-28
Seite 60

Designstudio Kurt Beier
Ahornstraße 46
96247 Michelau
Tel.: +49/9571/98 91 91
Fax: +49/9571/85 73
Seite 185

Deutsche Meisterschule für Mode
Roßmarkt 15
80331 München
Tel.: +49/89/233-224 23
Fax: +49/89/233-260 07
Seite 144

Dialogform GmbH
Wallbergstraße 3
82024 Taufkirchen
Tel.: +49/89/612 82 51
Fax: +49/89/612 82 53
Seite 185

Die Multimedia Schmiede –
Gesellschaft für Medienleistungen mbH
Balanstraße 57
81541 München
Tel.: +49/89/65 12 45-0
Fax: +49/89/65 12 45-29
Seite 187

Dzemla, Otto
Otto Dzemla Graphic
Danklstraße 9 RGB
81371 München
Schanzenbachstraße 8
81371 München
Tel.: +49/89/76 73 67 84
Fax: +49/89/725 72 21
Seite 54

Ebbecke, Beate
Corporate Accessories
Traunsteiner Straße 25
81549 München
Tel.: +49/89/69 39 82 32
Fax: +49/89/69 39 82 33
Seite 188

Ebnerdesign
Max-Joseph-Straße 5
80333 München
Tel.: +49/89/55 02 77 14
Fax: +49/89/55 02 77 15
Seite 55

Egerer, Helmut
Egerer/Designteam
Nymphenburger Straße 119 b
80636 München
Tel.: +49/89/12 15 80 24
Fax: +49/89/12 15 80 25
Seite 56

Eisele, Frank, Dipl. Designer (FH)
Eisele Kuberg Design – Büro für
Produktentwicklung und Gestaltung
Oderstraße 1
89231 Neu-Ulm
Tel.: +49/731/980 75 55
Fax: +49/731/980 75 56
Seite 93

Emig, Iris, Dipl. Ing. (FH)
Fasanenstraße 33
85757 Karlsfeld
Tel.: +49/8131/971 92
Fax: +49/8131/971 92
Seite 186

Emotional Positioning® Claudia Grotzek
Schubertstraße 2
80336 München
Tel.: +49/89/53 86 81 11
Seite 188

Engelhardt, Stefan
engelhardt.atelier für
Typografische Gestaltung
Stadtplatz 47
84453 Mühldorf
Tel.: +49/8631/16 24 77
Fax: +49/8631/16 24 78
Seite 58

Ettlich, Wolfgang
MGS Filmproduktion – Mediengruppe
Schwabing
Georgenstraße 121
80797 München
Tel.: +49/89/123-64 65
Fax: +49/89/123-64 99
Seite 140

Ewringmann, Heide
Dialogform GmbH
Wallbergstraße 3
82024 Taufkirchen
Tel.: +49/89/612 82-0
Fax: +49/89/612 82-53
Seite 185

Ewringmann, Ulrich
Dialogform GmbH
Wallbergstraße 3
82024 Taufkirchen
Tel.: +49/89/612 82-0
Fax: +49/89/612 82-53
Seite 185

fantomas media GmbH & Co KG
Seitzstraße 8
80538 München
Tel.: +49/89/40 90 81 25
Fax: +49/89/40 90 81 26
Seite 112

Farenski, Tom, Dipl. Designer
B/F Industrial Design
Johannisstraße 3
90419 Nürnberg
Tel.: +49/911/93 36 97-0
Fax: +49/911/93 36 97-50
Seite 90

Feine Reklame
Artur-Kutscher-Platz 5
80802 München
Tel.: +49/89/38 99 81-0
Seite 59

Flath, Wolfgang
Flath & Frank Designgruppe
Haimhauserstraße 4
80802 München
Tel.: +49/89/33 05 67-0
Fax: +49/89/33 05 67-28
Seite 60

Forum Messe + Design GmbH
Reichswaldstraße 50
90571 Schwaig bei Nürnberg
Tel.: +49/911/548 07-0
Fax: +49/911/548 07-7
Seite 131

Fräulin, Martin
Buero Fraeulin
Konrad-Adenauer-Straße 13
85221 Dachau
Tel.: +49/8131/866 25
Fax: +49/8131/551 26
Seite 48

Frank, Herbert
Flath & Frank Designgruppe
Haimhauserstraße 4
80802 München
Tel.: +49/89/33 05 67-0
Fax: +49/89/33 05 67-28
Seite 60

Frommberger, Werner
Bruns Messe- und
Ausstellungsgestaltung GmbH
Augustin-Rösch-Straße 17
80935 München
Tel.: +49/89/35 49 09-0
Fax: +49/89/35 49 09-99
Seite 126

Galerie für Angewandte Kunst
Pacellistraße 6 – 8
80333 München
Tel.: +49/89/290 14 70
Fax: +49/89/29 62 77
Seite 188

GDC – Design Studio für Grafik
Design und Conception
Fraunhoferstraße 3
90409 Nürnberg
Tel.: +49/911/287 63 87
Fax: +49/911/287 63 88
Seite 62

Gebauer, Jürgen, Dipl. Ing. Architekt
de'qua
Baaderstraße 66
80469 München
Tel.: +49/89/201 65 96
Fax: +49/89/201 65 22
Seite 117

Geißler, Udo M., Prof.
Geißler Design München
Henrik-Ibsen-Straße 5
80638 München
Tel.: +49/89/157 22 57
Fax: +49/89/15 43 83
Seite 94

Graef, Barbara
Designerdock
Reifenstuelstraße 16
80469 München
Tel.: +49/89/76 77 54 04
Fax: +49/89/76 77 54 05
Seite 139

Graef, Petra
Designerdock
Reifenstuelstraße 16
80469 München
Tel.: +49/89/76 77 54 04
Fax: +49/89/76 77 54 05
Seite 139

Grafisches Atelier – Gudrun Kutter
Wöhlerstraße 36
81247 München
Tel.: +49/89/811 42 09
Fax: +49/89/811 38 86
Seite 184

Grcic, Konstantin
Konstantin Grcic Industrial Design
Schillerstraße 40
80336 München
Tel.: +49/89/55 07 99 95
Seite 96

Grothaus, Hubert
Design Company
Nymphenburger Straße 58 – 60
80335 München
Tel.: +49/89/125 16-0
Fax: +49/89/125 16-500
Seite 53

Grotzek, Claudia
Emotional Positioning® Claudia Grotzek
Schubertstraße 2
80336 München
Tel.: +49/89/53 86 81 11
Seite 188

Haas, Christoph
Christoph Haas – Industrie Design
Klenzestraße 63
80469 München
Tel.: +49/89/201 21 68
Fax: +49/89/201 25 41
Seite 97

Habich CI
Kathi-Kobus-Straße 15
80797 München
Tel.: +49/89/167 88 66
Seite 65

Häfelinger + Wagner Design
Erhardtstraße 8
80469 München
Tel.: +49/89/20 25 75-0
Fax: +49/89/20 23 96-96
Seite 66

Härtel Design
Reichenbachstraße 16
80469 München
Tel.: +49/89/51 55 51 66
Fax: +49/89/51 55 51 70
Seite 184

Hartmann, Peter W.
Hartmann Brand Consulting
Fasaneriestraße 10
80636 München
Tel.: +49/89/12 71 79 79
Seite 69

Hering's Büro
Amtsgerichtsstraße 35
96317 Kronach
Tel.: +49/9261/611 60
Fax: +49/9261/611 46
Seite 98

Herler, Richard
Akademie an der Einsteinstraße U5
Einsteinstraße 42
81675 München
Tel.: +49/89/47 50 56
Fax: +49/89/47 55 58
Seite 142

Hilgärtner, Dieter
Industrie- und Handelskammer
für Niederbayern in Passau
Nibelungenstraße 15
94032 Passau
Tel.: +49/851/507-347
Seite 180

Hoyer, Johannes
Dipl. Ing. (FH) Feinwerk-/Medizintechnik,
Dipl. Ingeneur Designer/M.Des.
Innovative Design Beratung
Friedenstraße 17
91220 Schnaittach
Tel.: +49/9153/97 97 95
Fax: +49/1212/512 13-95 25
Seite 185

Huber, Herwig
Grafinger Straße 6
81671 München
Tel.: +49/89/49 00 14 49
Fax: +49/89/49 00 14 50
Seite 99

IFOG Akademie für
Grafik-Design & Multimedia
Gottfried-Keller-Straße 2
81245 München
Tel.: +49/89/74 37 38 43
Fax: +49/89/74 37 38 45
Seite 146

Imelauer, Ron
Sohnckestraße 12
81479 München
Tel.: +49/89/21 88 95 10
Fax: +49/89/21 88 95 50
Seite 70

Industrie- und Handelskammer
Oberfranken Bayreuth
Bahnhofstraße 23 – 27
95444 Bayreuth
Tel.: +49/921/886-104
Fax: +49/921/886-9-104
Seite 181

Industrie- und Handelskammer zu Coburg
Schloßplatz 5
96450 Coburg
Tel.: +49/9561/74 26-0
Fax: +49/9561/74 26-15
Seite 178

Industrie- und Handelskammer
Nürnberg für Mittelfranken
Hauptmarkt 25/27
90403 Nürnberg
Tel.: +49/911/13 35-0
Fax: +49/911/13 35-333
Seite 179

Industrie- und Handelskammer
für Niederbayern in Passau
Nibelungenstraße 15
94032 Passau
Tel.: +49/851/507-0
Seite 180

Innovative Design Beratung Hoyer
Friedenstraße 17
91220 Schnaittach
Tel.: +49/9153/97 97 95
Fax: +49/1212/512 13-95 25
Seite 185

Jank, Alexander
AJA-Design – Alexander Jank
Reichenbachstraße 16
80469 München
Tel.: +49/89/23 26 96 62
Fax: +49/89/23 26 96 63
Seite 184

Kapp, Manfred
Geißler Design München
Henrik-Ibsen-Straße 5
80638 München
Tel.: +49/89/157 22 57
Fax: +49/89/15 43 83
Seite 94

Kaufmann Grafikdesign
Bayrischzeller Straße 11
83714 Miesbach
Tel.: +49/8025/20 96
Fax: +49/8025/34 56
Seite 72

Kermi GmbH
Pankofen-Bahnhof 1
94447 Plattling
Tel.: +49/9931/501-0
Fax: +49/9931/30 75
Seite 158

KlemProducts®
Ges. für Ausstellungstechnik mbH
Talangerstraße 3 a
82152 Krailling b. München
Tel.: +49/89/857 72 80
Fax: +49/89/895 83 48
Seite 189

Klemz, Vanessa
O$_2$ – Büro für ganzheitliche
Kommunikation
Schwere-Reiter-Straße 35/Haus 11
80797 München
Tel.: +49/89/30 72 74-30
Fax: +49/89/30 72 74-38
Seite 78, 102, 132

Knauer, Ulrich, Dipl. Designer (FH)
GDC – Design Studio für
Grafik Design und Conception
Fraunhoferstraße 3
90409 Nürnberg
Tel.: +49/911/287 63 87
Fax: +49/911/287 63 88
Seite 62

Knopp, Peter
Mursch & Knopp
Schloß Euernbach
85298 Scheyern
Tel.: +49/8445/910 06
Fax: +49/8445/910 07
Seite 186

Krause, Klaus-Diether
Krause Industrie-Design
Siemensstraße 20
90599 Dietenhofen
Tel.: +49/9824/930 40
Fax: +49/9824/930 41
Seite 185

Küfner, Oskar
Feine Reklame
Artur-Kutscher-Platz 5
80802 München
Tel.: +49/89/38 99 81-0
Fax: +49/89/38 99 81-11
Seite 59

Kunst oder Reklame
Bergmannstraße 52
80339 München
Tel.: +49/89/502 52 22
Fax: +49/89/502 45 22
Seite 73

Kutter, Gudrun
Grafisches Atelier – Gudrun Kutter
Wöhlerstraße 36
81247 München
Tel.: +49/89/811 42 09
Fax: +49/89/811 38 86
Seite 184

Langanki, Carola M., Dipl. Designer
cml.Artdesign
Weilheimer Straße 15
82402 Seeshaupt
Tel.: +49/8801/950 86
Fax: +49/8801/950 89
Seite 49

Linke, Siegfried Brvno
St.-Anna-Platz 1a
80538 München
Tel.: +49/89/29 16 05 88
Fax: +49/89/29 16 05 89
Seite 114, 187

Lorenz, Roman
Design Alliance – Büro Roman Lorenz
Kolosseumstraße 1
80469 München
Tel.: +49/89/2 60 51 68
Fax: +49/89/2 60 56 06
Seite 52

MacroMedia GmbH
Akademie für Neue Medien
Gollierstraße 4
80339 München
Tel.: +49/89/54 41 51-0
Fax: +49/89/54 41 51-14
Seite 188

Mala Design
Neuturmstraße 10
80331 München
Tel.: +49/89/291 38 05
Fax: +49/89/291 38 05
Seite 186

Mattei, Günter
Günter Mattei c/o Network!
Sandstraße 33
80335 München
Tel.: +49/89/52 01 19-50
Fax: +49/89/52 01 19-51
Seite 74

Matthäus, Eckhart
Eckhart Matthäus Fotografie
Reisinger Straße 23
86159 Augsburg
Tel.: +49/821/58 49 05
Seite 121

Ingo Maurer GmbH
Kaiserstraße 47
80801 München
Tel.: +49/89/38 16 06-0
Fax: +49/89/38 16 06-20
Seite 160

Mediadesign Hochschule für
Design und Informatik
Berg-am-Laim-Straße 47
81673 München
Tel.: +49/89/45 06 05-0
Fax: +49/89/45 06 05 17
Seite 148

Meysel, Ernst Karl
Forum Messe + Design GmbH
Reichswaldstraße 50
90571 Schwaig bei Nürnberg
Tel.: +49/911/548 07-0
Fax: +49/911/548 07-7
Seite 131

MGS Filmproduktion –
Mediengruppe Schwabing
Georgenstraße 121
80797 München
Tel.: +49/89/123-64 65
Fax: +49/89/123-64 99
Seite 140

Michel, Mara
Verband Deutscher Mode- und
Textil-Designer e.V. (VDMD/DDV)
Semmelstraße 42
97070 Würzburg
Tel.: +49/931/465 42 90
Fax: +49/931/465 42 91
Seite 187

Münchner Rückversicherungs-
Gesellschaft, Zentralbereich
Unternehmenskommunikation
Königinstraße 107
80802 München
Tel.: +49/89/38 91-0
Fax: +49/89/39 90 56
Seite 164

Mursch, Michael – Mursch & Knopp
Schloß Euernbach
85298 Scheyern
Tel.: +49/8445/910 06
Fax: +49/8445/910 07
Seite 186

mwimmer
Design für Kommunikation und Medien
Hainbuchenweg 13
82194 Gröbenzell
Tel.: +49/8142/50 19 23
Seite 77

Naumann, Peter, MDes (RCA)
naumann-design
Hohenbrunner Straße 44
81825 München
Tel.: +49/89/688 67 75
Fax: +49/89/688 67 77
Seite 100

Nauschütz, Moritz
O$_2$ – Büro für ganzheitliche
Kommunikation
Schwere-Reiter-Straße 35/Haus 11
80797 München
Tel.: +49/89/30 72 74-30
Fax: +49/89/30 72 74-38
Seite 78, 102, 132

Nestle, Jörg – Nestle Design
Heßstraße 42
80798 München
Tel.: +49/89/52 89 51
Fax: +49/89/52 89 71
Seite 184, 186

Neuhaus, Frank
AD!Think
Werbeagentur e.K.
Stephanstraße 14
90478 Nürnberg
Tel.: +49/911/28 78-331
Fax: +49/911/28 78-336
Seite 184

O₂ – Büro für ganzheitliche
Kommunikation
Schwere-Reiter-Straße 35/Haus 11
80797 München
Tel.: +49/89/30 72 74-30
Fax: +49/89/30 72 74-38
Seite 78, 102, 132

Obermeier, Jürgen
Covertex GmbH
Berghamer Straße 19
83119 Obing
Tel.: +49/8624/89 69-0
Fax: +49/8624/89 69-20
Seite 136

Pedrazzini, Antonio
Stauss & Pedrazzini Partnerschaft
Tattenbachstraße 16
80538 München
Tel.: +49/89/21 57 88 62
Fax: +49/89/21 57 88 63
Seite 108

Pelzel Produkt Design
Rennweg 68
90489 Nürnberg
Tel.: +49/911/55 44 07
Fax: +49/911/55 45 89
Seite 186

Pfarré, Gerd
Gerd Pfarré iALD – Lichtplanung
Erlenplatz 2
80995 München
Tel.: +49/89/150 75 38
Fax: +49/89/150 75 39
Seite 115

Pham-Phu, Oanh
Pham Phu Design
Hohenzollernstraße 97
80796 München
Tel.: +49/89/271 90 56
Fax: +49/89/273 00 16
Seite 80, 104

Raab, Peter, Prof.
Vision.Institut
Am Hofbräuhaus 1
96450 Coburg
Tel.: +49/9561/836 32 50
Fax: +49/9561/836 32 51
Seite 111

Raab, Udo H., Dr.
Industrie- und Handelskammer
Nürnberg für Mittelfranken
Hauptmarkt 25/27
90403 Nürnberg
Tel.: +49/911/13 35-376
Fax: +49/911/13 35-333
Seite 179

Raps, Norbert, Dipl. Betriebswirt (FH)
Industrie- und Handelskammer für
Oberfranken Bayreuth
Bahnhofstraße 23 – 27
95444 Bayreuth
Tel.: +49/921/886-104
Fax: +49/921/886-9-104
Seite 181

Reisenthel, Amalia, Dipl. Ing. Architektin
Mala Design
Neuturmstraße 10
80331 München
Tel.: +49/89/291 38 05
Fax: +49/89/291 38 05
Seite 186

Reiter, Hubert
Covertex GmbH
Berghamer Straße 19
83119 Obing
Tel.: +49/8624/89 69-0
Fax: +49/8624/89 69-20
Seite 136

Reitz, Joerk – ReitzDesign
Gartenweg 2 a
82031 Grünwald
Tel.: +49/89/641 09 31
Fax: +49/89/641 09 51
Seite 185

Rodenstock GmbH
Isartalstraße 43
80469 München
Tel.: +49/89/72 02-0
Fax: +49/89/72 02-629
Seite 166

Rosenthal AG
Philip Rosenthal Platz 1
95100 Selb
Tel.: +49/9287/72-0
Fax: +49/9287/72-225
Seite 168

SALTO Kommunikation
Buchendorfer Straße 39
81475 München
Tel.: +49/89/75 94 06 44
Fax: +49/89/759 63 86
Seite 187

Schels, Christina
Büro Schels für Gestaltung
Thalkirchner Straße 210
81371 München
Tel.: +49/89/74 79 12 21
Seite 83

Schmidt, Anne
Anne Schmidt Design
Parkstraße 24
80339 München
Tel.: +49/89/54 07 27 91
Fax: +49/89/51 99 71 73
Seite 185

Schmidt, Gerwin, Prof.
Büro für visuelle Gestaltung
Corneliusstraße 27 RGB
80469 München
Tel.: +49/89/74 68 94 94
Fax: +49/89/74 68 94 95
Seite 84

Schreier, Philipp
Egerer/Designteam
Nymphenburger Straße 119 b
80636 München
Tel.: +49/89/12 15 80 24
Fax: +49/89/12 15 80 25
Seite 56

Schultze, Hans-W., Dipl. Designer (FH)
IFOG Akademie für
Grafik-Design & Multimedia
Gottfried-Keller-Straße 2
81245 München
Tel.: +49/89/74 37 38 43
Fax: +49/89/74 37 38 45
Seite 146

Schwabe, Thorsten, Dipl. Ing.
Univ. Architekt
Schwabe & Baer Entwicklungs GmbH
Blutenburgstraße 41 a
80636 München
Tel.: +49/89/18 95 45 41
Fax: +49/89/18 95 45 42
Seite 106

Schwabe & Baer Entwicklungs GmbH
Blutenburgstraße 41 a
80636 München
Tel.: +49/89/18 95 45 41
Fax: +49/89/18 95 45 42
Seite 106

Schwaiger, Petra
Servicepool Petra Schwaiger
Sandrartstraße 25
90419 Nürnberg
Tel.: +49/911/37 78 99 88
Seite 189

Schwarz, Katja
Schwarz Arbeit
Grillparzer Straße 44
81675 München
Tel.: +49/89/47 02 76 36
Seite 187

Servicepool Petra Schwaiger
Sandrartstraße 25
90419 Nürnberg
Tel.: +49/911/37 78 99 88
Seite 189

Siemens Electrogeräte GmbH,
Designabteilung (MDS),
Carl-Wery-Straße 34
81739 München
Tel.: +49/89/45 90-23 87
Fax: +49/89/45 90-29 58
Seite 170

Söll, Wolfram
Wolfram Söll – Visuelle Kommunikation
Ringseisstraße 11 a
80337 München
Tel.: +49/89/543 95 72
Fax: +49/89/53 86 87 27
Seite 87

Stadler + Partner
Büro für Architektur und Gestaltung
Balanstraße 9
81669 München
Tel.: +49/89/489 24 00
Fax: +49/89/448 71 11
Seite 116

Städtische Berufsfachschule für
Grafik und Werbung
Pranckhstraße 2
80335 München
Tel.: +49/89/23 33 57 98
Fax: +49/89/23 33 58 00
Seite 149

Stark, Thomas
Dipl. Industrial-Designer (FH)
Stark Design
Karl-Theodor-Straße 31
80803 München
Tel.: +49/89/33 01 90 96
Fax: +49/89/33 03 68 23
Seite 186

Stauss, Kilian
Stauss & Pedrazzini Partnerschaft
Tattenbachstraße 16
80538 München
Tel.: +49/89/21 57 88 62
Fax: +49/89/21 57 88 63
Seite 108

Stimulus Research
Implerstraße 65 a
81871 München
Tel.: +49/89/72 99 92 45
Seite 186

Stöter, Jörg
Design Company
Nymphenburger Straße 58 – 60
80335 München
Tel.: +49/89/125 16-0
Fax: +49/89/125 16–500
Seite 53, 129

Swiss Re Germany AG
Dieselstraße 11
85774 Unterföhring
Tel.: +49/89/38 44-0
Fax: +49/89/38 44-22 79
Seite 172

Temme, Dirk
Covertex GmbH
Berghamer Straße 19
83119 Obing
Tel.: +49/8624/89 69-0
Fax: +49/8624/89 69-20
Seite 136

Thonigs, Kerstin
Egerer/Designteam
Nymphenburger Straße 119 b
80636 München
Tel.: +49/89/12 15 80 24
Fax: +49/89/12 15 80 25
Seite 56

Verband Deutscher Mode- und
Textil-Designer e.V. (VDMD/DDV)
Semmelstraße 42
97070 Würzburg
Tel.: +49/931/465 42 90
Fax: +49/931/465 42 91
Seite 187

Vision.Institut
Raab, Peter, Prof.
Am Hofbräuhaus 1
96450 Coburg
Tel.: +49/9561/836 32 50
Fax: +49/9561/836 32 51
Seite 111

Vohler, Christoph
Christoph Vohler Photographie GmbH
Nymphenburger Straße 44
80335 München
Osterwaldstraße 10
(Lodenfrey-Park, Haus E/17)
80805 München
Tel.: +49/89/123 44 66
Fax: +49/89/123 67 00
Seite 122

Vohler, Petra Maria
Christoph Vohler Photographie GmbH
Nymphenburger Straße 44
80335 München
Osterwaldstraße 10
(Lodenfrey-Park, Haus E/17)
80805 München
Tel.: +49/89/123 44 66
Fax: +49/89/123 67 00
Seite 122

Vola GmbH
Schwanthalerstraße 75 a
80336 München
Tel.: +49/89/59 99 59-0
Fax: +49/89/59 99 59-90
Seite 174

von Seckendorff, Ilona
Bayerischer Kunstgewerbe-Verein e.V./
Galerie für Angewandte Kunst
Pacellistraße 6 – 8
80333 München
Tel.: +49/89/290 14 70
Fax: +49/89/29 62 77
Seite 188

Werbeatelier Brandner – Büro für
visuelle Kommunikation
Brandenburgerstraße 6
88299 Leutkirch im Allgäu
Tel.: +49/7561/91 48 26
Fax: +49/7561/90 60 87
Seite 47

Wilsdorf, Gerd
Siemens Electrogeräte GmbH,
Designabteilung (MDS)
Carl-Wery-Straße 34
81739 München
Tel.: +49/89/45 90-23 87
Fax: +49/89/45 90-29 58
Seite 170

Wingarde-Ebner, Sabine
Ebnerdesign-Design
Max-Joseph-Straße 5
80333 München
Tel.: +49/89/55 02 77 14
Fax: +49/89/55 02 77 15
Seite 55

Wingarde, Thomas
Ebnerdesign-Design
Max-Joseph-Straße 5
80333 München
Tel.: +49/89/55 02 77 14
Fax: +49/89/55 02 77 15
Seite 55

Wolfrum-Horn, Susanne, Dipl. Geogr.
Industrie- und Handelskammer
zu Coburg
Schloßplatz 5
96450 Coburg
Tel.: +49/9561/74 26-11
Fax: +49/9561/74 26-15
Seite 178

Wünsch, Dieter
Akademie an der Einsteinstraße U5
Einsteinstraße 42
81675 München
Tel.: +49/89/47 50 56
Fax: +49/89/47 55 58
Seite 142

SACHREGISTER

AUS- UND FORTBILDUNG

Akademie für Gestaltung im Handwerk Seite 187
Akademie an der Einsteinstraße U5 Seite 142
Deutsche Meisterschule für Mode Seite 144
IFOG Akademie für Grafik-Design und Multimedia Seite 146
MacroMedia GmbH – Akademie für neue Medien Seite 188
Mediadesign Hochschule für Design und Informatik Seite 148
Städtische Berufsfachschule für Grafik und Werbung Seite 149

FOTODESIGN

Eckhart Matthäus Fotografie Seite 121
Christoph Vohler Photographie GmbH Seite 122

IHK'S

Industrie- und Handelskammer zu Coburg Seite 178
Industrie- und Handelskammer Nürnberg
für Mittelfranken Seite 179
Industrie- und Handelskammer für Niederbayern
in Passau Seite 180
Industrie- und Handelskammer für Oberfranken
Bayreuth Seite 181

INSTITUTIONEN UND VERBÄNDE

Bayerischer Kunstgewerbe-Verein e.V. Seite 188

INTERFACE- UND WEBDESIGN

Die Multimedia Schmiede – Gesellschaft für
Medienleistungen mbH Seite 187
Salto Kommunikation Seite 187
Schwarz Arbeit Seite 187

INTERIORDESIGN

Emig Innenarchitektur Seite 186
Fantomas Media GmbH Seite 112
Siegfried Brvno Linke Seite 114
Mala Design Seite 186
Pfarré iALD Lichtplanung Seite 115, 189
Stadler + Partner – Büro für Architektur und Gestaltung Seite 116

KOMMUNIKATIONS- UND GRAFIKDESIGN

84 GHz – Raum für Gestaltung Seite 42
Ad!Think Werbeagentur e.K. Seite 184
AJA-Design – Büro für Kommunikationsdesign Seite 184
Anne Schmidt Design Seite 185
Atelier & Friends GmbH Seite 43
Ballendat Design Seite 44
Ballweg & Ballweg Seite 46
Werbeatelier Brandner Seite 47
Buero Fraeulin Seite 48
Büro für visuelle Kommunikation Christian Bäuerle Seite 184
cml.Artdesign Seite 49
Manfred Deckert – Büro für visuelle Kommunikation Seite 50
deepsouth Design & Soul Seite 184
Design Alliance – Büro Roman Lorenz Seite 52
Design Company Seite 53
Otto Dzemla Graphic Seite 54
Ebnerdesign Seite 55
Egerer/Designteam Seite 56
engelhardt.atelier für Typografische Gestaltung Seite 58
Feine Reklame Seite 59
Designgruppe Flath & Frank Seite 60
GDC – Design Studio für Grafik Design und Konzeption Seite 62
Grafisches Atelier – Gudrun Kutter Seite 184
Habich CI Seite 65
Häfelinger + Wagner Design Seite 66
Härtel Design Seite 184
Hartmann Brand Consulting Seite 69
Imelauer Konzepte & Gestaltungen Seite 70
Kaufmann Grafikdesign Seite 72
Kunst oder Reklame Seite 73
Günter Mattei c/o Network! Seite 74
mwimmer Design für Kommunikation und Medien Seite 77
Nestle Design Seite 184, 186
O_2 – Büro für ganzheitliche Kommunikation Seite 78
Pham Phu Design Seite 80
ReitzDesign Seite 185
Büro Schels für Gestaltung Seite 83
Gerwin Schmidt – Büro für visuelle Gestaltung Seite 84
Wolfram Söll – Visuelle Kommunikation Seite 87

MESSEDESIGN

Arno Design GmbH Seite 124
Bruns Messe- und Ausstellungsgestaltung GmbH Seite 126
Damböck Messebau GmbH Seite 128
Design Company Seite 129
Forum Messe & Design GmbH Seite 131
O₂ – Büro für ganzheitliche Kommunikation Seite 132

MODE-, TEXTIL- UND SCHMUCKDESIGN

de'qua Seite 117
VDMD – Verband Deutscher Mode- und Textil-Designer e.V. Seite 187

MUSEEN, SAMMLUNGEN UND GALERIEN

Galerie für Angewandte Kunst Seite 188

PRODUKT- UND INDUSTRIEDESIGN

B/F Industrial Design Seite 90
Designstudio Kurt Beier Seite 185
Dialogform GmbH Seite 185
Eisele Kuberg Design Seite 93
Geißler Design München Seite 94
Konstantin Grcic Industrial Design Seite 96
Christoph Haas Industrie Design Seite 97
Hering's Büro Seite 98
Herwig Huber Seite 99
Innovative Design Beratung Hoyer Seite 185
Krause Industrie-Design Seite 185
Mursch & Knopp Seite 186
naumann-design Seite 100
Nestle Design Seite 186
O₂ – Büro für ganzheitliche Kommunikation Seite 102
Pelzel Produkt Design Seite 186
Pham Phu Design Seite 104
Schwabe & Baer Entwicklungs GmbH Seite 106
Stark Design Seite 186
Stauss & Pedrazzini Partnerschaft Seite 108
Stimulus Research Seite 186
Vision.Institut Seite 111

SERVICE

Corporate Accessories Seite 188
Covertex GmbH Seite 136
Designerdock Seite 139
Emotional Positioning – Unternehmensberatung für ganzheitliche Positionierung Seite 188
KlemProducts® – Gesellschaft für Ausstellungstechnik mbH Seite 189
MGS Filmproduktion – Mediengruppe Schwabing Seite 140
Pfarré iALD Lichtplanung Seite 189
Salto Kommunikation Seite 189
Servicepool Petra Schwaiger Seite 189

UNTERNEHMEN

AML Licht + Design GmbH Seite 152
Bulthaup GmbH & Co. KG Seite 154
Dauphin Human Design Group GmbH & Co. KG Seite 156
Kermi GmbH Seite 158
Ingo Maurer GmbH Seite 160
Münchner Rückversicherungs AG Seite 164
Rodenstock GmbH Seite 166
Rosenthal AG Seite 168
Designabteilung der Siemens-Electrogeräte GmbH Seite 170
Swiss Re Germany AG Seite 172
Vola GmbH Seite 174

IMPRESSUM

Herausgeber:
Bayern Design GmbH
Geschäftsstelle München
Richard-Strauss-Straße 82
81679 München
Tel.: +49/89/92 21-23 11
Fax: +49/89/92 21-23 49
muenchen@bayern-design.de
www.bayern-design.de

Geschäftsführung:
Lisa Maria Franke
muenchen@bayern-design.de

Projektleitung:
Ute Wedhorn
wedhorn@bayern-design.de

Autoren:
Lisa Franke, Bayern Design GmbH
Ute Wedhorn, Bayern Design GmbH
Dr. Otto Wiesheu, Bayerisches Staatsministerium für
Wirtschaft, Infrastruktur, Verkehr und Technologie
Silve Schneider-Herold

Grafisches Konzept und Umschlaggestaltung:
Gerwin Schmidt – Büro für visuelle Gestaltung
Gerwin Schmidt/Timo Thurner/Philipp von Keisenberg

Fotografie:
Hans-Peter Krohn, hpkrohn@web.de

Zusätzliches Bildmaterial wurde uns freundlicherweise von
AML Licht + Design GmbH,
Bulthaup GmbH & Co. KG,
Dauphin Human Design Group GmbH & Co. KG,
Ingo Maurer GmbH,
Kermi GmbH,
Münchner Rückversicherungs AG,
Rodenstock GmbH,
Rosenthal AG,
Designabteilung der Siemens-Electrogeräte GmbH,
Swiss RE Germany AG und
Vola GmbH
zur Verfügung gestellt.

Verlag:
AFM Verlag GmbH
Parsdorfer Straße 2
85598 Baldham
Tel.: +49/8106/38 94-0
Fax: +49/8106/38 94-33

Geschäftsführung:
Edgar E. Büttner
edgar.buettner@afm-verlag.de

Kontakt:
Andreas Thierry
andreas.thierry@afm-verlag.de

Projektleitung und Produktion:
Hans-W. Schneider
hans-w.schneider@afm-verlag.de

Junior-Projektleitung:
Veronika Boidol

Projektassistenz:
Nadine von Schuckmann

Lithografie:
Kotter + Stolte GmbH
Klenzestraße 57a
80469 München
info@kotter-stolte.de

Druckerei:
Engelhardt & Bauer Druck- und Verlagsgesellschaft mbH
Käppelestraße 10
76131 Karlsruhe

© AFM Verlag GmbH, 2004

ISBN 3-936793-02-6

Papiersponsoring:
Gedruckt auf PhoeniXmotion Xenon 150g/qm und 250g/qm der
Papierfabrik Scheufelen GmbH & Co. KG, D-73250 Lenningen